权威·前沿·原创

皮书系列为
"十二五""十三五""十四五"时期国家重点出版物出版专项规划项目

BLUE BOOK

智 库 成 果 出 版 与 传 播 平 台

财政发展蓝皮书
BLUE BOOK OF FISCAL DEVELOPMENT

国际财政发展指数报告（2022）

ANNUAL REPORT ON INTERNATIONAL FISCAL DEVELOPMENT INDEX(2022)

中央财经大学财经研究院

林光彬　宁　静　孙传辉　赵国钦 等／著

社会科学文献出版社
SOCIAL SCIENCES ACADEMIC PRESS（CHINA）

图书在版编目（CIP）数据

国际财政发展指数报告. 2022 / 林光彬等著. --北
京：社会科学文献出版社，2023.1
　（财政发展蓝皮书）
　ISBN 978-7-5228-1113-0

　Ⅰ.①国…　Ⅱ.①林…　Ⅲ.①财政政策-指数-研究
报告-世界-2022　Ⅳ.①F811.0

中国版本图书馆 CIP 数据核字（2022）第 215528 号

财政发展蓝皮书
国际财政发展指数报告（2022）

著　　　者 / 林光彬　宁　静　孙传辉　赵国钦 等

出 版 人 / 王利民
组稿编辑 / 恽　薇
责任编辑 / 胡　楠
责任印制 / 王京美

出　　　版 / 社会科学文献出版社 · 经济与管理分社（010）59367226
　　　　　　地址：北京市北三环中路甲 29 号院华龙大厦　邮编：100029
　　　　　　网址：www.ssap.com.cn
发　　　行 / 社会科学文献出版社（010）59367028
印　　　装 / 天津千鹤文化传播有限公司

规　　　格 / 开本：787mm×1092mm　1/16
　　　　　　印张：16　字数：234 千字
版　　　次 / 2023 年 1 月第 1 版　2023 年 1 月第 1 次印刷
书　　　号 / ISBN 978-7-5228-1113-0
定　　　价 / 138.00 元

读者服务电话：4008918866

本书获北京市财经研究基地
和中央财经大学一流学科项目经费支持

编 委 会

主　　　任　林光彬

副 主 任　宁　静　孙传辉

指 导 专 家　王雍君　袁　东　童　伟　王卉彤

课题组成员　（按姓氏音序排列）

曹明星　昌忠泽　陈　波　李向军　马景义

孙景冉　孙志猛　王立勇　张宝军　赵国钦

数据库团队　（按姓氏音序排列）

蔡贺莹　樊美玲　何　涌　黄欣枚　李家政

刘春利　刘明光　刘雅欣　马雪瑶　隋瀚锐

孙素利　陶　然　汪文翔　杨文娟　赵一凡

主要编撰者简介

　　林光彬　男，中共党员，经济学博士，教授，博士生导师，中央财经大学财经研究院院长、经济学院中国政治经济学研究中心主任，北京财经研究基地首席专家。兼任世界政治经济学会常务理事，中华外国经济学说研究会理事，中国区域经济学会常务理事，中国社会科学院当代马克思主义政治经济学创新智库特约研究员，全国预算与会计研究会智库专家。研究领域为政治经济学、国家理论与市场理论、财政学理论、中国经济等。在《人民日报》《光明日报》《经济研究》《管理世界》等报刊上发表学术论文 100 余篇，主持国家社会科学基金重大招标项目等 10 余项，获得省部级教学科研成果奖 6 项。

　　宁　静　女，中共党员，经济学博士，中央财经大学财经研究院副研究员，北京财经研究基地研究人员。获中国人民大学财政学学士、硕士和博士学位。研究领域为地方财政、财政分权、财政理论与经济增长，在《管理世界》《世界经济》《经济研究与经济管理》《中国工业经济》等期刊上发表学术论文多篇，主持国家自然科学基金项目 1 项、北京市社会科学基金项目 1 项。

　　孙传辉　男，中共党员，经济学博士，中央财经大学财经研究院助理研究员，北京财经研究基地研究人员。获中国人民大学财政学学士、硕士和博士学位。研究领域为经济增长、财政政策和货币政策、房地产市场经济，在

《管理世界》《中国工业经济》等期刊上发表学术论文多篇。

赵国钦 男,中共党员,中央财经大学财经研究院副研究员,北京财经研究基地研究人员,中国人力资源开发研究会理事,北京市自学考试委员会命题委员。获武汉科技大学经济学学士学位,法国国立电信学院访问学者,北京师范大学管理学博士学位(硕博连读)。研究领域为财政理论和政策、政府治理。在《中国行政管理》《改革》《北京师范大学学报》《宏观经济研究》等期刊上发表论文几十篇。

前　言

《国际财政发展指数报告（2022）》分为总报告、指数篇和专题篇三个部分。总报告是对国际财政发展指数比较研究的总结，包括指标体系的构建逻辑、报告的主要结论、相应的政策建议等。指数篇包含"国际财政发展指数指标体系构建""财政发展综合性指数的国际比较""财政发展独立性指数的国际比较"。专题篇包含"财政制度国际比较研究""数字经济新型商业模式下国际税收规则的挑战与应对"两篇专论。

本报告由首席专家林光彬领衔的研究团队集体创作。林光彬、王雍君、宁静、孙传辉、赵国钦、陈波等集体完成了财政发展指数指标体系的构建；总报告由宁静、赵国钦主笔撰写，林光彬审读修改；"国际财政发展指数指标体系构建"由宁静主笔完成，孙传辉补充完善，林光彬审读修改；"财政发展综合性指数的国际比较""财政发展独立性指数的国际比较"由宁静主笔撰写，林光彬审读修改；专题报告"财政制度国际比较研究"由宁静、陶然、刘雅欣主笔撰写，林光彬审读；"数字经济新型商业模式下国际税收规则的挑战与应对"由陈宇、林璇主笔撰写，林光彬审读。中央财经大学财经研究院和经济学院的研究生陶然、樊美玲、刘明光、何涌、李家政、刘春利、蔡贺莹、赵一凡、汪文翔、马雪瑶、刘雅欣、隋瀚锐、黄欣枚等在数据资料搜集上付出了辛勤劳动，由衷感谢。

我们希望通过构建国家财政发展指数的指标体系，形成世界主要国家财政发展指数的研究报告，通过国家间横向比较，能够更为全面、客观、准确地反映我国财政发展的典型特征和问题，为财政工作者和所有关注我国财政发展的居民提供一份有参考价值的资料。正如我国财政在不断地发展和进步，我们的国际财政发展指标体系和研究报告也将不断调整和完善，以更好地服务于我国财政的发展。由于种种原因，研究报告还有很多不尽如人意的地方，希望各位读者和专家继续提出宝贵建议意见，帮助我们在今后的工作中进一步完善。

摘　要

《国际财政发展指数报告（2022）》由中央财经大学财经研究院、北京财经研究基地首席专家林光彬领衔的专家团队撰写。本报告突破了传统收、支、平、管的框架，以一种新的分析范式构建财政发展指数的指标体系，将包括中国在内的 15 个主要国家的财政发展情况进行对比分析，以了解中国财政当前的主要挑战并且提出对策方案。本报告旨在通过国际比较研究，为完善和提升国家财政治理体系与治理能力做一些基础性、战略性、趋势性的支撑工作。

本报告根据国家财政活动行为的运行特征和规律，在传统财政研究收、支、平、管分析范式的基础上，把财政活动由表及里、由浅到深进一步归纳提炼为财政运营、财政稳定、财政均等、财政治理和财政潜力五个方面，并根据这五个方面或层次进行指标构建，把这五个方面作为财政发展指数指标体系的一级指标。这种分析范式是一种新的财政分析范式，也是一种探索性的尝试。其理论逻辑是财政目标与财政手段的匹配。财政发展的核心目标包括三个层次：第一层是促进增长、保持稳定，第二层是促进均等、提高政府效能，第三层是培植财源、实现国家战略目标。相应地，财政运营指数联结促进增长目标，财政稳定指数联结保持稳定目标，财政均等指数联结促进均等目标，财政治理指数联结提高政府效能目标，财政潜力指数联结培植财源和实现国家战略目标。以上对财政活动行为的分类分析，按照目标导向的框架和分类，可以满足既无重复又无重大遗漏这样的基本要求，也可以达到最合逻辑、最易解释清楚的构建目标。同时，契合党的"财政是国家治理的

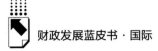

基础和重要支柱,科学的财税体制是优化资源配置、维护市场统一、促进社会公平、实现国家长治久安的制度保障"的重要指导思想。

本报告以中国特色财政理论为核心指导思想,同时借鉴西方经典财政理论思想,构建了一套国际财政发展指数的指标体系,并且测算了世界15个主要大国的财政发展指数。财政发展综合性指数的国际比较研究显示,2015年之后中国财政发展综合性指数总得分的排名在第10~11名波动。其中,中国的财政运营指数排名居中,得分呈现波动中微降的趋势;财政稳定指数排名靠后,得分呈现下降的趋势;财政均等指数排名略靠后,得分呈现波动中逐渐上升的趋势;财政潜力指数排名居中,指数的整体发展趋势持续明显向好。财政发展独立性指数的国际比较研究显示,中国的人均财政收支水平较低但增速较高;小口径宏观税负水平持续下降,但中口径和大口径的宏观税负不降反升;财政恩格尔系数水平最低;民生支出密度较低但增速很快;各项财政赤字指标的水平较高,财政自给率较低;负债率、债务率和债务成本均处于国际较低水平但须警惕债务偿还的流动性风险。

根据财政发展指数的国际比较研究,本报告认为在中国基本完成现代财政制度体系架构以后,中国财政发展站在了改革的十字路口:一方面,改革开放四十多年来取得了丰硕的成果;另一方面,宏观经济环境、财政治理结构以及包括中美贸易摩擦升级和新冠肺炎疫情在内的外生冲击都对未来发展提出了挑战。中国财政发展面临的主要挑战有财政收支结构不合理所引致的财政运营挑战、财政收支失衡所引致的财政稳定风险隐忧、财政指导理论不够系统所引致的财政治理定位模糊等问题。针对这些挑战,本报告认为中国在短期内要进行财政结构性改革、缓解财政收支平衡压力,在长期内要完善财政治理工具体系、提升财政治理应对风险的能力。

关键词: 财政发展指数　国际比较　综合性指数　独立性指数

目 录 ↳

Ⅰ 总报告

Ⅱ 指数篇

Ⅲ 专题篇

皮书数据库阅读**使用指南**

总 报 告

General Report

B.1

财政发展指数国际比较与中国对策

宁 静 林光彬 赵国钦*

摘 要： 本报告立足于中国，将中国特色财政理论作为核心指导思想，同时借鉴西方经典财政理论思想，构建一套国际财政发展指数的指标体系，并且测算了世界 15 个主要大国的财政发展指数。财政发展指数的国际比较研究显示，中国面临着财政收支结构不合理所引致的财政运营挑战、财政收支失衡所引致的财政稳定风险隐忧、财政指导理论不够系统所引致的财政治理定位模糊等问题。此外，本报告分别从短期和长期视角为中国未来财政高质量发展提供了一系列改革对策，本报告认为，中国在短期内要进行财政结构性改革、缓解财政收支平衡压力，在长期内需要完善财政治

---

 * 宁静，经济学博士，副研究员，硕士生导师，中央财经大学财经研究院财政指数研究中心主任，北京财经研究基地研究人员，研究方向为地方财政、财政分权等；林光彬，经济学博士，教授，博士生导师，中央财经大学财经研究院院长，北京财经研究基地首席专家，研究方向为政治经济学、财政学理论、国家理论与市场理论、中国经济等；赵国钦，管理学博士，副研究员，硕士生导师，中央财经大学财经研究院财政研究室主任，北京财经研究基地研究人员，研究方向为财政理论和政策、政府治理。

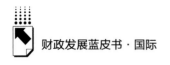
理工具体系、提升财政治理应对风险的能力。

关键词： 财政发展指数　国际比较　综合性指数　独立性指数

本报告通过构建一套国际财政发展指数指标体系，测算出中国与世界几大国家的财政发展指数，并且展开详细的国际比较研究，全面、直接、客观、准确地抓住和反映我国财政发展的典型特征和问题。本报告不仅为提升国家财政治理体系与治理能力做一些基础性、战略性、趋势性的支撑工作，而且为财政工作者和所有关注我国财政发展的居民提供一份有参考价值的资料。

一　国际财政发展指标体系

（一）国际财政发展指数构建的理论依据

由于中国和西方国家在历史文化、国家管理体制等方面存在巨大差异，因而本报告在构建国际财政发展指数时，立足于中国的国情背景、政治体制和经济发展阶段，把中国特色财政理论作为核心指导思想，同时有甄别地借鉴部分西方经典财政理论的思想。

本报告吸纳的古今中国的特色财政理论包括：《周礼》《汉书》等中国古代典籍中提及的财政学说思想；新中国成立以来中国当代财政学理论，例如国家分配论、社会共同需要论、国民经济综合平衡理论、新市场财政学理论等理论的财政思想；部分中国现阶段前瞻性财政理论的思想，例如国家治理框架下的财政理论、财政可持续性理论、数字经济财政理论等。部分西方经典财政理论包括：凯恩斯主义理论、马斯格雷夫三大职能理论等。这些理论和思想是全人类财政理论探索的智慧结晶，为本报告奠定了坚实的理论基础，同时增强了财政发展指数的国际可比性与国际通用性。

此外，本报告也借鉴国际公法和中国宪法具体条款中涉及公共服务的内容，以加强财政指数在全球经济社会领域的普遍适用性，最终构建一套对外可比、对内适用的国际财政发展指数指标体系。

（二）国际财政发展指数的构建方法

1. 理论建构法

结合中国特色财政理论和西方经典财政理论，不难发现财政发展的核心目标包括三个层次：第一层是促进增长、保持稳定，第二层是促进均等、提高政府效能，第三层是培植财源、实现国家战略目标。结合财政理论所提到的财政活动目标，本报告将国家财政活动归纳为财政运营、财政稳定、财政均等、财政治理和财政潜力五个方面。其中，财政运营指数联结促进增长目标，财政稳定指数联结保持稳定目标，财政均等指数联结促进均等目标，财政治理指数联结提高政府效能目标，财政潜力指数联结培植财源和实现国家战略目标。

2. 文献借鉴法

通过阅读近百篇财政指数相关文献，对文献中选取的财政指标进行梳理和分析，归纳总结已有文献通常从哪几个维度对财政状况进行量化分析，以及每个维度下分别选取哪些具体指标。然后，基于文献普遍采纳的指标，结合数据可获得性、指标在中国的适用性等多方面的考虑，剔除不适合纳入财政发展指数指标体系的指标，使得本报告的财政发展指数构建站在前人的肩膀上。

3. 专家问卷法

为了提高本报告财政发展指数指标体系的社会认可度，基于设计的指标体系制作了专家调查问卷，并且将问卷发放给十多位学术界专家，请专家对初步指标体系中各个指标的重要性进行打分，并对完善指标体系提出修改意见。我们对于专家认为重要的指标予以保留，对于专家普遍认为不重要的指标予以剔除。

4. 指标测算法

对于财政发展指数的综合性指数，为了统一各个指标之间的量纲从而能

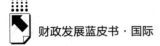
够加总计算得分，首先我们对底层指标进行无量纲化处理。

参考大多数文献的做法，对正向指标进行无量纲化处理的公式为：

$$S_{it} = \frac{V_{it}^+ - V_{min,t}}{V_{max,t} - V_{min,t}} \times 100$$

对负向指标进行无量纲化处理的公式为：

$$S_{it} = \frac{V_{max,t} - V_{it}^-}{V_{max,t} - V_{min,t}} \times 100$$

其中，S_{it} 为底层指标的标准化得分，V_{it} 为第 i 个国家第 t 年的指标实际值，$V_{max,t}$ 为所有国家第 t 年指标的最大值，$V_{min,t}$ 为所有国家第 t 年指标的最小值。基于范围在［0，100］的底层指标标准化得分，我们利用等权法为底层指标赋权，基于下面公式得到上一级指标的得分：

$$F_{jt} = \sum_{i=1}^{k} S_{it} \times W_i$$

其中，W_i 为指标的权重（本报告采用等权法得到每个指标的权重），F_{jt} 为上一级指标的标准化得分，k 为上一级指标所包含的下一级指标的个数。同样地，笔者逐级对每一级指标进行赋权相加，依次得到二级指标、一级指标和总指数的得分。[①]

对于财政发展指数的独立性指数，由于各项独立性指标的原始数值更具有现实表征意义，所以本报告直接使用各项独立性指标的原始数值进行国家间的比较分析。

（三）国际财政发展指数的构建逻辑说明

本报告不同于以往相关研究文献，创新性地设置了综合性指数、独立性指数和前瞻性指数，作为国际财政发展指数的三大模块，以更好地服务于政

---

① 如果某国的二级或三级指标因数据无法获取而缺失，则将该国缺失指标的权重平均赋给其他同级指标。

府决策需要。综合性指数由多级指标组成，通过逐级赋权加总最终得到一个总指数得分，以反映各个国家财政发展总体情况。独立性指数包含具有重要表征意义的指标，或与综合性指数的指标具有强相关性，或因不具有单调性而无法计算得分。前瞻性指数的指标体系包含有价值的指标，但由于数据的可获得性问题，现阶段无法测度其水平，不过可作为未来待研究的内容供财政领域具有数据基础的同行参考。附表 1 中，综合性指标、独立性指标和前瞻性指标三个模块从财政运营、财政稳定、财政均等、财政治理和财政潜力这五个方面来设置指标，以保持整体指标体系及后续研究逻辑的一致性。

具体而言，财政运营指数反映财政优化资源配置方面，反映我国社会主义初级阶段对经济更加充分发展的需要，同时对应着马斯格雷夫的资源配置方面和发展经济学增长方面。

财政稳定指数反映实现国家长治久安方面，反映发展可持续性的需要，同时对应着中国古典财政学说对财政稳定和收支平衡的关注以及马斯格雷夫对财政稳定的要求。

财政均等指数反映促进社会公平方面，反映对更加平衡发展的需要，同时对应着社会共同需要理论和新市场财政学理论对财政均等分配与公共服务均等化的关注，以及马斯格雷夫对公平目标实现的要求。

财政治理指数反映政府财政行政效能、治理能力和规范透明等方面，反映国家治理现代化深化改革的需要，同时对应着国家分配论对治理能力现代化的关注和公共选择理论对政府内部决策过程和治理能力的重视。不过，由于财政治理方面的相关指数缺乏现实数据支撑，所以在本报告中列为前瞻性指数，待今后可获取数据后再加以测算。

财政潜力指数联结培植财源和实现国家战略目标，作为预见性指标反映财政发展的经济基础和未来发展基本面，对应着凯恩斯主义理论关注经济与财政的双螺旋上升机制，强调经济长远健康发展对财政未来潜力的影响。

二　财政发展指数国际比较分析

本报告在国际财政发展指数指标体系基础上，利用经济合作与发展组织

（OECD）、世界银行（WB）、国际货币基金组织（IMF）等国际数据库的公开数据，对世界 15 个主要大国 2010～2019 年的财政发展情况进行定量评价与比较分析。结合一国的国际地位、与中国的可比性以及数据可获得性等因素，本报告从 G20 国家中选取了 15 个国家（澳大利亚、加拿大、法国、德国、意大利、日本、韩国、英国、美国、巴西、中国、印度尼西亚、俄罗斯、南非、土耳其）进行比较分析。① 接下来，本报告将从综合性指数、独立性指数两个方面开展财政发展指数国际比较分析。

（一）综合性指数

1.财政发展总指数

（1）发达国家财政发展总体优于发展中国家，中国财政发展总指数趋势平稳。

由表 1 可知，发达国家财政发展总指数得分及排名普遍优于发展中国家。就中国而言，2015～2019 年中国财政发展总指数得分为 41～50，排名第 10 或第 11，财政发展总指数的得分呈现平稳中小幅波动的态势。

表1　2015～2019 年财政发展总指数得分和排名的国际比较

国家		2015 年		2016 年		2017 年		2018 年		2019 年	
		指数值	排名	指数值	排名	指数值	排名	指数值	排名	指数值	排名
发达国家	德国	66.046	2	64.073	2	64.047	3	61.634	1	63.431	1
	韩国	64.609	3	65.320	1	64.177	2	59.702	3	59.874	2
	加拿大	61.788	5	60.643	4	62.016	4	53.686	5	59.444	3
	日本	59.490	6	57.317	5	53.647	6	50.745	7	58.773	4
	英国	63.264	4	56.204	6	59.088	5	55.306	4	56.055	5
	法国	57.880	7	51.043	7	53.121	7	51.268	6	53.368	6
	澳大利亚	67.327	1	60.699	3	68.126	1	60.894	2	51.078	7
	美国	52.036	9	45.679	9	52.478	8	39.521	11	48.883	9
	意大利	52.706	8	50.710	8	49.717	9	48.370	8	46.567	10

---

① G20 国家和地区中，阿根廷、沙特阿拉伯、印度、印度尼西亚和欧盟地区在国际公开数据库中的数据缺失值较多，故本报告将不这 5 个国家和地区纳入国别比较分析。

国家		2015 年		2016 年		2017 年		2018 年		2019 年	
		指数值	排名	指数值	排名	指数值	排名	指数值	排名	指数值	排名
发展中国家	俄罗斯	40.383	13	43.274	10	46.726	11	48.137	9	50.114	8
	中国	49.820	11	41.906	11	48.802	10	41.782	10	42.309	11
	土耳其	50.237	10	40.784	13	45.421	12	37.691	12	33.495	12
	墨西哥	42.518	12	41.302	12	33.538	13	31.204	13	32.614	13
	南非	32.315	14	32.599	14	27.932	14	26.487	14	28.358	14
	巴西	29.047	15	21.198	15	13.042	15	15.628	15	21.848	15

（2）2019 年，中国财政发展较为均衡，在财政运营方面表现较好，在财政稳定方面表现欠佳。

从财政发展总指数的内部结构来看（见表 2），各个国家在财政运营、财政稳定、财政均等和财政潜力这四个方面各有千秋，也都存在改进的空间。中国的财政运营指数排名第 8，财政潜力指数排名第 9，财政均等指数排名第 10，财政稳定指数排名第 11。总体而言，中国财政各个方面发展比较均衡。

表 2　2019 年 15 国财政发展总指数及其一级指标排名

国家		2019 年总得分	2019 年总排名	排名较 2018 年变动	一级指标排名			
					财政运营指数	财政稳定指数	财政均等指数	财政潜力指数
发达国家	德国	63.431	1	0	9	1	7	1
	韩国	59.874	2	1	5	2	8	2
	加拿大	59.444	3	2	3	4	6	6
	日本	58.773	4	3	12	3	2	5
	英国	56.055	5	-1	6	7	3	4
	法国	53.368	6	0	10	6	4	8
	澳大利亚	51.078	7	-5	7	12	1	7
	美国	48.883	9	2	4	10	11	3
	意大利	46.567	10	-2	13	9	5	10

续表

国家		2019 年总得分	2019 年总排名	排名较2018 年变动	一级指标排名			
					财政运营指数	财政稳定指数	财政均等指数	财政潜力指数
发展中国家	俄罗斯	50.114	8	1	2	5	12	11
	中国	42.309	11	-1	8	11	10	9
	土耳其	33.495	12	0	15	14	9	13
	墨西哥	32.614	13	0	14	8	14	12
	南非	28.358	14	0	1	15	13	14
	巴西	21.848	15	0	11	13	15	15

进一步，从 2019 年中国财政发展指数各项二级指标的得分情况来看（见图 1），各项指标得分尚不均衡。得分最高的两个指标是规模增长指数（88.44）和科技创新指数（80.51），得分最低的为债务风险指数（23.87）。而且不难发现，我国财政运营指数排名相对靠前的原因在于规模增长指数得分较高，财政稳定指数排名靠后的原因在于基于国际可比口径测算的财政赤字指数得分以及债务风险指数得分较低。此外，财政潜力指数下设的科技创新指数排名很靠前，说明中国科技创新为宏观经济及财政发展提供了潜在支撑。

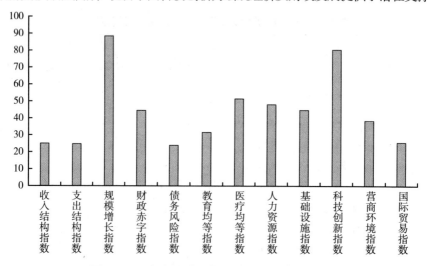

图 1　2019 年中国财政发展指数的二级指标得分

2. 财政运营指数

（1）中国财政运营指数得分及排名呈现波动趋势。

2015~2019 年中国财政运营指数排名呈现波动的趋势，从 2015 年的第 8 名上升至 2017 年的第 5 名，再下降至 2019 年的第 8 名。由图 2 可知，中国 2016 年以前财政运营指数得分在七国中一直居中，2017 年开始处于较高水平，2018~2019 年又逐渐下降，说明中国的财政收支运营管理工作应该加强收支管理，尽量避免财政运营水平的波动，以保持住相对其他国家的优势地位。

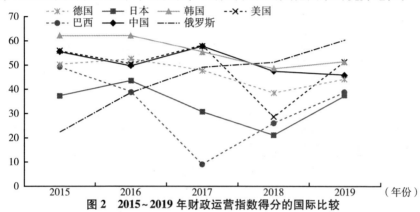

图 2　2015~2019 年财政运营指数得分的国际比较

注：为了使折线图更为清晰地呈现重点国家得分的变化趋势，图 2 分别从发达国家和发展中国家中挑选与中国最具可比性的 6 个代表性国家进行绘图比较分析。下文中的指数得分变化趋势国别对比图也基于同样的考虑，选取了部分重点国家与中国进行比较分析。选取重点国家的做法是：优先选取 7 个国家进行比较，即中国、美国、德国、日本、俄罗斯、巴西、韩国；但是，在一些三级指标中，个别国家的测算数据缺失，在这种情况下则替换为其他国家来进行国际比较。

（2）中国的规模增长指数表现突出，支出和收入结构指数的提升空间较大。

就财政运营指数的内部二级指标结构（见表 3）而言，不难发现：第一，中国的规模增长指数表现突出，2019 年在 15 个国家中得分位列第 2，远远高于发达国家与发展中国家的均值，这无疑和中国的经济高速增长密切相关；第二，支出结构指数略显不足，得分位列第 12；第三，收入结构指数与其他国家有较大差距，得分位列第 15。由此说明，中国未来在保持财政收支规模的同时，需要重点关注调整优化财政收支结构，把稳增长和调结构作为改善我国财政运营状况的出发点和落脚点。

表3　2019 年财政运营指数及其二级指标排名的国际比较

国家		财政运营指数得分	财政运营指数排名	排名较上一年变动	财政运营指数的二级指标排名		
					收入结构指数	支出结构指数	规模增长指数
发达国家	加拿大	58.805	3	1	2	—	12
	美国	51.740	4	9	10	2	6
	韩国	51.577	5	0	5	6	3
	英国	48.142	6	1	4	4	10
	澳大利亚	46.097	7	-5	8	9	5
	德国	44.232	9	0	3	10	11
	法国	44.181	10	1	12	5	4
	日本	37.403	12	3	6	8	14
	意大利	36.647	13	-3	14	11	7
发展中国家	南非	63.674	1	0	1	1	9
	俄罗斯	60.463	2	1	9	7	1
	中国	46.042	8	-2	15	12	2
	巴西	38.862	11	3	13	—	8
	墨西哥	35.094	14	-2	11	—	13
	土耳其	35.040	15	-7	7	3	15

注：加拿大、墨西哥和巴西缺失 2019 年的支出结构指数数据。

3. 财政稳定指数

（1）中国财政稳定指数的得分及排名呈现波动中下滑的趋势。

从财政稳定指数的整体趋势来看，中国的财政稳定指数得分在 2015 ~ 2019 年呈现下滑趋势，其中 2016 ~ 2017 年有小幅上升，2015 ~ 2016 年和 2017 ~ 2018 年出现大幅下降（见图 3），排名从 2015 年的第 6 位跌至 2019 年的第 11 位。[①]

---

① 此处需要说明的是，在测算财政稳定指数时，为了与国际数据库中其他国家的财政赤字统计口径保持一致，计算中国财政赤字时所用的收入与支出口径为四本预算全口径的财政收入与支出数据，因而与中国财政决算报告中公布的赤字水平有所出入。根据 2019 年财政决算报告中，用于计算赤字的财政收入总量口径为"一般公共预算收入+中央和地方财政从预算稳定调节基金、政府性基金预算、国有资本经营预算调入资金+地方财政使用结转结余资金"，用于计算赤字的财政支出总量口径为"一般公共预算支出+补充中央预算稳定调节基金"。由此可知，政府性基金预算、国有资本经营预算、社会保障基金预算的收支缺口数据并未纳入财政赤字的官方口径。

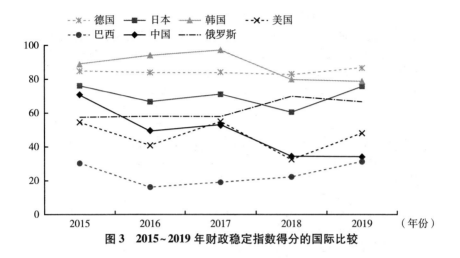

图3 2015~2019 年财政稳定指数得分的国际比较

（2）中国财政赤字指数和债务风险指数均排名靠后。

从财政稳定指数的内部二级指标结构来看，中国财政赤字指数①得分在 2015~2019 年波动中下跌，2015 年得分为 81.50，2019 年得分仅为 44.53，这与中国政府性基金预算、国有资本经营预算、社会保障基金预算的财政收支数据公开透明化并且纳入财政预算统一管理有一定关系。中国的债务风险指数得分在 2015~2019 年波动中下跌，2015 年中国债务风险指数得分最高，为 59.95，但随后波动中下滑，至 2019 年得分为 23.87（见图4）。由此可见，近年中国的财政稳定性不容乐观，亟待采取一些措施以改善。

4. 财政均等指数

（1）中国财政均等指数呈现稳中有升的趋势。

从财政均等指数的整体趋势来看，中国的财政均等指数得分在 2015~2019 年整体表现出稳中有升的趋势，从 2015 年的第 11 名上升至 2019 年的第 10 名。由图5 可知，中国在这七国之中的得分水平居于中间位置。

（2）中国的教育均等指数排名靠后，医疗均等指数排名居中。

从财政均等指数的内部二级指标结构来看，2019 年中国的教育均等指

---

① 为了与其他国家的财政赤字口径保持一致，计算中国财政赤字时所用的收入与支出口径为四本预算全口径的财政收入与支出数据，这与中国财政决算报告中公布的赤字口径有所不同。

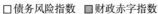

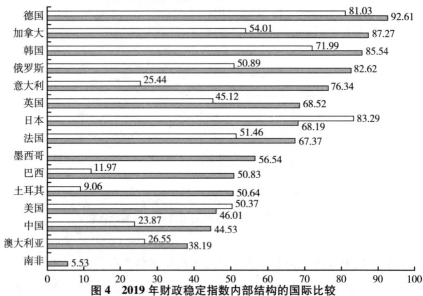

图 4　2019 年财政稳定指数内部结构的国际比较

注：墨西哥和南非的债务风险指数数据缺失，故图中未显示两国的数据。

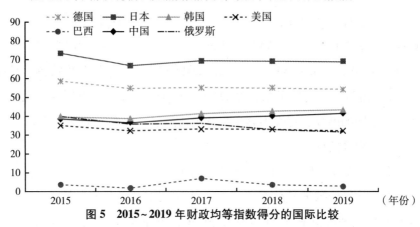

图 5　2015~2019 年财政均等指数得分的国际比较

数得分偏低、排名靠后（见图 6），2015~2019 年得分整体在平稳中小幅下滑，排名在第 10~12 名波动。另外，中国的医疗均等指数得分在 2015~2019 年整体呈现上升趋势，得分处于中间水平，排名由 2015 年第 9 位提高至 2019 年第 8 位。由此可知，中国财政均等指数排名尚未靠前的关键原因在于教育均等指数的排名比较靠后。

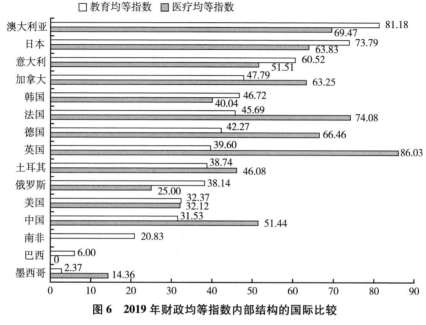

图 6　2019 年财政均等指数内部结构的国际比较

注：南非的医疗均等指数数据缺失，巴西的医疗均等指数得分为 0。

5. 财政潜力指数

（1）中国财政潜力指数呈现逐渐上升的趋势。

从财政潜力指数的整体趋势来看，中国的财政潜力指数得分在 2015～2019 年整体呈现波动中上升的趋势，排名从 2015 年的第 12 名上升至 2019 年的第 9 名。2019 年中国的财政潜力指数得分高于巴西和俄罗斯，低于美国、日本、德国和韩国（见图 7）。

（2）中国科技创新指数排名靠前，但营商环境指数和国际贸易指数排名靠后。

从财政潜力指数的内部二级指标结构来看，中国的科技创新指数在 2015～2019 年均排名第 2，仅次于美国。2019 年，中国人力资源指数排名第 9，基础设施指数排名第 10，营商环境指数排名第 13，国际贸易指数排名第 12。就 2019 年财政潜力指数结构而言，中国财政潜力指数中营商环境指数和国际贸易指数得分较低，但是中国的科技创新指数得分较高（见图 8），说明中国在科技创新水平上的发展势头良好。

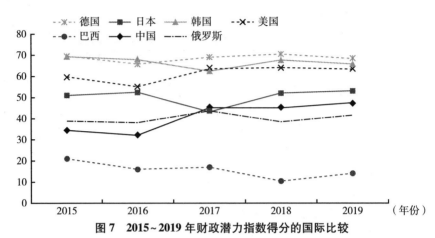

图7　2015~2019年财政潜力指数得分的国际比较

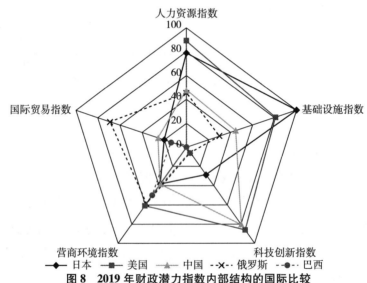

图8　2019年财政潜力指数内部结构的国际比较

注：为了避免15个国家的线条有重叠和遮挡，更清晰地展示指数内部结构，本报告的雷达图选择了具有可比性的5个国家予以展示。对于未在雷达图中展示的国家，读者可参考指数篇中《财政发展综合性指数的国际比较》中对应指数的得分表格，以了解该国指数的内部结构。下同。

（二）独立性指数

1. 财政运营方面

（1）中国财政收支的绝对规模水平领先，人均财政收支水平较低但增速较高。

在财政收入和支出的绝对规模方面，无论是中口径还是大口径①，2019 年中国绝对财政收入与支出不仅水平很高而且增速较快。在人均财政收入和支出方面，无论是中口径还是大口径，中国人均财政收入水平在 15 个国家中排名靠后，但是中国在 2018~2019 年人均财政收入和支出的增速均较快，在 15 个国家中排名前三。可见中国虽然人均财政收入和人均财政支出的水平较低，但二者的增速较快。

（2）中国小口径宏观税负水平持续下降，但中大口径的宏观税负不降反升。

小口径下②，中国 2019 年宏观税负水平在 15 国中排名倒数第二，仅为 15.95%，而且 2014~2019 年呈现持续明显下降的趋势，这与中国近几年积极推进减税降费改革密切相关。中口径下，中国 2019 年宏观税负水平为 28.14%，排名居中，2014~2019 年呈现先下降后缓慢回升的趋势。大口径下，中国 2019 年宏观税负水平为 34.34%，排名第 11，2014~2019 年也呈现先下降后缓慢回升的趋势（见图 9）。这说明中国仅考虑税收收入的小口

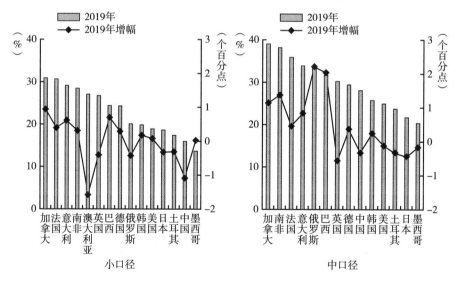

① 其他国家中口径的财政收入（支出）指"财政总收入（支出）-社会保障基金收入（支出）"，大口径指标为"财政总收入（支出）"。中国中口径的绝对财政收入（支出）指除了社会保障基金预算之外，另外三本预算即一般公共预算、政府性基金预算、国有资本经营预算的收入（支出）之和；大口径指标为一般公共预算、政府性基金预算、国有资本经营预算和社会保障基金预算这四本预算收入（支出）之和。

② 各个国家的小口径财政收入指的是税收收入。

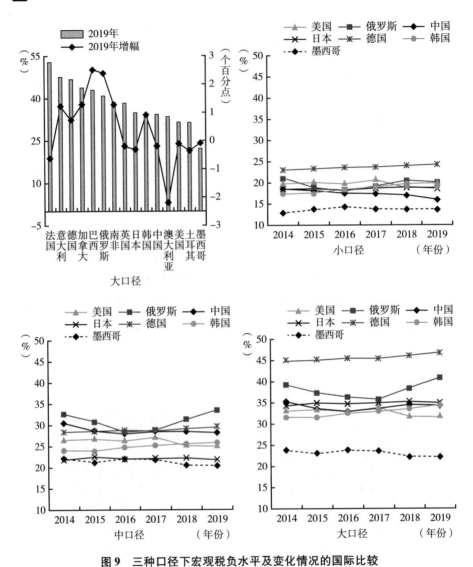

图9 三种口径下宏观税负水平及变化情况的国际比较

注：由于澳大利亚社会保障缴费收入数据缺失，因此未显示澳大利亚中口径宏观税负数据。

径宏观税负在持续下降，但由于政府非税收入及另外三本预算收入增加，考虑全部财政收入的中口径和大口径宏观税负呈不降反升趋势。

（3）中国财政恩格尔系数水平较低，民生支出密度的水平较低但增速很快。

财政恩格尔系数指财政刚性支出占财政总支出的比重，用以衡量财政部门根据形势变化调整支出方向的自由度。2019 年中国的财政恩格尔系数为44.63%，排名靠后，相比于 2018 年下降了 0.03 个百分点（见图10）。2019年发达国家财政恩格尔系数的均值显著高于中国财政恩格尔系数。这说明发达国家的财政部门不容易根据经济社会形势变化调整支出方向，而中国的财政部门更容易根据经济社会形势变化调整支出方向，进而更好地发挥财政职能。

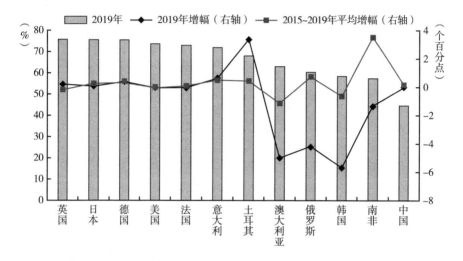

图 10　2019 年财政恩格尔系数及变化趋势的国际比较

注：由于加拿大、巴西、墨西哥的财政刚性支出数据缺失，因而图中未显示这 3 国的财政恩格尔系数。

民生支出密度指一国人均民生性财政支出水平，指标数值越大，说明该国人民享有财政投入保障民生公共服务水平越高。中国 2019 年的民生支出密度为 3181.55 美元/人，仅为排名第一的法国的 1/6，与他国相比处于较低水平。但就增长率而言，中国 2015~2019 年的人均民生支出年均增长率为 9.13%，其中 2019 年的增长率为 11.32%（见图 11），增长率居各国之首。这充分反映了近些年中国政府对民生公共服务领域的重视。

2. 财政稳定方面

（1）中国的财政赤字水平较高且呈现逐年上升趋势。

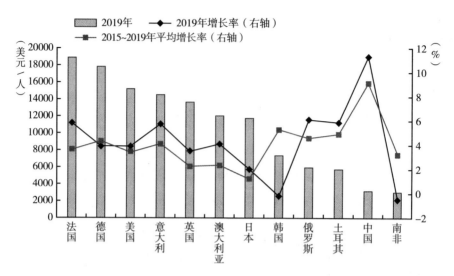

图 11　2019 年民生支出密度及变化趋势的国际比较

注：由于加拿大、巴西、墨西哥的民生性财政支出数据缺失，因而图中未显示这 3 国的民生支出密度数据。

从国际可比口径的角度来看①，2015～2019 年中国的财政赤字位于较高水平，无论是中期财政赤字、基本财政赤字还是结构性财政赤字指标，也无论是在中口径还是大口径下，中国的财政赤字不仅在 15 个国家中位于较高水平，而且呈现逐年上升的趋势。这说明近年来，因为经济下行压力、减税降费、三期叠加、中美贸易摩擦等原因，中国的财政赤字情况不容乐观，须引起重视②。另外，通过对比中口径和大口径下中国财政赤字水平排名的相对位置，可以推测中国财政赤字主要来源于一般公共预算、政府性基金预算

---

①　国际可比口径的财政赤字是指一般公共预算、政府性基金预算、国有资本经营预算、社会保障基金预算四本预算全口径财政支出与收入的差值。根据 2019 年财政决算报告，中国官方的财政收入总量口径为"一般公共预算收入+中央和地方财政从预算稳定调节基金、政府性基金预算、国有资本经营预算调入资金+地方财政使用结转结余资金"，财政支出总量口径为"一般公共预算支出+补充中央预算稳定调节基金"。政府性基金预算、国有资本经营预算、社会保障基金预算的收支缺口数据未纳入测算官方发布财政赤字的口径。

②　这一结论与中国财政预决算报告中官方发布的赤字率有一定差距，原因在于测算口径不一致。建议未来中国政府采用多个口径测算和发布财政赤字，以便于从多个维度了解政府财政赤字的主要来源。

和国有资本经营预算这三本预算，而其他国家的财政赤字主要来源于社会保障基金预算缺口。此外，2015~2019年，中国财政自给率相对较低并且呈逐年下降趋势，社会保障基金收支缺口的数值虽低但呈上升趋势，这些指标都能从侧面反映中国财政赤字的现实状况不容乐观。

（2）中国负债率、债务率和债务成本均较低且趋势平稳，不过流动资产较少和地方融资平台债务值得引起注意。

图12和图13的左图显示，中国2014~2019年负债率和债务率在七国中处于较低水平且发展趋势平稳；而两组图的右图均显示，扣除流动资产之后测算的中国负债率和债务率在七国中处于中游水平。通过对比左右两图不难发现，从分子负债总额中扣减流动资产后，中国的负债率水平的排位变得靠后，这意味着中国政府拥有的流动性金融资产略低于其他国家。从图14债务成本变化趋势来看，2014~2019年中国债务成本在七国中处于较低水平，呈现小幅上升的趋势。不过需要注意的是，中国负债率、债务率和债务成本在国际比较时整体水平较低的原因之一在于，国际数据库中的中国国家债务数据尚未包括地方政府的融资平台债务，而这部分隐性债务是当前中国债务风险的主要来源。

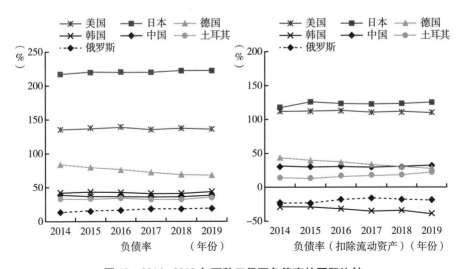

图12　2014~2019年两种口径下负债率的国际比较

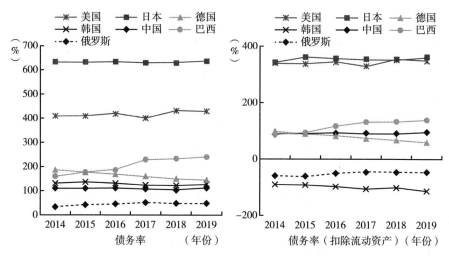

图13 2014~2019年两种口径下债务率的国际比较

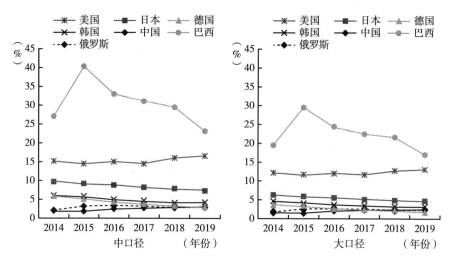

图14 2014~2019年两种口径下债务成本的国际比较

三 中国财政发展面临的主要挑战

基于本报告构建的国际财政发展指数指标体系,利用国际数据库的公开数据，对世界 15 个主要国家的财政发展情况进行定量评价。通过各国比较分析，我们发现中国未来财政发展主要面临以下三个方面的挑战。

（一）财政收支结构问题所引致的财政运营挑战

中国的财政收入和支出的绝对规模在世界居于领先地位，人均财政收入和支出水平较低但呈现快速提升的趋势，不过中国的收入结构指数和支出结构指数与世界其他国家的差距较大。

一方面，收入结构指数较低的主要原因在于中国税收收入的占比过低。税收集中度会导致地方政府加征土地出让金等政府性基金和行政事业性收费，这二者由于缺乏明确监管框架从而存在议价甚至寻租空间，将对中国营商环境造成负面影响，外商资金流入减少从而进一步降低财政收入，陷入恶性循环。

另一方面，支出结构指数较低的主要原因在于我国财政支出结构固化。财政支出在一段时期里重经济建设轻民生服务、重硬件轻软件，财政资源错配较为严重，这不仅会带来严峻的公共债务融资规模膨胀问题，而且可能诱发新一轮的经济结构性问题。另外，现行预算筹划所使用的"基本支出和项目支出"的话语体系既和国际公认的经常性支出和资本性支出不衔接，亦与实际财政活动不匹配。

（二）财政收支失衡所引致的财政稳定风险隐忧

中国财政稳定指数排名较为靠后，其下二级指标财政赤字指数和债务风险指数得分均较低，中国按国际可比口径测算的财政赤字水平偏高且呈增长趋势，短期偿债能力较弱，债务增长空间有限。

影响中国财政发展稳定的主要原因在于以下几个方面。

一方面，从长期而言，中国面临财政收入增长速度放缓和财政支出增长需求加速的矛盾。经济周期性下行压力、追求高质量发展使经济增长速度放缓，推行大规模减税降费以刺激经济、地方政府土地出让收入大幅减少，这些均导致中国财政收入增长速度放缓；然而人民日益增长的美好生活需要、人口老龄化引发社会保障支出增加、人口城镇化致使公共产品需求增加，这

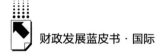

些均导致财政支出增长需求加速。这些都将导致中国的长期财政稳定风险日益累积。

另一方面，从短期而言，中国财政面临中美贸易摩擦和新冠肺炎疫情造成的短期平衡压力。2018年开始的中美贸易摩擦以及可能诱发的中美对抗、逆全球化甚至是"去中国化"的全球化将对中国财政发展产生长期的、系统性的冲击。新冠肺炎疫情造成中国产业链供应链在供需两侧同时承压，中小微企业业务空间被压缩，抵消了中央政府扩大税基的努力。

另外，中国尚未像世界其他国家那样公开编制政府的资产负债表，从而缺乏科学度量财政可持续性和预警财政风险的指标，这将使得中国财政风险管理水平提升缓慢。

（三）财政指导理论不够系统所引致的财政治理定位模糊

中国近几十年财政学研究的高速发展几乎建构在对西方学说的全盘引进之上，无论是生产建设型财政还是公共财政的转型，都更倾向于关注财政支出对于政府阶段性发展目标的回应性，即公共支出的价值只有通过对发展目标做出贡献才能得以证明。这样的理论定位忽视了中西方政府组织职能的巨大差异，中国的国家自主性、政府组织体系和政府治理工具都与中国特色政治经济制度密切相关，这些内容均不能被现有西方理论很好地诠释。

指导理论不够系统直接诱发了中国财政治理的诸多现实问题。例如，在现有财政部门和支出部门的关系上，缺少"政策—规划—项目—资金"的清晰链条以及重大项目预算编制和基本预算编制的协同，这都将使得财政部门被矮化为"出纳"部门，由此引发了财政资源配置战略性和主动性不足问题依旧比较突出。又如，缺乏充足信息手段和成本效应评估技术支持的预算绩效评价使得预算绩效管理发挥实效的空间被挤压，合规导向的预算绩效管理和成果导向的绩效评价协调和平衡困难。再如，在政府间关系上，当前经济区和行政区的边界重合也诱发了现有财税体制下政府将财政成本外部化而将财政收益内部化这样以邻为壑的财政活动模式，这直接影响了要素的合理流动和区域协调发展。

四　中国未来财政发展的改革对策

中国财政改革的方向应当能使财政发展拥有应对短期风险的能力，化挑战为机遇，消除结构化的脆弱性因素。从更长远的视角审视，财政发展的主线应当由以"财政公共化"匹配"经济市场化"转化到以"财政现代化"匹配"国家治理现代化"。

（一）短期对策：财政发展需要结构性改革策略

中国财政发展短期可从以下三个方面进行结构性改革策略调整。第一，夯实中期财政支出框架。以预算编制为突破口，只有真正实现跨周期预算平衡等工具的功能，才可能协同财政支出和经济周期的步调。第二，探索建立财政收入绩效评价体系。应当对财政收入的合宜规模、结构以及主体认同情况进行有效评价，以避免新一轮资源错配问题，同时提升地方政府优化税收征管效率。第三，尝试建立财政优先目标管理体系。在面对紧缩或者削减的财政状况时，需要地方政府有能力识别支出目标的优先次序。因此，未来应当培育地方政府基于偏好的信息优势和成本优势进行支出目标优先安排的能力，提高基层财政治理韧性。

（二）短期对策：财政发展亟待回应财政平衡压力

就短期而言，中国缓解财政平衡压力可以关注以下几个维度。首先，在税收领域关注消费税、环境税和资源税对于负外部性的矫正，不仅要调整消费税税目，还要提高高档商品和负外部性产品的税率。其次，提高国有企业利润上缴水平。中国国有企业赢利能力体现出良好韧性，给予了政府稳定财政收入的可能性。最后，盘活政府存量资产。中国对于规模庞大的政府资产仍缺乏有效的统计和管理，大量政府资产闲置，造成资源浪费。

（三）长期对策：财政发展需要完善财政治理工具体系

首先，在现代预算制度中，通过公共支出管理框架建构财政总额绩效、配置绩效以及运营绩效的关联。在配置绩效上，将基线筹划的理念引入中期财政规划当中，通过财政资金的竞争性分配引导资金形成基于财政偏好和成本的流动模式。在财政运营层面，围绕结果链模型推动预算绩效管理中任务式绩效评价的转型，同时围绕预算报告等配套改革强化财政预算受托责任，引导良治结果。

其次，在现代税收体制中，围绕税收国家理念提高税收占财政收入比重，调整税收在不同主体间的负担情况。一方面，通过税收征管体系的完善将超高收入者和"隐性富豪"的收入完全纳入征管体系；另一方面，研究如何对新兴产业尤其是数字经济产业的利润价值进行度量，进而对数字经济产业加强税收征管。

最后，在政府财政关系上关注税收资源的横向政府间分配。税收和税源的背离现象以及其根源上的税基错位问题，加剧了发达地区和欠发达地区的税收收入能力差异。因此，未来应当引入共同市场背景下的目的地征管原则，推动区域间财政关系在"收入共享"的逻辑下纳入"税基共享"的理念和操作。

（四）长期对策：财政发展应提升财政治理应对风险的能力

首先，建立现代财政法律法规体系，加快税收法定进程，同时尽量提高其他财政收入的立法水平，以提高政府收入的遵从度。严格落实以《预算法》为核心的预算法律法规，关注地方政府债务管理规范性体系建设，遏制新增隐性债务，增加闭环债务管理的透明度。

其次，推动财政治理专业化。通过建构财政大数据系统，对社会经济运行态势和财政收支发展规律有更清晰的认识。用大数据思维替代传统财政收支数字思维，以预算的编制、执行、监督和绩效评价为逻辑链条打通政府纵向体系和横向部门间的网络通道。

最后，推动财政治理能力国际化，建立与"大国财政"相匹配的全球公共产品和服务体系，提升中国在全球财经治理格局中的地位。利用双边、多边对话机制，增强我国财经国际话语权，统筹关税和国债等工具，有效应对贸易争端，维护我国合法权益。

附表1　国际财政发展指数指标体系

附表 1.1　国际财政发展指数综合性指标（加权测算打分并排名）

总指数	一级指标	二级指标	三级指标	
			指标名称	具体定义
财政发展指数	财政运营指数	收入结构指数	税收集中度	税收收入/财政总收入×100%
			债务依赖度	新增政府债务收入/财政总收入×100%
		支出结构指数	国家安全支出	（国防支出+安全稳定支出）/财政总支出×100%
			民生性支出	（教育支出+医疗支出+社会保障与就业支出+住房与社区支出）/财政总支出×100%
			经济性支出	经济性支出/财政总支出×100%
		规模增长指数	收入增长率	（本年收入−上年收入）/上年收入×100%
			支出增长率	（本年支出−上年支出）/上年支出×100%
	财政稳定指数	财政赤字指数	财政赤字率	（财政总支出−财政总收入）/GDP×100%
			财政赤字率波动	财政赤字率近 5 年数值的标准差
		债务风险指数	短期偿债能力	政府金融资产/政府当年利息支出×100%
			债务增长空间	GDP 增长率−政府债务余额增长率
	财政均等指数	教育均等指数	高中教育普及度	接受高中教育学生数/适龄人口×100%
			公立学校师生比	对公立小学、初中、高中的师生比（老师数/学生数）三个指标进行等权加总而计算的得分
		医疗均等指数	公立医院数	公立医院数/总人口（单位：个/万人）
			公立医疗床位数	公立医疗床位数/总人口（单位：个/万人）
	财政潜力指数	人力资源指数	居民教育水平	一国居民的平均受教育年限（单位：年）
			研发人力水平	对研发人员数量、每百万人中研发人员数量两个指标等权加总而计算的得分
		基础设施指数	基础设施水平	2016 年及以前：对机场密度、互联网覆盖率两个指标等权加总而计算的得分 2018 年及以后：采用《全球竞争力报告》中的基础设施总分
		科技创新指数	研发投入水平	对 R&D 投入金额、人均 R&D 投入金额两个指标等权加总而计算的得分
			科研机构水平	科研机构质量，来源于《全球竞争力报告》中 Research institutions prominence 这一指标
			专利申请水平	对专利申请数、人均专利申请数两个指标等权加总而计算的得分
			学术成果水平	对发表论文总数、人均发表论文数两个指标等权加总而计算的得分

续表

总指数	一级指标	二级指标	三级指标	
			指标名称	具体定义
财政潜力指数	营商环境指数	营商环境水平	来自世界银行《全球营商环境报告》,采用该报告从企业创办、雇佣工人、获建设许可证、用电、企业注册、信用体系、保护中小投资者、税收成本、进出口、签订合同、法律纠纷、破产过程12个方面测算的综合指数得分
		外商投资水平	外商直接投资金额/GDP×100%
	国际贸易指数	国际贸易水平	进出口总额/GDP×100%
		国际贸易顺差	(出口总额-进口总额)/GDP×100%

附表1.2 国际财政发展指数独立性指标(单独图表展示并排名)

序号		指标	具体定义
1	财政运营方面	财政收入水平	绝对财政收入水平:中口径为财政总收入-社会保障基金收入;大口径为财政总收入 人均财政收入水平:中口径为(财政总收入-社会保障基金收入)/总人口;大口径为财政总收入/总人口
2		财政支出水平	绝对财政支出水平:中口径为财政总支出-社会保障基金支出;大口径为财政总支出 人均财政支出水平:中口径为(财政总支出-社会保障基金支出)/总人口;大口径为财政总支出/总人口
3		宏观税负水平	小口径:税收收入/GDP×100% 中口径:(财政总收入-社会保障基金收入)/GDP×100% 大口径:财政总收入/GDP×100%
4		财政恩格尔系数	(国防支出+安全稳定支出+教育支出+医疗支出+社会保障支出)/财政总支出×100%
5		民生支出密度	(教育支出+医疗支出+社会保障与就业支出+住房与社区支出)/总人口
6	财政稳定方面	财政赤字水平	中期财政赤字:近3年财政赤字率的平均值
7			基本财政赤字:(财政支出-政府利息支出-财政收入)/GDP×100%
8			结构性财政赤字:财政赤字率-周期性财政赤字率(利用hp滤波法,剔除由经济周期波动造成的财政赤字)

续表

序号	指标		具体定义
9		财政自给率	中口径:(财政总收入-社会保障基金收入)/(财政总支出-社会保障基金支出)×100% 大口径:财政总收入/财政总支出×100%
10		社会保障基金收支缺口	(社会保障基金当年收入-社会保障基金当年支出)/社会保障基金当年收入×100%
11	财政稳定方面	政府债务水平	负债率:政府债务余额/GDP×100% 扣除流动资产的负债率:(政府债务余额-金融资产)/GDP×100%
			债务率:政府债务余额/财政总收入×100% 扣除流动资产的债务率:(政府债务余额-金融资产)/财政总收入×100%
			债务成本:中口径为政府利息支出/(财政总收入-社会保障基金收入)×100%;大口径为政府利息支出/财政总收入×100%

附表 1.3 国际财政发展指数前瞻性指标 (暂无数据支持,供决策参考)

序号	指标		具体定义
1		政府资产负债率	(政府显性债务+政府隐性债务)/政府资产规模×100%
2		政府资产规模	政府拥有的各项资产总计,包括现金、存款、有价证券、股权投资、固定资产等
3	财政运营方面	流动性资产占比	政府金融资产/政府资产规模×100%
4		短期偿债压力	未来1年债务的还本付息额/财政总收入×100%
5		债务期限结构	政府短期、中期、长期各个期限债务的占比情况
6		债务平均利率	政府债务的平均利率水平,以反映政府的利息负担以及市场对政府信用的评价
7		隐性或有债务	(隐性债务+或有债务)/GDP×100%
8		养老保险基金收益	基本养老保险基金的年投资收益率
9	财政稳定方面	财政积累水平	资本性支出/财政总支出×100%。资本性支出为形成政府固定资产以及国家和社会长期资产或财富的财政支出
10		政府外债水平	政府外债余额/政府债务余额×100%
11		地方教育差距	各国的地方政府在教育投入经费上的标准差
12		地方医疗差距	各国的地方政府在医疗投入经费上的标准差
13	财政均等方面	养老保险覆盖率	养老保险参保人数/总人口×100%
14		医疗保险覆盖率	医疗保险参保人数/总人口×100%
15		税收均衡效果	税前收入差距(基尼系数或帕尔玛比值)/税后收入差距(基尼系数或帕尔玛比值)

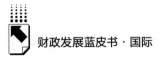

续表

序号	指标		具体定义
16	财政治理方面	财政透明度	政府财政信息的公开透明度,包括政府财政收入、支出、资产、债务等信息的公开情况
17		财政支出效率	从投入与产出的角度,综合评估财政支出的效率
18		国库支付能力	国库资金的运转效率与支付效率,用以衡量国库管理水平

指 数 篇
Index Reports

B.2
国际财政发展指数指标体系构建

宁 静　林光彬　孙传辉*

摘　要： 本报告在明确财政发展的定义和目标的前提下，以中国特色财政理论作为核心指导思想，借鉴西方经典财政理论的部分思想，根据国家财政活动行为的运行特征，在传统财政研究收、支、平、管分析范式的基础上，把财政活动由表及里、由浅到深进一步归纳提炼为财政运营、财政稳定、财政均等、财政治理和财政潜力五个方面，构建一套对外可比、对内适用的国际财政发展指数指标体系。本报告对指标体系构建的理论逻辑、各级指标含义和指标测算方式进行了详细说明。

关键词： 财政发展指数　综合性指数　独立性指数　前瞻性指数

---

* 宁静，经济学博士，副研究员，硕士生导师，中央财经大学财经研究院财政指数研究中心主任，北京财经研究基地研究人员，研究方向为地方财政、财政分权等；林光彬，经济学博士，教授，博士生导师，中央财经大学财经研究院院长，北京财经研究基地首席专家，研究方向为政治经济学、财政学理论、国家理论与市场理论、中国经济等；孙传辉，经济学博士，中央财经大学财经研究院助理研究员，北京财经研究基地研究人员，研究方向为经济增长、财政政策。

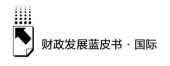

一 财政发展的定义及目标

财政，是指国家通过设立一个政府部门集中一部分国民收入资金，用于满足社会公共需要、实现国家职能的一系列支出活动，以实现资源优化配置、收入公平分配、经济稳定发展等一系列宏观经济社会的调控目标。因此，财政措施影响到经济体系的每一个组织、家庭和个人，如何筹措和分配财政资金会对经济的兴衰带来截然不同的影响。

发展，根据发展经济学理论中的定义，是指不仅要实现数量上的增长，还要追求质量的提升。质量提升在内涵上具体包括结构优化、方式创新、效率提高、人民满意、生态平衡等多个方面。根据中国科学发展观的定义，财政发展的核心理念是以人为本，基本要求是全面协调可持续发展，根本方法是统筹兼顾。根据中国新发展理念的定义，财政发展需要统筹推进"创新、协调、绿色、开放、共享"五个方面。

综上所述，财政发展是指基于特定目标的政府财政政策或财政活动，不仅要追求财政收支规模不断扩大，而且要追求实现财政结构优化、人民福祉增加、管理体制创新、资金效率提高等多方面的财政质量提升，以最终实现财政高质量发展与国家发展战略目标。

依据中国科学发展观、西方发展经济学对发展的定义，借鉴中国古典财政理论、国家分配论、社会共同需要论等中国特色财政理论，结合马斯格雷夫三大职能理论、公共选择理论等西方经典财政学理论，中国财政发展的目标可分为以下五个层次：

第一，财政部门利用财政收支手段实现资源优化配置，实现财政基本运营水平的提升；

第二，财政政策与活动能实现自身收支平衡与稳定发展，从而有助于促进宏观经济稳定健康发展；

第三，财政政策与财政行为坚持以人民为中心，有利于促进社会公共服务均等化，不断提高保障和改善民生水平；

第四，加强财政资源统筹，创新财政管理方式和提高资金使用效益，提高财政行政效能，保证高质量地达成财政目标；

第五，充分发挥财政在构建新发展格局中的引导带动作用，以"政"领"财"，集中财力办大事，为全面建设社会主义现代化国家提供财力保障，为巩固国体政体和实现国家战略目标提供基本手段。

二　国际财政发展指标体系构建的理论依据

在正式构建国际财政发展指数指标体系之前，本报告从中国特色财政理论演进、西方经典财政理论、国际公法及各国宪法的角度，说明本文构建财政发展指数国际指标体系的理论依据。值得注意的是，由于中国与西方国家在国家自主性、政治体制和管理治理观念等方面存在巨大差异，因而本报告在构建财政发展指数国际指标体系时，既要立足于中国基本国情，把中国财政理论作为核心指导思想，又要适当考虑指标体系的国际适用性，借鉴西方经典财政理论的部分思想，力图构建一套对外可比、对内适用的财政发展指数国际指标体系。

总体而言，本报告吸纳的古今中西的财政理论包括：①《周礼》《汉书》等中国古代典籍中提及的财政学说思想；②新中国成立以来中国当代财政学理论，例如国家分配论（许毅，1984；许廷星，1957；邓子基，1962）、社会共同需要论（何振一，1987）、国民经济综合平衡理论（韩英杰，1981；陈共，1981，1982；黄达，1981，1984）、新市场财政学（李俊生，2017）等理论的财政思想；③部分中国现阶段前瞻性财政理论的思想，例如国家治理框架下的财政理论（高培勇，2014；林光彬，2016；吕炜、靳继东，2019；王雍君，2020）、财政可持续性理论（刘尚希、李成威，2018；杨志勇，2021）、数字经济财政理论（刘尚希，2020；王志刚，2020）、财政金融相互协调理论（刘昆，2016；赵全厚，2018）等；④西方经典财政理论的核心思想，例如凯恩斯主义理论、马斯格雷夫三大职能理论、布坎南公共选择理论等。这些理论和思想是全人类财政理论探索的智慧结晶，为本报告研究奠定了坚实的理论基础，同时也增强了财政发展指数的国际可比性与国际

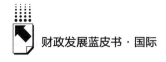

通用性。此外，本报告借鉴国际公法和中国宪法具体条款中涉及公共服务的内容，以增强财政发展指数在国际社会发展中的普遍适用性。

三 国际财政发展指标体系的构建方法

（一）理论建构法

基于上述古今中西的财政理论，根据国家财政活动行为的运行特征和规律，我们在传统财政研究收、支、平、管分析范式的基础上，把财政活动由表及里、由浅到深进一步归纳提炼为财政运营、财政稳定、财政均等、财政治理和财政潜力五个方面，并根据这五个方面或层次进行指标构建，把这五个方面作为财政发展指数指标体系的一级指标。这种分析范式是一种新的财政分析范式，也是一种探索性的尝试。其理论逻辑是财政目标与财政手段的匹配。财政发展的核心目标包括三个层次：第一层的促进增长、保持稳定，第二层的促进均等、提高政府效能，第三层的培植财源、实现国家战略目标。相应的，财政运营指数联结促进增长目标，财政稳定指数联结保持稳定目标，财政均等指数联结促进均等目标，财政治理指数联结提高政府效能目标，财政潜力指数联结培植财源和实现国家战略目标。以上对财政活动行为按照目标导向的分类分析，可以满足既无重复又无重大遗漏的基本要求，也可以满足最合逻辑、最易解释清楚的构建目标。同时，契合党的十八届三中全会通过的《中共中央关于全面深化改革若干重大问题的决定》中"财政是国家治理的基础和重要支柱，科学的财税体制是优化资源配置、维护市场统一、促进社会公平、实现国家长治久安的制度保障"的重要思想的指导。

（二）文献借鉴法

首先，充分吸纳前人研究成果，阅读近百篇与财政发展相关的文献，进行逐一研读分析，取其指标体系构建的思想精华。其次，作者通过阅读文献，挑选出具有借鉴意义的、采用数据指标量化分析各国或地区财政发展状况的文献，对这些文献中选取的财政指标进行梳理和分析，统计汇总已有文献普遍采纳的指标，归纳总结已有文献通常从哪几个维度对财政发展状况进行量化分析，且每一个维度下普遍选取哪些具体指标，这为我们的研究打下了很坚实的基础。最后，基于文献普遍采纳的指标、各国数据可获得性、指标在各国的适用性、代表性和重要性等多方面的考虑，剔除不适合纳入国际财政发展指数指标体系的指标，从而使得我们的财政发展指数指标体系建立在前人的肩膀上。

（三）专家问卷法

为了提高本报告构建的财政发展指数指标体系的社会认可度，基于设计的指标体系制作了专家调查问卷，并且将问卷发放给十多位学术界专家，请专家对初步指标体系中各个指标的重要性进行打分，并对完善指标体系提出修改意见。对于专家认为重要的指标予以保留，对于专家普遍认为不重要的指标予以剔除。

（四）指标测算法

一方面，对于财政发展指数的综合性指数，为了使得各个指标之间量纲统一，从而能够相加得到总指数和一级指数的得分，我们对底层指标进行无量纲化处理。

参考大多数文献的做法，对正向指标进行无量纲化处理的公式为：

$$S_{it} = \frac{V_{it}^+ - V_{min,t}}{V_{max,t} - V_{min,t}} \times 100$$

对负向指标进行无量纲化处理的公式为：

$$S_{it} = \frac{V_{max,t} - V_{it}^-}{V_{max,t} - V_{min,t}} \times 100$$

其中，S_{it} 为底层指标的标准化得分，V_{it} 为第 i 个国家第 t 年的指标实际值，$V_{max,t}$ 为所有样本国家第 t 年指标的最大值，$V_{min,t}$ 为所有样本国家第 t 年

指标的最小值。通过无量纲化处理，我们可以得到底层指标数值分布范围在
[0，100] 的标准化得分。

基于底层指标 [0，100] 的标准化得分，我们利用等权法得到每个底层指标的具体权重 W_i，基于下面公式得到上一级指标的标准化得分：

$$F_{jt} = \sum_{i=1}^{k} S_{it} \times W_i$$

其中，F_{jt} 为上一级指标的标准化得分，k 为上一级指标所包含的下一级指标的个数。利用同样的赋权方法和加总公式，我们逐级往上对每一级的指标进行赋权相加，得到二级指标、一级指标的指数得分，最终得到综合性指数的总指数得分。[①]

另一方面，对于财政发展指数的独立性指数，由于各项独立性指标的原始数值更具有现实表征意义，所以不需要对各项指标进行标准化或赋权加总计算得分。对于独立性指数，我们以中国的指标水平为参照系，直接使用各项独立性指标的原始数值进行国家之间的比较分析。

四 国际财政发展指标体系的内容与构建逻辑

本报告依据中国财政理论、西方经典财政理论、国际公法和中国宪法中有关公共财政的条款，在已有财政指数文献的基础之上，提出了一套全新的财政发展指数国际指标体系，一方面能够弥补已有研究文献的不足，另一方面协助财政部门了解中国财政与他国相比而言的优势及弱势，为决策者制定财政政策提供科学依据与数据支持。本报告构建的财政发展指数指标体系与以往研究有较大不同，其创新特色之处在于以下两点。

第一，在理论上，根据国家财政活动行为的运行特征和规律，把财政活动由表及里、由浅到深进一步归纳提炼为财政运营、财政稳定、财政均等、

---

① 如果某国的二级或三级指标因数据无法获取而缺失，则将该国缺失指标的权重平均赋给其他同级指标。

财政治理和财政潜力五个方面。把财政发展的核心目标概括为三个层次：第一层为促进增长、保持稳定，第二层为促进均等、提高政府效能，第三层为培植财源、实现国家战略目标。相应的，财政运营指数联结促进增长目标，财政稳定指数联结保持稳定目标，财政均等指数联结促进均等目标，财政治理指数联结提高政府效能目标，财政潜力指数联结培植财源和实现国家战略目标。以上对财政活动行为按照目标导向的分类分析，可以满足既无重复又无重大遗漏的基本要求，也可以满足最合逻辑、最易解释清楚的构建目标。

第二，针对性地设置了综合性指数、独立性指数和前瞻性指数三大模块。这样设置的原因在于以下三点。①一些指标彼此之间有较强的相关性，在这种情况下，我们从相关性较强的指标中选择一个最合适的指标放入综合性指数指标体系，将剩余有重要表征意义的指标放入独立性指数指标体系。这样做既可以保证综合性指数得分测算过程的科学性，又可以确保不遗漏重要的财政数据信息。②有些重要指标不具有单调性，无法判断其产生影响效应的正负性方向，从而不能纳入综合性指数的指标体系进行打分并排名。因此，对这一类没有明确正负性方向但又有重要表征意义的指标，只能纳入独立性指数指标体系进行具体分析。③一些指标具有重要现实意义，但是现阶段缺乏数据支持从而无法测度其水平。因此，本报告将这些指标纳入前瞻性指数，阐述其财政重要性以及对现实的表征意义，同时对其测量方法与计算公式进行描述，待今后数据可以获取时再将其纳入综合性或独立性指数进行量化比较分析，例如财政运营方面的政府资产负债指标、财政均等方面的地方公共服务均等化指标、财政治理方面的相关指标等。

财政发展指数国际指标体系分为综合性指数、独立性指数和前瞻性指数三个部分，其中前瞻性指数由于数据的可获得性问题，将作为未来研究的内容，同时供财政领域具有数据基础的同行参考。综合性指数和独立性指数均按照财政行为的理论逻辑，从财政运营方面、财政稳定方面、财政均等方面和财政潜力方面进行指标构建，为后文代入现实数据进行指数测算奠定良好的指标基础（如图1所示）。

具体而言，财政运营指数反映财政优化资源配置方面，反映我国社会主

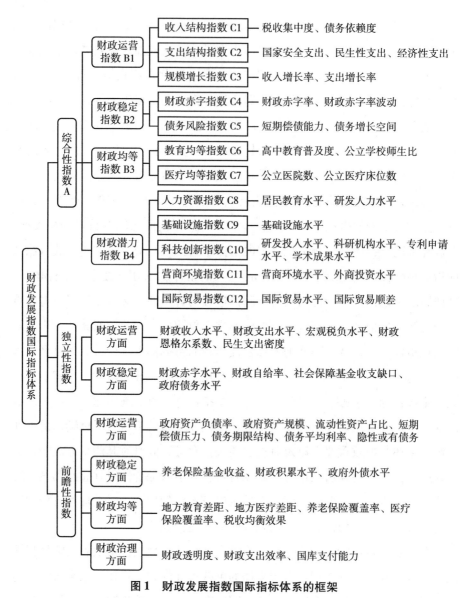

图 1　财政发展指数国际指标体系的框架

义初级阶段对经济更加充分发展的需要，同时对应着马斯格雷夫的资源配置方面和发展经济学增长方面。

财政稳定指数反映实现国家长治久安方面，反映发展可持续性的需要，同时对应着中国财政学说对财政稳定和收支平衡的关注以及马斯格雷夫对财政稳定的要求。

财政均等指数反映促进社会公平方面，反映对更加平衡发展的需要，同时对应着社会共同需要理论和新市场财政学理论对财政均等分配与公共服务均等化的关注，以及马斯格雷夫对公平目标实现的要求。

财政治理指数反映政府财政行政效能、治理能力和规范透明等方面，反映国家治理现代化深化改革的需要，同时对应国家分配论对治理能力现代化的关注和公共选择理论对政府内部决策过程和治理能力的重视。不过，由于财政治理方面的相关指数缺乏现实数据支撑，所以在本报告中列为前瞻性指数，待今后可获取数据后再加以测算。

财政潜力指数联结培植财源和实现国家战略目标，作为预见性指标反映财政发展的经济基础和未来发展基本面，对应着凯恩斯主义理论关注经济与财政的双螺旋上升机制，强调经济长远健康发展对财政未来潜力的影响。

下面报告将分别对综合性指数、独立性指数和前瞻性指数三部分指标的内容和逻辑进行详细阐述。

（一）综合性指数

综合性指数是通过构造一个层级树型结构的指标体系，运用数据无量纲化方法和赋权加总方法，从底层开始、层层向上测算每一级指数的得分，最后得到财政发展总指数的得分。

1.财政运营指数

众所周知，财政收入和支出是维持财政运营、实现国家意志和财政职能的两大手段。收入的来源和支出分类直接关系到财政的资源配置功能，收支的规模增长反映增长的需要。本报告参照已有文献在反映财政收支方面指标的普遍构建方法①，从结构和增长方面，在财政运营指数下设置了收入结构指数、支出结构指数和规模增长指数作为二级指标（见表1）。

---

① 参见 IMF 发布的《财政监控》（*Fiscal Monitor*）、OECD 发布的《政府概览》（*Government at A Glance*），以及李闽榕（2006）和廖桂荣（2015）的研究。

表1 财政运营指数的指标结构

二级指标	三级指标	
	指标名称	具体定义
收入结构指数	税收集中度	税收收入/财政总收入×100%
	债务依赖度	新增政府债务收入/财政总收入×100%
支出结构指数	国家安全支出	(国防支出+安全稳定支出)/财政总支出×100%
	民生性支出	(教育支出+医疗支出+社会保障与就业支出+住房与社区支出)/财政总支出×100%
	经济性支出	经济性支出/财政总支出×100%
规模增长指数	收入增长率	(本年收入-上年收入)/上年收入×100%
	支出增长率	(本年支出-上年支出)/上年支出×100%

进一步,结合国内外数据可获得性与口径可比性,二级指标下设指标考虑如下。

"收入结构指数"下设税收集中度、债务依赖度两个三级指标。税收集中度为当年税收收入占国际可比口径财政总收入①的比重,债务依赖度为当年新增政府债务收入占国际可比口径财政总收入的比重。税收集中度越高,债务依赖度越低,则财政收入运营能力越强②。

"支出结构指数"下设国家安全支出、民生性支出和经济性支出三个三

① 国际可比口径的财政总收入是指包含社会保障基金收入在内的全口径财政收入。中国全口径财政收入的统计口径为"一般公共预算收入(税收收入+非税收入)+政府性基金收入+国有资本经营收入+社会保障基金收入-社会保障基金预算中的财政补贴收入"。对于其他国家,全口径财政收入的统计口径为OCED和IMF数据库中的科目"Tax revenue+Social contribution+Sales+Grants+Others revenue";同样地,国际可比口径的财政总支出是指包含社会保障基金支出在内的全口径财政支出。需进一步说明的是,考虑到中国四本预算之间存在资金调入和调出的情况,报告尝试在四本预算加总之前对重复计算资金部分予以剔除。不过限于数据可获得性,报告仅剔除了一般公共预算对社会保障基金预算的财政补贴部分,政府性基金预算与国有资本经营预算调入一般公共预算的资金由于缺乏精准数据而无法剔除。待今后公开数据更加细化精准后,我们再对重复部分进行剔除以完善指标测算。
② 实际上,税收集中度指标具有两面性:一方面,税收占比越大说明财政收入来源越稳定,对财政自身运营越有利;另一方面,从宏观经济视角出发,税收收入与经济增长的关系为倒U形,超过临界值水平的税收可能阻碍经济发展。由于财政运营指数主要反映的是财政自身收支问题,再结合当前中国税收占比较低的现实,因此此处暂未考虑税收对经济可能产生的负面影响,未来将根据经济形势变化完善指标,考虑税收负担对经济的影响。

级指标，分别为国家安全支出、民生性支出、经济性支出占国际可比口径财政总支出的比重，以反映各国财政在维护国家安全稳定、保障民生权益和促进经济发展这三个关系国家稳定富强的方面的资源配置倾向，三者水平越高表明财政支出运营能力越强。

"规模增长指数"下设收入增长率、支出增长率两个三级指标，测度公式为当年与上年财政总收入或总支出之差除以上一年财政总收入或总支出。财政总收入或总支出是指包含社会保障基金在内的全口径财政收入或财政支出。财政收入或支出增长率越高，说明财政集中统筹与分配使用社会资源的能力越大，即财政运营能力越强。

2. 财政稳定指数

根据"量入为出"、财政风险控制、债务可持续的财政基本原则，以及参考 IMF《财政监控》、OECD《政府概览》、Ikeda（2007）、裴育（2010）和高培勇（2014）等文献，本报告在"财政稳定指数"下面设置"财政赤字指数""债务风险指数"两个二级指标（见表2）。

表 2　财政稳定指数的指标结构

二级指标	三级指标	
	指标名称	具体定义
财政赤字指数	财政赤字率	（财政总支出-财政总收入）/GDP×100%
	财政赤字率波动	财政赤字率近 5 年数值的标准差
债务风险指数	短期偿债能力	政府金融资产/政府当年利息支出×100%
	债务增长空间	GDP 增长率-政府债务余额增长率

"财政赤字指数"从水平值与波动值两个角度，设置了财政赤字率（财政收支差额/GDP）、财政赤字率波动（近 5 年财政赤字率的标准差）两个三级指标，它们的值越小，说明财政自身的稳定性越好。

"债务风险指数"下设短期偿债能力（政府金融资产/政府当年利息支出）、债务增长空间（GDP 增长率-政府债务余额增长率）这两个指标作为三级指标，二者的数值越高，说明财政债务风险越低，越有利于财政稳定。

3. 财政均等指数

根据社会共同需要理论"基本公共物品全国人民平等享有"的思想，马斯格雷夫认为财政的收入分配职能包括促进社会的机会公平，即财政应该提供基本公共服务来保障居民公平地享有教育、医疗等基本权益。参考《世界人权宣言》、各国宪法、《中国公共财政建设报告》、廖桂容（2015）等文献的做法，本报告在"财政均等指数"下面设置"教育均等指数""医疗均等指数"两个代表性二级指标（见表3）。

表 3　财政均等指数的指标结构

二级指标	三级指标	
	指标名称	具体定义
教育均等指数	高中教育普及度	接受高中教育学生数/适龄人口×100%
	公立学校师生比	对公立小学、初中、高中的师生比（老师数/学生数）三个指标进行等权加总而计算的得分
医疗均等指数	公立医院数	公立医院数/总人口（单位:个/万人）
	公立医疗床位数	公立医院床位数/总人口（单位:个/万人）

鉴于数据可获得性与可比性，"教育均等指数"下设高中教育普及度（接受高中教育学生数/适龄人口）、公立学校师生比（公立小学、初中、高中的老师数/学生数）两个三级指标；"医疗均等指数"下设公立医院数（公立医院数/总人口）、公立医疗床位数（公立医院床位数/总人口）两个三级指标。上述指标的数值越高，表明财政提供社会共享的基本公共服务水平越高，财政发挥的均等化作用越大。

4. 财政潜力指数

从长期来看，一国经济未来发展水平不仅决定该国的税收水平进而影响财政收入能力，而且会影响政府未来偿还债务能力进而影响财政可持续性。因此，本报告借鉴已有研究成果，设置了影响经济发展因素的"财政潜力指数"作为一级指标。又根据经典柯布-道格拉斯生产函数理论，经济发展潜力取决于劳动力（L）、资本（K）、技术（A）三个方面，因此，报告在"财政潜力指数"下设置了"人力资源指数""基础设施指数""科技创新指数"作为二级指标。考虑到人力资源、科技创新等具有较强的外部性和规模效应,因此对二者不仅考虑了常用的相对值指标,还考虑了绝对值指标。此外,"财政潜力指数"还下设了"营商环境指数""国际贸易指数"作为二级指标(见表4)。

表4 财政潜力指数的指标结构

二级指标	三级指标	
	指标名称	具体定义
人力资源指数	居民教育水平	一国居民的平均受教育年限(单位:年)
	研发人力水平	对研发人员数量、每百万人中研发人员数量两个指标等权加总而计算的得分
基础设施指数	基础设施水平	2016年及以前:对机场密度、互联网覆盖率两个指标等权加总而计算的得分 2018年及以后:采用《全球竞争力报告》中的基础设施总分
科技创新指数	研发投入水平	对R&D投入金额、人均R&D投入金额两个指标等权加总而计算的得分
	科研机构水平	科研机构质量,来源于《全球竞争力报告》中Research institutions prominence这一指标
	专利申请水平	对专利申请数、人均专利申请数两个指标等权加总而计算的得分
	学术成果水平	对发表论文总数、人均发表论文数两个指标等权加总而计算的得分
营商环境指数	营商环境水平	来自世界银行《全球营商环境报告》,采用该报告从企业创办、雇佣工人、获建设许可证、用电、企业注册、信用体系、保护中小投资者、税收成本、进出口、签订合同、法律纠纷、破产过程12个方面测算的综合指数得分
	外商投资水平	外商直接投资金额/GDP×100%
国际贸易指数	国际贸易水平	进出口总额/GDP×100%
	国际贸易顺差	(出口总额−进口总额)/GDP×100%

"人力资源指数"下设居民教育水平(一国居民的平均受教育年限)、研发人力水平(研发人员数量、研发人员数量/总人口)两个三级指标,其中研发人力水平从绝对量和相对量两个维度来等权加总测算。

"基础设施指数"不仅考虑了传统意义的交通基础设施（例如机场密度），而且考虑了新型基础设施建设水平（例如互联网覆盖率）[1]。

"科技创新指数"下设研发投入水平（R&D 投入金额、R&D 投入金额/研发人员数量）、科研机构水平、专利申请水平（专利申请数、专利申请数/研发人员数量）和学术成果水平（发表 SCI 文章总数、发表 SCI 文章数/研发人员数量）四个三级指标。其中研发投入水平、专利申请水平和学术成果水平分别从绝对量和相对量两个维度等权加总测算。

企业营商环境也是决定一国经济发展潜力的重要方面，因此本报告设置了"营商环境指数"作为二级指标。"营商环境指数"下设营商环境水平和外商投资水平两个三级指标。

一国的国际贸易情况也对其经济发展潜力产生重要影响，因此本报告设置了"国际贸易指数"作为二级指标。"国际贸易指数"下设国际贸易水平、国际贸易顺差两个三级指标。

上述各项指标的数值越大，表明一国的经济发展潜力越好，即意味着财政发展潜力越好。

（二）独立性指数

针对当前世界财政热点、焦点、难点问题，本报告设置独立性指数以更好比较世界财政发展现状。独立性指数具有独特的现实表征意义，但考虑到一些指标具有创新性和现实表征意义，单独比较分析能更为直观地反映财政问题，加上一些指标不能确定其正负方向或与其他指标有共线性问题，因此在国际指标体系中引入独立性指数具有必要性。参照综合性指数一级指标的分类，本报告对独立性指数进行相应的类别划分，分别从财政运营方面和财

---

[1] 2016 年及以前，基础设施指数下设四级指标为机场密度、互联网覆盖率（互联网用户/总人口）。但是由于 2016 年后机场密度数据不再更新，因此 2017 年基础设施指数数据缺失，2018 年及以后基础设施指数采用《全球竞争力报告》中的交通基础设施指数和能源基础设施指数的总得分。

政稳定方面选取一些重点指标进行分析研究①。

1. 财政运营方面

从财政运营的角度，本报告选取了"财政收入水平""财政支出水平""宏观税负水平""财政恩格尔系数""民生支出密度"作为独立性指数（见表5）。

表5　财政运营方面的独立性指标结构

指标名称	指标定义
财政收入水平	绝对财政收入水平:中口径为财政总收入-社会保障基金收入;大口径为财政总收入 人均财政收入水平:中口径为(财政总收入-社会保障基金收入)/总人口;大口径为财政总收入/总人口
财政支出水平	绝对财政支出水平:中口径为财政总支出-社会保障基金支出;大口径为财政总支出 人均财政支出水平:中口径为(财政总支出-社会保障基金支出)/总人口;大口径为财政总支出/总人口
宏观税负水平	小口径:税收收入/GDP×100% 中口径:(财政总收入-社会保障基金收入)/GDP×100% 大口径:财政总收入/GDP×100%
财政恩格尔系数	(国防支出+安全稳定支出+教育支出+医疗支出+社会保障支出)/财政总支出×100%
民生支出密度	(教育支出+医疗支出+社会保障与就业支出+住房与社区支出)/总人口

"财政收入水平"和"财政支出水平"分别从绝对数值、人均数值两个角度，从中口径和大口径来对比中国与其他国家的财政收支水平。中口径下的绝对财政收入水平为财政总收入扣除社会保障基金收入;大口径下的绝对财政收入水平为财政总收入②。中口径下人均财政收入水平的公式为（财政总收入-社会保障基金收入）/总人口;大口径下人均财政收入水平的公式

---

① 财政均等化也是当前财政热点问题，但由于缺乏各国地方政府相关数据，因此无法构造财政均等方面的独立性指标。财政均等和财政治理方面的重要指标可参见前瞻性指数部分。

② 其他国家中口径的绝对财政收入水平指标为"财政总收入-社会保障基金收入"，大口径指标为"财政总收入"。中国中口径的绝对财政收入水平为一般公共预算、政府性基金预算、国有资本经营预算这三本预算收入之和;大口径指标为一般公共预算、政府性基金预算、国有资本经营预算和社会保障基金预算这四本预算收入之和。考虑到中国四本预算之间存在资金调入和调出的情况，报告尝试在四本预算加总之前对重复计算资金部分予以剔除。不过限于数据可获得性，报告仅剔除了一般公共预算对社会保障基金预算的财政补贴部分，政府性基金预算与国有资本经营预算调入一般公共预算的资金由于缺乏精准数据而无法剔除。待今后公开数据更加细化精准后，我们再对重复部分进行剔除以完善指标测算。

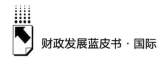

为财政总收入/总人口。

中口径下的绝对财政支出水平为财政总支出扣除社会保障基金支出；大口径下的绝对财政支出水平为财政总支出①。中口径下的人均财政支出水平为（财政总支出-社会保障基金支出）/总人口；大口径下的人均财政支出水平为财政总支出/总人口。

"宏观税负水平"为不同口径财政收入占 GDP 的比重，用以衡量一国财政对社会经济资源的可支配程度与挤占程度。由于世界各国的财政收入统计口径不一样，因此我们根据 IMF 发布的《政府财政统计手册（2014）》中政府收入的口径与分类，将各国财政收入调整为国际可比口径，分别从小口径、中口径、大口径来对比中国与其他国家的宏观税负水平。

"财政恩格尔系数"是指财政刚性支出占财政总支出的比重，用以衡量国家财政部门可以根据经济社会形势变化调整支出方向的自由度。根据已有文献对财政刚性支出的定义（Medina，2015；裴育，2010）以及 OECD 和 IMF 数据库对财政支出的功能性分类，我们将国防支出、安全稳定支出、教育支出、医疗支出、社会保障支出视作刚性支出，将其之和作为分子，将全口径财政支出作为分母。

"民生支出密度"的测算公式为（教育支出+医疗支出+社会保障与就业支出+住房与社区支出）/总人口，表示一国人均民生性财政支出水平，该指标越大，说明该国人民享有财政投入保障的教育、医疗、社会保障、就业、住房等民生公共服务水平越高。

2. 财政稳定方面

从财政稳定角度，选取"财政赤字水平""财政自给率""社会保障基金收支缺口""政府债务水平"作为独立性指数（见表6）。其中，由于中国一直强调建立跨年度预算平衡机制与中期预算制度，因此采用"中期财政赤字"指标来比较近 3 年来各国的平均财政赤字水平。

---

① 绝对财政支出水平的中口径和大口径统计范围与绝对财政收入水平保持一致。

表6 财政稳定方面的独立性指标结构

指标名称	指标定义
财政赤字水平	中期财政赤字:近3年财政赤字率的平均值
	基本财政赤字:(财政支出-政府利息支出-财政收入)/GDP×100%
	结构性财政赤字:财政赤字率-周期性财政赤字率(利用hp滤波法,剔除由于经济周期波动造成的财政赤字)
财政自给率	中口径:(财政总收入-社会保障基金收入)/(财政总支出-社会保障基金支出)×100%
	大口径:财政总收入/财政总支出×100%
社会保障基金收支缺口	(社会保障基金当年收入-社会保障基金当年支出)/社会保障基金当年收入×100%
政府债务水平	负债率:政府债务余额/GDP×100%
	债务率:政府债务余额/财政总收入×100%
	债务成本:政府当年利息支出/财政总收入×100%

"财政赤字水平"采用了中期财政赤字、基本财政赤字、结构性财政赤字这三个指标,从不同维度刻画了一国政府的财政赤字水平。中期财政赤字为近3年财政赤字率的平均值。基本财政赤字为剔除债务利息支出后的财政赤字水平。结构性财政赤字是指总赤字减去周期性财政赤字,即利用hp滤波法,在总财政赤字中剔除由经济周期波动造成的赤字后,余下的由财政自身原因所导致的财政赤字(郭庆旺和贾俊雪,2004;OECD,2019)。

"财政自给率"为财政收入与财政支出之比,以衡量各国财政运行主要依赖于稳定财政收入而非债务收入的自给程度(裴育,2010)。

随着人口老龄化加剧,长期来看各国财政面临着未来社会保障基金入不敷出后动用财政资金兜底的或有风险,因此我们选取"社会保障基金收支缺口"以考察大口径下的财政失衡程度。

"政府债务水平"采用了国际通用指标负债率(政府债务余额/GDP)和债务率(政府债务余额/财政总收入)来测量一国政府的债务余额相对水平,同时还采取了债务成本指标(政府当年利息支出/财政总收入)来衡量一国偿还债务的利息成本负担。

（三）前瞻性指数

一些财政发展指标具有重要现实意义和国际比较价值，但是由于缺乏数据可获得性，因而暂时未能进行量化分析与比较排名。参照综合性指数一级指标的分类，国际指标体系的前瞻性指标从财政运营方面、财政稳定方面、财政均等方面、财政治理方面提出建议，供同行参考。

1. 财政运营方面

2008年世界金融危机以来，尤其是新冠肺炎疫情全球扩散背景下，世界各国普遍负债运行。在国际文献中，政府的资产负债情况是财政发展和运行水平的重要方面（Baldacci et al., 2011; Crosby and Robbins, 2013; Norcross and Gonzalez, 2018），然而由于中国缺乏对政府的资产负债情况摸底统计的公开数据，因而仅能将资产负债相关指标列入前瞻性指数。

具体而言，报告认为如下7个政府资产负债指标（见表7）值得引起关注。

表7　财政运营方面的前瞻性指标结构

指标名称	指标定义
政府资产负债率	（政府显性债务+政府隐性债务）/政府资产规模×100%
政府资产规模	政府拥有的各项资产总计，包括现金、存款、有价证券、股权投资、固定资产等
流动性资产占比	政府金融资产/政府资产规模×100%
短期偿债压力	未来1年债务的还本付息额/财政总收入×100%
债务期限结构	政府短期、中期、长期各个期限债务的占比情况
债务平均利率	政府债务的平均利率水平，以反映政府的利息负担以及市场对政府信用的评价
隐性或有债务	（隐性债务+或有债务）/GDP×100%

"政府资产负债率"，即政府显性与隐性债务之和占政府资产规模的比重，以反映政府资产负债综合风险水平的高低。

"政府资产规模"，即政府拥有的包括现金、存款、有价证券、股权投资、固定资产等在内的各项资产价值合计。

"流动性资产占比"，即政府金融资产占政府资产总规模的比重，用以反映政府资产的可变现能力。

"短期偿债压力"，即政府未来 1 年债务的还本付息额与财政总收入的比值，以衡量政府短期债务偿还的流动性风险。

"债务期限结构"，即政府债务偿还的期限结构情况，用以分析政府需要偿还不同期限债务金额的占比情况，例如分析长期债务、中期债务和短期债务之间的构成比例情况。

"债务平均利率"，即政府各项债务利率水平的平均值，用以反映政府的利息负担以及市场对政府信用的认可度。

"隐性或有债务"，即政府隐性债务与或有债务之和与 GDP 的比值，以反映政府潜在的或未来可能承担偿还责任的债务水平。

2. 财政稳定方面

在财政稳定方面，除了上述综合性指数和独立性指数包含的指标外，报告认为如果未来数据可获得，指标体系内还应该考虑"财政积累水平""养老保险基金收益""政府外债水平"这三个指标（见表 8）。因为，资本性支出能够产生长期现金流收入，是一种财富性积累，能缓解未来可能出现的财政收支紧张局面（Dholakia，2005）；在老龄化日益加剧的预期下，养老保险基金收益增加缓解入不敷出的资金压力；当政府外债水平过高，必然会影响财政总体的稳定性（Huidrom et al.，2016；Bruns and Poghosyan，2018）。这些指标十分具有意义，但因无法获得数据只能暂时作为前瞻性指数。

表 8　财政稳定方面的前瞻性指标结构

指标名称	指标定义
养老保险基金收益	基本养老保险基金的年投资收益率
财政积累水平	资本性支出/财政总支出×100%。资本性支出为形成政府固定资产以及国家和社会长期资产或财富的财政支出
政府外债水平	政府外债余额/政府债务余额×100%

具体来说，"财政积累水平"用资本性支出①占财政总支出的比重来测度。"养老保险基金收益"用基本养老保险基金的年投资收益率来测度。"政府外债水平"用政府外债余额占政府债务余额的比重来测度。

3.财政均等方面②

在财政均等方面，报告从医疗、教育等基本公共服务均等化的角度，建议可以考察"地方教育差距""地方医疗差距""养老保险覆盖率""医疗保险覆盖率"四项前瞻性指标（见表9）。

表9　财政均等方面的前瞻性指标结构

指标名称	指标定义
地方教育差距	各国的地方政府在教育投入经费上的标准差
地方医疗差距	各国的地方政府在医疗投入经费上的标准差
养老保险覆盖率	养老保险参保人数/总人口×100%
医疗保险覆盖率	医疗保险参保人数/总人口×100%
税收均衡效果	税前收入差距(基尼系数或帕尔玛比值)/税后收入差距(基尼系数或帕尔玛比值)

其中，"地方教育差距"采用各国的地方政府在教育投入经费上的差异程度即标准差来衡量；"地方医疗差距"采用各国的地方政府在医疗投入经费上的差异程度即标准差来衡量；"养老保险覆盖率"的测度公式为养老保险参保人数占总人口比重；"医疗保险覆盖率"的测度公式为医疗保险参保人数占总人口比重。这四项对衡量基本公共服务均等化水平很有意义，然而目前国际数据库中缺失值较多。

此外，税收也是财政实现均等化职能的重要手段，因此我们考虑"税收均衡效果"这一指标，用税前收入差距与税后收入差距的比值来衡量一国税收政策的收入均等化效果，指标数值越大，说明税收的收入均等化效果越好。

---

① 资本性支出，指形成政府固定资产和国家社会长期资产财富的财政支出。

② 参考《中国社会保障发展指数报告（2016~2018）》、郭夏敏（2016）的做法。

4. 财政治理方面

在财政治理方面，参考世界银行《公共财政管理指标体系》指导手册，认为可以考察的一个重要指标是"财政透明度"，即政府财政收入、财政支出、债务等财政明细信息的公开透明度（见表10）。只有财政透明度越高，才更能接受社会公众的监督，财政治理的效果才越好。然而，在各国层面由于缺乏相关数据的支持，报告将财政透明度指标列为前瞻性指标。此外，报告还将"财政支出效率"列为财政治理方面的前瞻性指标，未来在数据可获得并且方法科学的情况下，应该从公共物品的资金投入、公共物品的效果产出两个角度，综合评估政府财政支出的使用效率。考虑到国库资金库款既要能够及时满足各项财政支出需要，又不能留存过多以免降低财政资金使用效率，因此报告将"国库支付能力"列为前瞻性指标，用以衡量国库资金的支付保障能力和运转效率。

表 10　财政治理方面的前瞻性指标结构

指标名称	指标定义
财政透明度	政府财政信息的公开透明度,包括政府财政收入、支出、资产、债务等信息的公开情况
财政支出效率	从投入与产出的角度,综合评估财政支出的效率
国库支付能力	国库资金的运转效率与支付效率,用以衡量国库管理水平

五　国际财政发展指标体系小结

（一）理念的综合性

本报告在国际财政发展指标体系构建理念上体现出综合集成性。在国际指标体系的构建中，以中国财政理论的重要思想为核心，同时借鉴西方经典财政理论的部分思想，根据人类财政活动行为的一般运行规律，把财政行为归纳抽象为财政运营、财政稳定、财政均等、财政治理、财政潜力五个方面，在同一个范式下构建财政发展指数，比较各国的财政发展状况，有利于获得国际社会认可。

本报告把财政行为划分为财政运营、财政稳定、财政均等、财政治理、财政潜力五个方面是一种新的财政分析范式，也是一种探索性的尝试，这种构建范式不同于中国传统的财政收、支、平、管范式，也不同于目前国内外文献中常见的财政指标体系框架，即财政收入、财政支出、财政平衡、债务风险、宏观经济五个维度的指标体系。这一范式的理论逻辑是财政目标与财政手段的匹配，按照目标导向进行分类，可以满足既无重复又无重大遗漏的基本要求，也可以达到最合逻辑、最易解释清楚的构建目标。

（二）内容的继承性

本报告在国际财政发展指标体系内容上的继承性体现为两点。第一，大量阅读 OECD、IMF 等国际权威机构发布的报告以及国外学者的论文，总结国际上普遍采用的具体指标情况与测算方法运用情况，并在考虑中国实际国情的基础上，将国际文献精华之处吸收进本指标体系，体现中国智慧、中国方案。第二，本指标体系是在充分研习中国人民大学、中国社会科学院等国内机构前期研究成果的基础上，发现和吸纳前人指标体系的优长，弥补他们的不足，通过综合集成、改进创新而建立起来的，体现了继承性和创造性。

（三）体系的创新性

本报告在国际财政发展指标体系上的创新性体现为两点。第一，构建了一个新的具有国际可比性的财政分析范式。报告充分考虑了中国现实国情和他国财政发展情况的同一性，构建一套国际可比的财政发展指数指标体系，把反映各国财政活动行为一般特征，同时具有财政数据可获得性、分类标准与统计口径一致的指标纳入指标体系。第二，指标体系在框架设计上具有创新性。通过设置综合性指标、独立性指标和前瞻性指标 3 大类指标，既能反映财政发展的普遍特征及水平，又能突出财政焦点和反映当前热点问题，还能引起社会各界对有重要意义但暂无数据衡量这一类指标的重视。

（四）方法的科学性

本报告在方法论上的科学性体现为三点。第一，指标体系以人类财政活动行为的一般运行规律为依据，归纳抽象后创建了统一的分析范式，即建构了以财政运营、财政稳定、财政均等、财政治理、财政潜力为模块的分析范式。第二，由于各种指标测算方法各自具有优点和缺点，因此综合性指数测算使用了多种赋权方法反复验证，以确保最终得分与排名的稳健性，保证国际比较研究的科学性。第三，将不适合纳入综合性指数的重要指标作为独立性指数，从多种口径、多个维度加以详细对比分析，以更全面科学地反映该财政指标的国际真实水平。

（五）国际上可比性

本报告测算国际财政发展指数的数据来源可靠，通过处理后具有国际可比性。报告的国际数据来自 OECD、WB、IMF 等国际组织官网对外公开的国家年度数据库，以及权威国际组织每年发布的年度报告，可以确保计算国际财政发展指数所需数据的准确性、认可度和可比性。

由于时间限制和工程的复杂性、艰巨性，本报告指标体系的设计仍有一些不尽如人意之处。例如，一些前瞻性指标（如财政运营方面的政府资产负债指标、财政治理方面的相关指标等）因为数据缺乏可获得性没有被纳入，一些重要指标因为国际数据不连续也只能被放弃。总之，作为一次探索性的研究尝试，需要改进的工作还很多，本皮书团队将在未来研究中不断完善优化，也恳请学界、政界关心财政发展指数的有识之士批评指正。

参考文献

[1] 郭庆旺、贾俊雪：《中国周期性赤字和结构性赤字的估算》，《财贸经济》2004年第6期。

［2］李闽榕：《全国省域经济综合竞争力评价研究》，《管理世界》2006 年第 5 期。

［3］廖桂容：《中国省域财政竞争力研究》，福建师范大学，2015 年。

［4］裴育：《地方政府债务风险预警模型与相关检验——基于冠新区政府债务风险的分析》，《中国财政学会 2010 年年会暨第十八次全国财政理论讨论会交流材料汇编（一）》，2010 年。

［5］陈共：《关于财政平衡的若干问题》，《经济理论与经济管理》1981 年第 5 期。

［6］陈共：《财政、银行的分工与综合平衡》，《财贸经济》1982 年第 7 期。

［7］邓子基：《略论财政本质》，《厦门大学学报（社会科学版）》1962 年第 3 期。

［8］高培勇：《论国家治理现代化框架下的财政基础理论建设》，《中国社会科学》2014 年第 12 期。

［9］韩英杰：《加强财政信贷的统一平衡制止通货膨胀》，《财政研究》1981 年第 2 期。

［10］班固：《汉书》，颜师古注，中华书局，1962。

［11］何振一：《财政改革基本思路的若干思考》，《财贸经济》1987 年第 8 期。

［12］黄达：《综合平衡与货币流通》，《经济理论与经济管理》1981 年第 5 期。

［13］黄达：《物价方针与财政信贷综合平衡》，《价格理论与实践》1984 年第 2 期。

［14］郭夏敏：《基于财政竞争力分析的福建省经济发展策略研究》，《石家庄铁道大学学报（社会科学版）》2016 年第 10 期。

［15］李俊生：《新市场财政学：旨在增强财政学解释力的新范式》，《中央财经大学学报》2017 年第 5 期。

［16］林光彬：《中国财政改革的政治经济学逻辑》，《中央财经大学学报》2016 年第 2 期。

［17］刘昆：《增强财政金融协调　共同推进结构性改革》，《财政研究》2016 年第 6 期。

［18］刘尚希：《数字财政或将重构财政体系》，《新理财》2020 年第 12 期。

［19］刘尚希、李成威：《基于公共风险重新定义公共产品》，《财政研究》2018 年第 8 期。

［20］吕炜、靳继东：《国家治理现代化框架下中国财政改革实践和理论建设的再认识》，《财贸经济》2019 年第 40 期。

［21］王志刚：《财政数字化转型与政府公共服务能力建设》，《财政研究》2020 年第 10 期。

［22］王雍君：《以公共预算改革推进国家治理体系现代化》，《国家治理》2020 年第 40 期。

［23］许毅：《财政学》，中国财政经济出版社，1984。

［24］许廷星：《关于财政学的对象问题》，《财经科学》1957 年第 2 期。

［25］杨志勇：《聚焦"中国特色财政政策体系建设——财政政策如何更加积极有

为?"》，CMF 中国宏观经济专题报告会，2021 年 7 月 14 日。

[26] 赵全厚:《地方政府债务风险防范中的财政金融协调》,《财会月刊》2018 年第 24 期。

[27]《周礼》，徐正英、常佩雨译，中华书局，2014。

[28] Baldacci, E., Mchugh, J., Petrova, I. K., "Measuring fiscal vulnerability and fiscal stress: A proposed set of indicators", IMF Working Papers, 2011, 11 (94).

[29] Bruns, M., Poghosyan, T., "Leading indicators of fiscal distress: Evidence from the extreme bound analysis", IMF Working Papers, 2018, 16 (28).

[30] Bunn, D., Pomerleau, K., Hodge, S. A., "International tax competitiveness index 2018", Washingtion, D. C.: Tax Foundation, 2018.

[31] Crosby, A. and Robbins, D., "Mission impossible: Monitoring municipal fiscal sustainability and stress in Michigan", *Journal of Public Budgeting*, *Accounting and Financial Management*, 2013.

[32] Dholakia, A., "Measuring fiscal performance of states: An alternative approach", *Economic and Political Weekly*, 2005.

[33] Huidrom, R., Kose, A. and Ohnsorge, F. L., "Challenges of fiscal policy in emerging and developing economie ", Policy Research Working Paper, 2016.

[34] Ikeda, J., "How should one evaluate fiscal conditions? A study based on the comparison between Japan and Australia", Asia Pacific Economic Papers, 2007.

[35] IMF, "Fiscal monitor: A fair shot", 2021.

[36] IMF, "General government statistics", Available at http://data. imf. org/? sk = A0867067-D23C-4EBC-AD23-D3B015045405&sId = 1544448210372.

[37] Medina, L., "Assessing fiscal risks in Bangladesh", IMF Working Papers, 2015.

[38] Norcross, E. and Gonzalez, O., "Ranking the states by fiscal condition", *Annals of Computational Economics*, 2018.

[39] OECD, "Government at a glance", 2019.

[40] OECD, "OECD statistics", Available at https://stats. oecd. org/.

[41] World Bank, "Public financial management performance measurement framework," 2005.

[42] World Bank, "The worldwide governance indicators", Available at http://info. worldbank. org/governance/wgi/.

[43] World Bank, "World development indicators", Available at https://datacatalog. worldbank. org/dataset/world-development-indicators.

[44] World Economic Forum, " The global competitiveness report ", Available at https://www. weforum. org/reports/how-to-end-a-decade-of-lost-productivity-growth.

B.3
财政发展综合性指数的国际比较

宁 静　林光彬*

摘　要： 本报告基于财政发展综合性指数的指标体系，采用国际数据库的公开数据测算得出 15 个国家财政发展综合性指数各级指标的得分及排名。报告在对各国指标进行历年趋势及内在结构比较之后发现，在被比较的 15 个国家中，2015～2019 年中国的财政发展总指数排名位于中间位置，排名为第 10～11 名，总指数得分的波动幅度不大，而且中国财政各方面的发展比较均衡。2015～2019 年，中国财政运营指数排名居中，得分呈现波动中略微下降的趋势；中国财政稳定指数排名靠后，得分呈现下降的趋势；中国财政均等指数排名略靠后，不过指数得分呈现波动中逐渐上升的趋势；中国财政潜力指数排名居中，而且指数的整体发展趋势持续明显向好。

关键词： 财政发展　综合性指数　国际比较

本报告构造国际可比财政发展综合性指数的指标体系分为三个层次（如图 1 所示）。第一层次为四个一级指标，包括财政运营指数、财政稳定指数、财政均等指数和财政潜力指数。第二层次为各一级指标下的二级指

---

* 宁静，经济学博士，副研究员，硕士生导师，中央财经大学财经研究院财政指数研究中心主任，北京财经研究基地研究人员，研究方向为地方财政、财政分权等；林光彬，经济学博士，教授，博士生导师，中央财经大学财经研究院院长，北京财经研究基地首席专家，研究方向为政治经济学、财政学理论、国家理论与市场理论、中国经济等。

标，包括财政运营指数下的收入结构指数、支出结构指数和规模增长指数，财政稳定指数下的财政赤字指数和债务风险指数，财政均等指数下的教育均等指数和医疗均等指数，财政潜力指数下的人力资源指数、基础设施指数、科技创新指数、营商环境指数和国际贸易指数。第三层次是各个二级指标下的具体三级指标①。

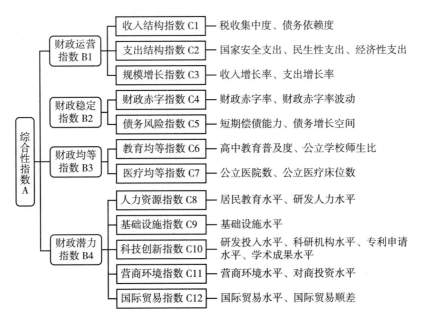

图1 财政发展综合性指数国际指标体系的框架

报告基于图1的指标体系，通过搜集经济合作与发展组织（OECD）、世界银行（WB）、国际货币基金组织（IMF）等国际数据库的公开数据，运用指标测算、无量纲化处理、层层向上赋权加总的方法计算得到总指数、一级指数、二级指数的得分与排名，对包括中国在内的15个国家2010~

---

① 总指数得分、一级指标得分和二级指标得分均为按等权法汇总计算的百分制得分，具体计算步骤为：先将三级指标原始数值进行无量纲化，然后按等权法加总计算二级指标得分；二级指标得分再按等权法加总计算一级指标得分；一级指标得分再按等权法加总计算得到财政发展总指数得分。

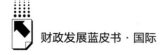

2019 年的财政综合发展情况进行定量评价与比较分析。

在对底层三级指标无量纲化处理时，对正向指标采用的公式为 $S_{it} = \dfrac{V_{it}^+ - V_{min,t}}{V_{max,t} - V_{min,t}} \times 100$，对负向指标采用的公式为 $S_{it} = \dfrac{V_{max,t} - V_{it}^-}{V_{max,t} - V_{min,t}} \times 100$。其中，$S_{it}$ 为底层指标的标准化得分，V_{it} 为第 i 个国家第 t 年的指标实际值，$V_{max,t}$ 为所有国家第 t 年指标的最大值，$V_{min,t}$ 为所有国家第 t 年指标的最小值，由此我们得到底层指标数值在 ［0，100］ 的标准化得分。

报告借鉴大多数文献的做法，采用等权法对底层三级指标进行赋权加总，加总公式为 $F_{jt} = \sum\limits_{i=1}^{k} S_{it} \times W_i$，其中，$F_{jt}$ 为二级指标的得分，W_i 为底层指标的权重，k 为二级指标下包含的三级指标的个数。采用同样的赋权方法和加总公式，逐级往上得到一级指标得分和总指数得分。各级指标的具体权重参见附表 1。[①]

本报告主要内容安排如下：首先，对 15 个国家财政发展总指数展开国别比较研究，重点分析中国财政发展总指数的趋势与结构；其次，分别对财政发展综合性指数的四个一级指标——财政运营指数、财政稳定指数、财政均等指数和财政潜力指数进行国别比较研究；最后，对综合性指数国别比较发现的主要结论进行归纳总结。

一　财政发展总指数

（一）各国财政发展总指数的比较分析

1. 各国财政发展总指数的历年趋势比较分析

表 1 给出了 15 个国家 2010～2019 年财政发展总指数的得分和排名。

[①]　为了检验各国的指数得分和排名结果对赋权方法选择的敏感度，笔者还进行了结果的稳健性分析，即采用熵值法对各级指标进行赋权，结果发现与等权法并无明显差异。

表1　2010~2019年财政发展总指数得分和排名的国际比较

国家		2010 年		2011 年		2012 年		2013 年		2014 年	
		指数值	排名	指数值	排名	指数值	排名	指数值	排名	指数值	排名
发达国家	德国	56.361	3	59.723	1	60.068	3	59.389	4	64.610	3
	韩国	55.483	4	52.788	4	61.770	1	56.167	5	64.809	2
	加拿大	58.241	2	53.706	3	61.432	2	61.573	2	64.357	4
	日本	48.027	9	42.058	11	51.476	7	54.741	7	59.902	5
	英国	53.022	7	44.525	10	55.194	5	59.561	3	58.723	6
	法国	55.318	5	52.579	5	48.684	9	55.354	6	55.317	7
	澳大利亚	59.998	1	55.791	2	55.977	4	71.313	1	66.419	1
	美国	40.554	11	39.818	13	49.416	8	46.689	10	53.779	8
	意大利	49.667	8	47.578	8	43.017	10	44.041	11	46.568	11
发展中国家	俄罗斯	45.200	10	49.332	7	53.701	6	51.890	8	52.040	9
	中国	30.516	15	28.655	15	29.428	15	39.638	12	43.709	12
	土耳其	36.189	13	41.728	12	42.729	11	46.699	9	52.020	10
	墨西哥	36.506	12	34.142	14	33.372	14	33.963	14	39.841	13
	南非	53.585	6	50.854	6	36.300	13	25.472	15	26.077	15
	巴西	32.477	14	45.596	9	38.664	12	36.900	13	37.205	14

国家		2015 年		2016 年		2017 年		2018 年		2019 年	
		指数值	排名	指数值	排名	指数值	排名	指数值	排名	指数值	排名
发达国家	德国	66.046	2	64.073	2	64.047	3	61.634	1	63.431	1
	韩国	64.609	3	65.320	1	64.177	2	59.702	3	59.874	2
	加拿大	61.788	5	60.643	4	62.016	4	53.686	5	59.444	3
	日本	59.490	6	57.317	5	53.647	6	50.745	7	58.773	4
	英国	63.264	4	56.204	6	59.088	5	55.306	4	56.055	5
	法国	57.880	7	51.043	7	53.121	7	51.268	6	53.368	6
	澳大利亚	67.327	1	60.699	3	68.126	1	60.894	2	51.078	7
	美国	52.036	9	45.679	9	52.478	8	39.521	11	48.883	9
	意大利	52.706	8	50.710	8	49.717	9	48.370	8	46.567	10
发展中国家	俄罗斯	40.383	13	43.274	10	46.726	11	48.137	9	50.114	8
	中国	49.820	11	41.906	11	48.802	10	41.782	10	42.309	11
	土耳其	50.237	10	40.784	13	45.421	12	37.691	12	33.495	12
	墨西哥	42.518	12	41.302	12	33.538	13	31.204	13	32.614	13
	南非	32.315	14	32.599	14	27.932	14	26.487	14	28.358	14
	巴西	29.047	15	21.198	15	13.042	15	15.628	15	21.848	15

从 15 个国家总体来看，发达国家财政发展总指数得分普遍优于发展中国家，排名也基本上位于发展中国家之前。就中国而言，2010~2012 年，中国的财政发展总指数排在最后，且得分很低，直至 2013 年中国财政发展总指数得分及排名开始呈现较为明显的上升趋势，但排名仍较为落后。2015~2019 年中国的财政发展情况有所改善，总指数的得分及排名呈现小幅波动的态势，总指数得分为 41~50，排名位于第 10~11 名。2019 年中国财政发展总指数排名位列第 11，在发展中国家中次于俄罗斯，优于土耳其、南非、墨西哥和巴西。

图 2 给出了 2015~2019 年 15 个国家财政发展总指数得分平均值的变化趋势（见柱状图），以及中国、美国、德国、日本、韩国、俄罗斯、巴西这七个重点国家 2015~2019 年财政发展总指数得分的变化趋势（见折线图）。①

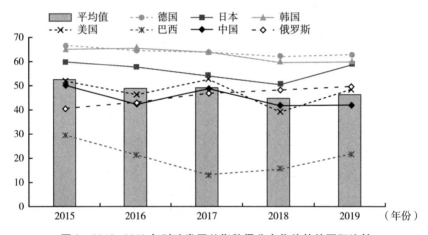

图 2　2015~2019 年财政发展总指数得分变化趋势的国际比较

由图 2 中七个国家历年财政发展指数总得分趋势可知：第一，在 2015~2019 年，中国总体上处于一个高于大多数发展中国家、低于发达国家的位置；第二，2015~2019 年，中国的财政发展指数总得分整体表现为平稳且小

---

① 为了使折线图更为清晰地呈现重点国家得分的变化趋势，从发达国家和发展中国家中，挑选了与中国最具可比性的 6 个代表性国家进行绘图比较分析。下文中的指数得分变化趋势国别对比图也基于同样的考虑，选取了部分重点国家与中国进行比较分析。选取重点国家的做法是：优先选取 7 个国家进行比较，即中国、美国、德国、日本、俄罗斯、巴西、韩国；但是，在一些三级指标中，个别国家的测算数据缺失，在这种情况下则替换为其他国家来进行国际比较。

幅波动的趋势,其中在 2017 年和 2019 年总得分有所回升,在 2016 年和 2018 年出现回落;第三,在 2017~2019 年,美国、德国、韩国三个发达国家的财政发展指数总得分呈现略微下降的趋势,而俄罗斯、巴西两个发展中国家的财政发展指数总得分缓慢上升,表明总体而言发展中国家与发达国家的财政发展指数得分的差距在逐渐缩小。

2. 各国财政发展总指数的内在结构比较分析

财政发展总指数下包括财政运营指数、财政稳定指数、财政均等指数和财政潜力指数四个一级指标(见表 2)。

表 2 2019 年各国财政发展总指数及其一级指标排名

国家		2019 年总得分	2019 年总排名	排名较2018 年变动	一级指标排名			
					财政运营指数	财政稳定指数	财政均等指数	财政潜力指数
发达国家	德国	63.431	1	0	9	1	7	1
	韩国	59.874	2	1	5	2	8	2
	加拿大	59.444	3	2	3	4	6	6
	日本	58.773	4	3	12	3	2	5
	英国	56.055	5	-1	6	7	3	4
	法国	53.368	6	0	10	6	4	8
	澳大利亚	51.078	7	-5	7	12	1	7
	美国	48.883	9	2	4	10	11	3
	意大利	46.567	10	-2	13	9	5	10
发展中国家	俄罗斯	50.114	8	1	2	5	12	11
	中国	42.309	11	-1	8	11	10	9
	土耳其	33.495	12	0	15	14	9	13
	墨西哥	32.614	13	0	14	8	14	12
	南非	28.358	14	0	1	15	13	14
	巴西	21.848	15	0	11	13	15	15

就 15 个国家总体而言,相较于 2018 年,2019 年大多数国家排名变动幅度不大,其中日本上升了 3 名,加拿大和美国上升了 2 名,俄罗斯和韩国上升了 1 名,英国和中国下降了 1 名,意大利下降了 2 名,澳大利亚下降了 5 名。从总指标结构来看,表 2 中每个国家各个一级指标的排名并不同时绝

对靠前或靠后。例如，德国的财政稳定指数和财政潜力指数排名第1，但财政均等指数排名第7，财政运营指数排名第9；南非的财政运营指数排名第1，但是财政潜力指数和财政稳定指数分别位于第14和第15。这说明各个国家在财政运营、财政稳定、财政均等和财政潜力这四个方面的表现上各有千秋，意味着没有一个国家能够在财政发展的各个方面均表现突出，各个国家在财政发展上均存在改进的空间。

图3将中国的一级指标得分与发达国家、发展中国家两类国家的一级指标得分均值进行比较。通过对比可以发现：中国的财政运营指数得分与发达国家和发展中国家的均值几乎持平；财政均等指数与财政潜力指数略显不足，略低于发达国家平均水平但高于发展中国家平均水平；财政稳定指数得分不仅低于发达国家而且略低于发展中国家的平均水平，值得引起重视。

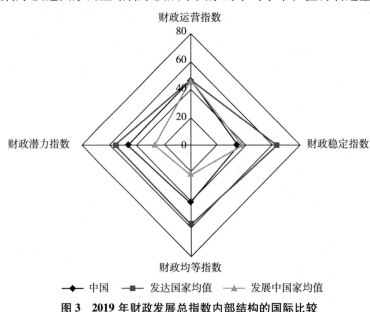

图3　2019年财政发展总指数内部结构的国际比较

（二）中国财政发展总指数的总体分析

1.中国财政发展总指数的历年趋势分析

图4给出了2015~2019年中国财政发展总指数的得分和排名，由图可

知，2015~2019 年中国的财政发展总指数的排名一直处于第 10~11 名，得分也一直在 41~50 的范围内波动。总体来看，财政发展总指数得分变动幅度不大，排名也比较平稳。

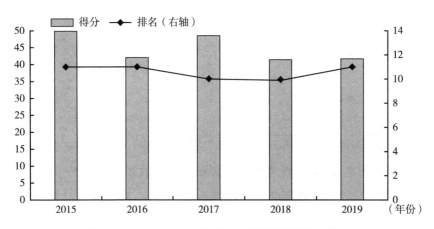

图 4　2015~2019 年中国财政发展总指数得分和排名

从中国 2010~2019 年财政发展总指数内在结构得分情况（如图 5）来看，财政均等指数和财政潜力指数近 5 年得分呈波动中上升趋势，尤其是财政潜力指数的上升幅度较为明显。财政运营指数和财政稳定指数得分呈倒"U"形的发展趋势，二者的得分分别在 2017 年和 2015 年达到最高值，此后二者得分在波动中呈下降趋势。

2. 中国财政发展总指数的内在结构分析

表 3 展示了 2019 年中国财政发展指数的一级指标和二级指标具体得分及排名。从一级指标排名来看，我国的财政运营指数（排名第 8）、财政潜力指数（排名第 9）表现居中，财政均等指数（排名第 10）和财政稳定指数（排名第 11）表现略微靠后，中国财政各方面发展总体上比较均衡。透过二级指标的得分和排名可以看出，我国财政运营指数排位居中的原因在于规模增长指数位列第 2，但收入结构指数、支出结构指数得分排名都较为靠后，分别位列第 15 和第 12。我国财政稳定指数排名略微靠后的原因主要在于基于国际可比口径测算的财政赤字指数得分较低，财政均等指数排名略微

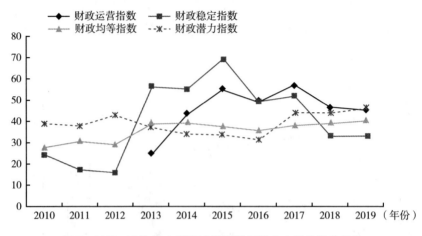

图5 2010~2019年中国财政发展总指数内在结构得分趋势

注：中国财政运营指数2010~2012年数据缺失。

靠后的原因在于教育均等指数的分值较低。此外，财政潜力指数排位居中的原因在于其下设的科技创新指数的得分较高，排名位居第2，说明中国科技创新的潜在能力和水平较高，为宏观经济及财政发展提供了潜在支撑。

表3 2019年中国财政发展指数一级与二级指标的得分和排名

一级指标	得分	排名	二级指标	得分	排名
财政运营指数	46.043	8	收入结构指数	24.996	15
			支出结构指数	24.695	12
			规模增长指数	88.436	2
财政稳定指数	34.201	11	财政赤字指数	44.530	13
			债务风险指数	23.872	11
财政均等指数	41.485	10	教育均等指数	31.529	12
			医疗均等指数	51.440	8
财政潜力指数	47.509	9	人力资源指数	48.087	9
			基础设施指数	44.765	10
			科技创新指数	80.510	2
			营商环境指数	38.531	13
			国际贸易指数	25.654	12

从我国各项二级指标的得分情况（见图 6）来看，各项指标得分尚不均衡。得分在 70 以上的有 2 个指标，分别是规模增长指数（88.436）和科技创新指数（80.510）；得分在 50~70 的有 1 个指标，即医疗均等指数（51.440），说明我国政府提供的医疗公共服务处相对均衡的状态，但还需要进一步改善；得分在 50 以下的有 9 个指标，分别为收入结构指数、支出结构指数、财政赤字指数、债务风险指数、教育均等指数、人力资源指数、基础设施指数、营商环境指数和国际贸易指数，说明中国财政发展在这些方面亟待提高。

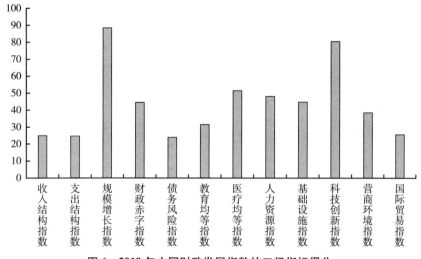

图 6 2019 年中国财政发展指数的二级指标得分

二 财政运营指数

（一）财政运营指数总体分析

1. 财政运营指数历年趋势的国际比较

财政运营指数反映了一国财政收入与支出的结构状况及规模增长情况，由收入结构指数、支出结构指数和规模增长指数这三个指标等权加总得出。表 4 给出了 2010~2019 年 15 个国家的财政运营指数得分和排名情况。

表4　2010~2019年财政运营指数得分和排名的国际比较

国家		2010 年		2011 年		2012 年		2013 年		2014 年	
		指数值	排名	指数值	排名	指数值	排名	指数值	排名	指数值	排名
发达国家	加拿大	51.452	4	36.655	8	45.173	4	50.707	4	54.027	6
	美国	39.392	9	34.725	11	44.630	5	44.504	7	55.246	5
	韩国	45.915	6	43.036	7	52.668	3	33.036	11	57.636	3
	英国	50.385	5	32.221	13	43.101	8	49.617	5	38.857	11
	澳大利亚	53.606	3	47.234	5	44.165	7	75.659	1	56.298	4
	德国	35.730	11	32.873	12	34.529	11	36.626	10	46.900	9
	法国	42.123	7	35.029	10	34.859	10	41.758	9	37.660	13
	日本	31.921	14	23.573	14	29.606	13	32.680	12	34.336	14
	意大利	41.136	8	36.575	9	32.846	12	26.951	13	26.994	15
发展中国家	南非	36.292	10	49.189	3	44.445	6	46.082	6	50.369	8
	俄罗斯	74.535	1	64.918	1	59.387	1	60.378	3	58.324	2
	中国	—	—	—	—	—	—	25.118	14	43.716	10
	巴西	33.844	13	46.811	6	40.735	9	42.397	8	52.018	7
	墨西哥	35.252	12	48.608	4	25.193	14	8.623	15	37.735	12
	土耳其	58.176	2	54.952	2	57.740	2	60.653	2	69.555	1

国家		2015 年		2016 年		2017 年		2018 年		2019 年	
		指数值	排名	指数值	排名	指数值	排名	指数值	排名	指数值	排名
发达国家	加拿大	63.152	3	68.605	1	69.806	1	50.716	4	58.805	3
	美国	55.862	7	50.622	8	58.216	4	28.547	13	51.740	4
	韩国	62.102	4	62.155	2	55.554	7	48.595	5	51.577	5
	英国	59.953	6	50.823	7	53.984	8	46.914	7	48.142	6
	澳大利亚	63.716	2	61.164	3	63.546	2	51.514	2	46.097	7
	德国	50.393	9	52.516	6	47.975	10	38.520	9	44.232	9
	法国	47.825	12	46.219	12	45.676	11	35.751	11	44.181	10
	日本	37.379	14	43.537	13	30.768	13	21.149	15	37.403	12
	意大利	48.422	11	47.402	11	42.726	12	38.286	10	36.647	13
发展中国家	南非	62.098	5	49.357	10	59.839	3	60.311	1	63.674	1
	俄罗斯	22.386	15	38.618	15	49.135	9	51.196	3	60.463	2
	中国	55.513	8	49.737	9	57.817	5	47.503	6	46.042	8
	巴西	49.258	10	39.088	14	9.022	15	26.086	14	38.862	11
	墨西哥	44.813	13	61.053	4	19.647	14	33.255	12	35.094	14
	土耳其	65.087	1	58.956	5	56.658	6	40.805	8	35.040	15

注：中国2010~2012年财政运营指数数据缺失。

就十年间财政运营指数整体得分情况看，各国财政运营指数得分偏低，得分普遍集中在30~60。发达国家与发展中国家间得分差距较小且得分与排名存在较大波动，位次更迭时有发生。

就 15 个国家总体发展趋势来看，加拿大和南非财政运营指数的排名在波动中稳步上升，总体发展趋势向好。俄罗斯 2010~2019 年的财政运营指数表现出良好的韧性，其 2010~2014 年财政运营指数位居前列，2015 年跌落至末位，2016~2019 年逐渐爬升至第 2 位；意大利和土耳其的财政运营指数排名呈下降趋势，财政运营发展情况变差。发达国家中，意大利和日本的财政运营水平相对较低。意大利的财政运营指数排名 2010~2014 年自第 8 位滑落至末位，2015~2019 年排名在第 10~13 位上下波动。日本的财政运营指数排名在 2010~2019 年相对靠后，排名在第 12~15 位上下波动。

单就 2019 年的得分及排名而言，发展中国家南非与俄罗斯的排名较为靠前（位于前 3 名）；发达国家排名差距较大，其中加拿大、美国与韩国排名较为靠前（位于前 5 名），其余排名相对较为靠后，尤其是日本和意大利两个发达国家的财政运营指数分别位于第 12 名和第 13 名。

就中国而言，中国 2019 年财政运营指数的得分为 46.042，排名第 8。2013~2019 年这七年间中国的财政运营指数排名在第 5~14 位上下波动，2013~2015 年快速由第 14 位攀升至第 8 位，并于 2017 年达到最高位第 5 位，跻身 15 国前列；随后得分情况逐渐回落，在 2019 年下降至第 8 位。

图 7 展示了中国、美国、德国、日本、韩国、俄罗斯、巴西这七个重点国家在 2015~2019 年的财政运营指数得分的变化趋势。与其他六国相比，中国 2015~2016 年及 2019 年财政运营指数得分居中，2017~2018 年财政运营指数得分处于较高水平。就变化趋势而言，财政运营指数的历年得分呈现小幅波动的趋势，这说明中国在财政收支运营管理上还须不断加强，尽量避免大幅波动，以保持住 2017 年财政运营指数相对其他国家的优势地位。

2. 财政运营指数内在结构的国际比较分析

考虑到财政收支的结构优化和规模增速是影响财政运营情况的重要方面，因此财政运营指数下设收入结构指数、支出结构指数和规模增长指数这三个二级指标（见表 5）。

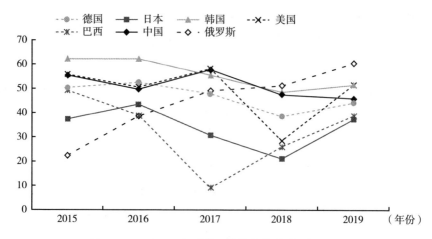

图7 2015~2019年财政运营指数得分的国际比较

表5 2019年财政运营指数及其二级指标排名

国家		财政运营指数得分	财政运营指数排名	排名较上一年变动	财政运营指数二级指标排名		
					收入结构指数	支出结构指数	规模增长指数
发达国家	加拿大	58.805	3	1	2	—	12
	美国	51.740	4	9	10	2	6
	韩国	51.577	5	0	5	6	3
	英国	48.142	6	1	4	4	10
	澳大利亚	46.097	7	-5	8	9	5
	德国	44.232	9	0	3	10	11
	法国	44.181	10	1	12	5	4
	日本	37.403	12	3	6	8	14
	意大利	36.647	13	-3	14	11	7
发展中国家	南非	63.674	1	0	1	1	9
	俄罗斯	60.463	2	1	9	7	1
	中国	46.042	8	-2	15	12	2
	巴西	38.862	11	3	13	—	8
	墨西哥	35.094	14	-2	11	—	13
	土耳其	35.040	15	-7	7	3	15

注：加拿大、墨西哥和巴西缺失2019年的支出结构指数数据。

就 15 个国家总体来看，相较于 2018 年，2019 年一些国家财政运营指数排名的变动幅度相对较大，美国较 2018 年上升了 9 名，日本和巴西较 2018 年上升了 3 名，澳大利亚和土耳其较 2018 年分别下降了 5 名和 7 名，中国的财政运营指数排名比 2018 年下降了 2 名。就财政运营指数结构而言，不难发现：第一，中国财政运营指数排名相对靠前的主要原因是规模增长指数得分较高，规模增长指数在 15 个国家中位列第 2，这无疑和中国的经济高速增长密切相关，但中国的收入结构指数和支出结构指数排名相对靠后；第二，俄罗斯和中国的情况相近，规模增长指数排名也处于前列，不同的是俄罗斯的支出结构指数水平远高于中国，收入结构指数水平也优于中国；第三，通过观察财政运营指数排名第 1 的南非的各项二级指标排名，可以发现南非虽然规模增长指数远远落后于中国，但是收入结构指数和支出结构指数远远优于中国。由此说明，中国未来在保持财政收支规模的同时，需要重点关注调整优化财政收入结构和支出结构。

图 8 将中国财政运营指数下的 3 个二级指标得分与发达国家和发展中国家的得分均值进行比较，可以发现中国的规模增长指数表现突出，支出结构指数和收入结构指数与其他国家有较大差距，总体呈现不平衡的态势。因此，中国未来应该把稳增长和调结构作为改善我国财政运营状况的出发点和落脚点。

图 9 展示了中国财政运营指数下的 3 个二级指标得分在 2013～2019 年的变化趋势，不难看出规模增长指数得分明显高于收入结构指数和支出结构指数得分。2014～2019 年规模增长指数总体呈波动中向好趋势，收入结构指数 2015 年大幅提升又波动下降，支出结构指数整体呈现小幅波动下降趋势。规模增长指数与财政运营指数得分增减趋势基本相同，表明规模增长指数得分对财政运营指数得分情况影响较大。2013～2015 年财政运营指数排名快速攀升的主要原因为收入结构指数得分的大幅提高。2017～2019 年财政运营指数排名回落的主要原因为规模增长指数得分整体降低，这可能归因于宏观经济下行。

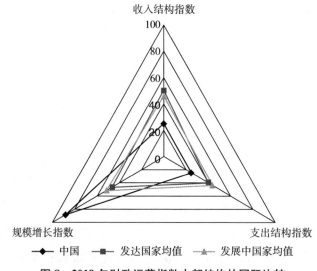

图 8   2019 年财政运营指数内部结构的国际比较

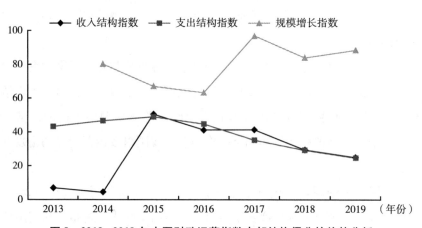

图 9   2013~2019 年中国财政运营指数内部结构得分的趋势分析

注：中国 2010~2012 年收入结构指数和支出结构指数、2010~2013 年规模增长指数数据缺失。

（二）财政运营指数的二级指标——收入结构指数

1.收入结构指数历年趋势的国际比较分析

收入结构指数反映了一国财政收入结构的合理性，由税收集中度和债务依赖度两个指标等权加总得出。表 6 给出了 15 个国家的收入结构指数在 2015~2019 年的得分和排名，图 10 给出了中国、美国、德国、日本、韩国、俄罗斯、巴西七个重点国家在 2015~2019 年收入结构指数得分的变化趋势。

表 6　2015~2019 年收入结构指数得分和排名的国际比较

国家		2015 年		2016 年		2017 年		2018 年		2019 年	
		指数值	排名	指数值	排名	指数值	排名	指数值	排名	指数值	排名
发达国家	加拿大	61.074	4	59.481	2	80.131	3	62.716	5	78.465	2
	德国	52.169	6	37.947	10	49.854	9	54.448	7	57.830	3
	英国	62.608	3	34.822	14	60.501	4	78.379	2	53.743	4
	韩国	30.560	13	47.482	5	59.338	5	48.775	8	53.148	5
	日本	4.706	15	55.039	4	36.085	13	13.466	15	50.134	6
	澳大利亚	76.056	2	55.745	3	100.000	1	76.444	3	50.000	8
	美国	32.716	11	37.709	11	54.855	8	16.131	14	48.319	10
	法国	41.687	9	26.888	15	43.793	10	48.378	9	35.271	12
	意大利	52.395	5	36.933	12	57.607	7	69.266	4	28.603	14
发展中国家	南非	87.995	1	89.799	1	81.936	2	84.435	1	79.429	1
	土耳其	45.609	8	41.562	6	58.022	6	55.905	6	50.024	7
	俄罗斯	38.309	10	39.403	9	39.213	12	45.945	10	48.409	9
	墨西哥	29.506	14	35.035	13	23.809	14	39.474	11	44.942	11
	巴西	32.220	12	41.090	8	11.486	15	30.994	12	28.639	13
	中国	50.529	7	41.234	7	41.297	11	29.400	13	24.996	15

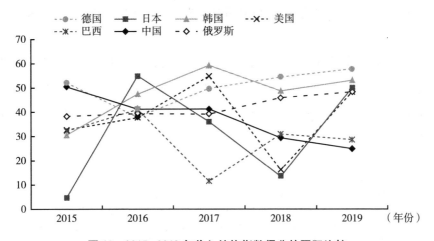

图 10　2015~2019 年收入结构指数得分的国际比较

就 15 个国家总体来看，2015~2019 年加拿大、韩国和墨西哥的收入结构指数表现为向好趋势，澳大利亚和巴西收入结构指数表现为向差趋势，其他多数国家收入结构指数的波动较为明显，中国收入结构指数排名的波动也较大，得分呈现逐渐下降的趋势。就 2019 年收入结构指数排名而言，发展中国家中除了南非（排名第 1）、土耳其（排名第 7）外，其他国家排名均较为靠后；发达国家中除了美国（排名第 10）、法国（排名第 12）、意大利（排名第 14）排名靠后外，其他国家排名均较为靠前。

中国 2019 年收入结构指数的得分为 24.996，排名第 15，排在末位。图 10 显示，在七个重点国家中，中国收入结构指数在 2015~2019 年存在较大波动：在 2015 年达到峰值并且仅次于德国，但在 2015 年后整体呈现逐年下降的趋势。

2. 收入结构指数内在结构的国际比较分析

收入结构指数下设税收集中度和债务依赖度两个三级指标。税收集中度为当年税收收入占国际可比口径财政收入的比重，测算公式为税收收入/财政总收入×100%；债务依赖度为当年新增债务收入占国际可比口径财政收入的比重，测算公式为新增政府债务收入/财政总收入×100%。税收集中度越高，债务依赖度越低，说明财政收入结构越优化合理①。

由图 11 收入结构指数内部结构可以发现，2019 年中国的税收集中度较低，仅为 46.43%，明显低于美国、日本、德国、韩国四个发达国家，也低于巴西、俄罗斯两个发展中国家。中国的债务依赖度为 15.59%，除了低于巴西外，高于美国、韩国、俄罗斯、日本和德国。税收集中度较低而债务依赖度较高，是中国 2019 年收入结构指数得分较低的主要原因。

---

① 税收集中度指标具有两面性：一方面，税收占比越大说明财政收入来源越稳定，对财政自身运营越有利；另一方面，从宏观经济视角出发，税收收入与经济增长的关系为倒 U 形，超过临界值水平的税收可能阻碍经济发展。由于财政运营指数主要反映的是财政自身收支问题，再结合当前中国税收占比较低的现实，因而此处暂未考虑税收对经济可能有的负面影响，未来将根据经济形势变化完善指标，考虑税收负担过重对经济的影响。

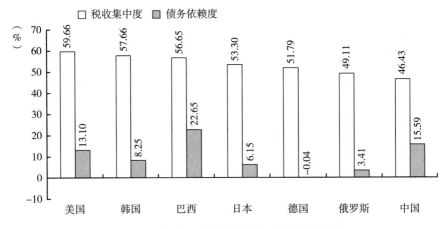

图 11　2019 年收入结构指数内部结构的国际比较

（三）财政运营指数的二级指标——支出结构指数

1. 支出结构指数历年趋势的国际比较分析

支出结构指数反映了财政领域几项重要支出类别的水平及均衡情况，由国家安全支出、民生性支出和经济性支出三个指标等权加总得出。表 7 给出了 12 个国家支出结构指数在 2015～2019 年的得分和排名，图 12 给出了重点国家 2015～2019 年支出结构指数得分的变化趋势。

表 7　2015～2019 年支出结构指数得分和排名的国际比较

国家		2015 年		2016 年		2017 年		2018 年		2019 年	
		指数值	排名	指数值	排名	指数值	排名	指数值	排名	指数值	排名
发达国家	美国	62.369	1	59.019	1	57.755	2	57.023	2	56.819	2
	英国	47.770	6	45.884	4	45.214	6	44.739	7	46.800	4
	法国	40.514	7	40.299	9	39.982	8	38.899	8	39.742	5
	韩国	59.768	2	57.399	2	54.530	3	53.899	3	39.327	6
	日本	39.070	8	38.333	10	37.961	9	37.537	9	38.135	8
	澳大利亚	48.336	5	45.184	7	42.958	7	44.746	6	34.221	9
	德国	34.474	9	33.491	11	33.376	11	32.842	10	33.256	10
	意大利	34.252	10	31.803	12	31.944	12	30.860	11	32.127	11

续表

国家		2015 年		2016 年		2017 年		2018 年		2019 年	
		指数值	排名	指数值	排名	指数值	排名	指数值	排名	指数值	排名
发展中国家	南非	23.467	12	45.487	6	60.272	1	63.732	1	63.112	1
	土耳其	49.651	3	53.999	3	45.477	5	46.699	5	48.788	3
	俄罗斯	28.848	11	45.690	5	48.048	4	51.164	4	39.131	7
	中国	48.977	4	44.755	8	35.211	10	29.237	12	24.695	12

注：加拿大、墨西哥和巴西 2015~2019 年数据缺失。

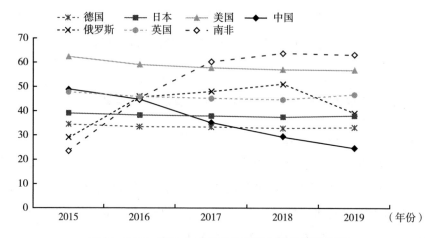

图 12　2015~2019 年支出结构指数得分的国际比较

2015~2019 年 12 个国家的整体情况为：大多数国家的发展趋势平稳，南非表现为逐年向好的趋势，韩国和中国表现为下滑趋势。就 2019 年的得分排名而言，发达国家中的美国（排名第 2）和英国（排名第 4）以及发展中国家中的南非（排名第 1）和土耳其（排名第 3）的支出结构指数排名处于前列。另外，如图 12 所示，在发达国家中，美国的支出结构指数得分稳居前列且无太大波动，德国、日本和英国的支出结构指数得分也呈现平稳的趋势。在发展中国家中，俄罗斯支出结构指数得分先升后降，中国的得分逐年下降，南非的得分 2015 年之后呈逐年提升趋势，2017~2019 年超过美国居于第 1 的位置。

就中国而言，中国在 2019 年的支出结构指数得分为 24.695，排名第 12。中国的支出结构指数在 2015～2019 年整体呈现逐年下降的趋势，2018～2019 年排在末位，表明中国的财政支出结构在未来还须进一步优化。

2. 支出结构指数内在结构的国际比较分析

支出结构指数下设国家安全支出、民生性支出和经济性支出 3 个三级指标，以反映各国财政在维护国家安全稳定、保障民生权益和促进经济发展这三个方面的资源配置倾向，三者水平越高表明财政支出运营能力越强。国家安全支出的测算公式为（国防支出+安全稳定支出）/财政总支出×100%；民生性支出的测算公式为（教育支出+医疗支出+社会保障与就业支出+住房与社区支出）/财政总支出×100%；经济性支出的测算公式为经济性支出/财政总支出×100%。

图 13 给出了中国、美国、日本、德国、澳大利亚、俄罗斯和南非这七个国家 2019 年支出结构指数的内部结构情况。由各国支出结构可以看出，各国占比最高的支出均为民生性支出，尤其是发达国家中日本和德国的民生性支出高达 70% 以上，而中国和南非、俄罗斯这样的发展中国家，民生性支出仅占财政总支出的 50% 左右；在促进经济发展领域，发展中国家投入的显然比发达国家更多，尤其是中国和南非的经济性支出占财政总支出的比重高于 16%，俄罗斯和澳大利亚的经济性支出略高于 10%，日本、德国、美国三国的经济性支出则都在 10% 以下；美国的国家安全支出在七国之中最高，其次是南非、俄罗斯和澳大利亚，日本、德国、中国的国家安全支出占比最低。由此可见，中国的民生性支出水平和国家安全支出水平有待提高。

（四）财政运营指数的二级指标——规模增长指数

1. 规模增长指数历年趋势的国际比较分析

规模增长指数反映了财政集中统筹与分配使用资源的能力，由收入增长率、支出增长率两个指标等权加总得出。表 8 给出了 15 个国家规模增长指

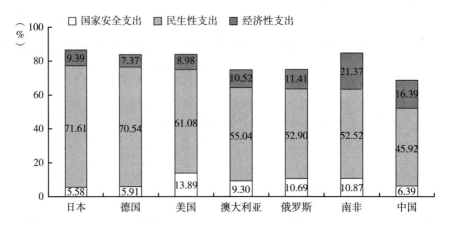

图 13　2019 年支出结构指数内部结构的国际比较

数在 2015~2019 年的得分和排名，图 14 展示了重点国家在 2015~2019 年的规模增长指数得分的变化趋势。

表 8　2015~2019 年规模增长指数得分和排名的国际比较

国家		2015 年		2016 年		2017 年		2018 年		2019 年	
		指数值	排名	指数值	排名	指数值	排名	指数值	排名	指数值	排名
发达国家	韩国	95.978	2	81.584	4	52.794	9	43.110	3	62.256	3
	法国	61.275	12	71.469	9	53.255	8	19.976	10	57.530	4
	澳大利亚	66.757	8	82.564	3	47.679	10	33.353	5	54.070	5
	美国	72.500	4	55.138	11	62.038	3	12.486	14	50.081	6
	意大利	58.620	14	73.469	7	38.628	11	14.732	13	49.211	7
	英国	69.480	5	71.763	8	56.239	7	17.625	12	43.882	10
	德国	64.536	11	86.111	2	60.694	4	28.269	7	41.609	11
	加拿大	65.229	10	77.730	6	59.481	6	38.716	4	39.144	12
	日本	68.361	6	37.240	12	18.258	13	12.444	15	23.940	14
发展中国家	俄罗斯	0.000	15	30.761	14	60.143	5	56.480	2	93.849	1
	中国	67.032	7	63.221	10	96.944	1	83.871	1	88.436	2
	巴西	66.297	9	37.085	13	6.558	15	21.178	9	49.086	8
	南非	74.831	3	12.785	15	37.309	12	32.767	6	48.481	9
	墨西哥	60.121	13	87.071	1	15.485	14	27.037	8	25.245	13
	土耳其	100.000	1	81.308	5	66.476	2	19.810	11	6.308	15

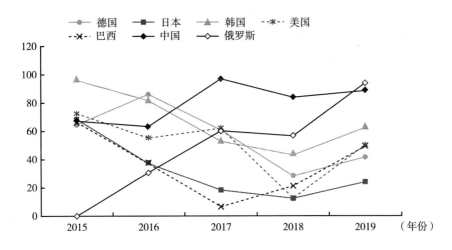

图 14   2015～2019 年规模增长指数得分的国际比较

15 个国家 2015～2019 年的整体发展趋势为：大多数国家的规模增长指数得分出现较大波动，法国、中国和俄罗斯呈现向好趋势；就 2019 年的得分排名而言，发展中国家中的俄罗斯和中国分别位居第 1 和第 2，而发达国家中的德国（排名第 11）、加拿大（排名第 12）、日本（排名第 14）的规模增长指数得分处于较低水平。如图 14 所示，发达国家的规模增长指数得分 2015～2019 年的整体趋势为先下降后小幅回升，有被发展中国家逐渐赶超的趋势。

就中国而言，中国在 2019 年的规模增长指数得分为 88.436，排名第 2。中国的规模增长指数在 2015～2019 年整体表现为先下降后大幅上升的趋势，2017 年上升幅度明显，2017～2019 年在国际比较中处于绝对优势地位。

2.规模增长指数内在结构的国际比较分析

规模增长指数下设收入增长率、支出增长率 2 个三级指标。收入增长率的测算公式为（本年财政总收入－上年财政总收入）/上年财政总收入×100%，支出增长率的测算公式为（本年财政总支出－上年财政总支出）/上年财政总支出×100%。

由图 15 可以看出，2019 年俄罗斯和中国的规模增长指数得分之所以高，主要源于其财政收入和财政支出总规模的增长率都很高。巴西的收入增长率远远高于其支出增长率；韩国的支出增长率远高于收入增长率；德国和日本的财政收支增长率都居于较低水平，且日本的收入增长率在 2019 年甚至接近于 0。

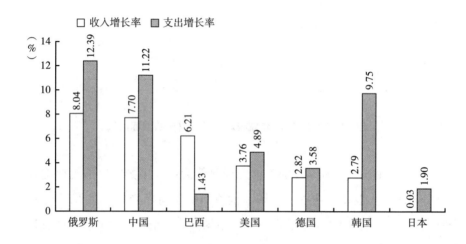

图 15　2019 年规模增长指数内部结构的国际比较

三　财政稳定指数

（一）财政稳定指数总体分析

1. 财政稳定指数历年趋势的国际比较分析

财政稳定指数反映了财政自身的稳定状况以及可能出现的风险情况，由财政赤字指数和债务风险指数两个指标等权加总得出。表 9 给出了 2010～2019 年 15 个国家财政稳定指数的得分和排名情况，图 16 展示了 2015～2019 年重点国家财政稳定指数得分的变化趋势。

表9   2010~2019 年财政稳定指数得分和排名的国际比较

国家		2010 年		2011 年		2012 年		2013 年		2014 年	
		指数值	排名	指数值	排名	指数值	排名	指数值	排名	指数值	排名
发达国家	德国	38.981	12	54.438	4	68.436	5	67.263	5	76.455	4
	韩国	65.522	3	51.213	7	80.551	2	75.722	2	86.008	1
	日本	49.683	8	34.731	12	69.921	4	67.152	6	78.559	3
	加拿大	50.454	7	42.004	11	64.889	7	64.195	8	72.633	6
	法国	48.372	9	42.926	10	59.729	9	58.036	9	63.357	9
	英国	20.313	14	20.351	13	57.311	11	56.687	12	54.432	14
	意大利	59.153	5	52.016	6	52.605	12	49.418	13	57.198	11
	美国	16.683	15	17.021	15	52.512	13	43.782	14	57.775	10
	澳大利亚	59.929	4	45.000	9	57.848	10	74.136	3	69.274	7
发展中国家	俄罗斯	67.754	2	64.802	1	84.221	1	65.689	7	67.397	8
	墨西哥	74.623	1	54.176	5	78.494	3	82.766	1	83.848	2
	中国	24.352	13	17.302	14	15.899	14	56.916	10	56.036	13
	巴西	42.491	10	57.113	3	64.790	8	56.893	11	56.349	12
	土耳其	39.305	11	59.170	2	68.139	6	69.955	4	73.223	5
	南非	57.284	6	48.413	8	0.000	15	0.000	15	0.000	15

国家		2015 年		2016 年		2017 年		2018 年		2019 年	
		指数值	排名	指数值	排名	指数值	排名	指数值	排名	指数值	排名
发达国家	德国	84.932	2	83.878	2	83.926	2	82.741	1	86.822	1
	韩国	89.184	1	94.082	1	97.242	1	79.805	2	78.766	2
	日本	76.147	4	66.786	4	71.212	6	60.572	5	75.740	3
	加拿大	65.552	9	66.699	5	74.230	4	58.377	6	70.644	4
	法国	69.626	8	52.829	9	63.595	7	57.121	8	59.413	6
	英国	64.861	11	39.080	13	56.760	11	53.685	9	56.819	7
	意大利	65.510	10	60.534	6	60.052	9	57.405	7	50.888	9
	美国	54.425	13	40.898	12	54.964	12	32.449	13	48.186	10
	澳大利亚	70.473	7	54.407	8	77.042	3	63.668	4	32.371	12
发展中国家	俄罗斯	57.522	12	57.977	7	57.903	10	69.969	3	66.753	5
	墨西哥	84.373	3	70.039	3	71.841	5	52.706	10	56.537	8
	中国	70.722	6	49.310	10	53.046	13	34.401	12	34.201	11
	巴西	30.456	14	16.112	15	19.137	14	22.299	14	31.403	13
	土耳其	72.827	5	46.647	11	60.503	8	41.193	11	29.850	14
	南非	0.000	15	16.594	14	12.963	15	0.270	15	5.529	15

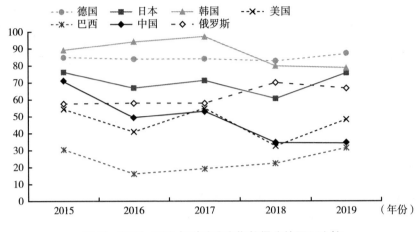

图 16　2015~2019 年财政稳定指数得分的国际比较

就 15 个国家 2010~2019 年的整体发展趋势来看，大多数国家财政稳定指数得分及排名的波动较大，其中德国和英国表现为向好趋势，土耳其和墨西哥呈现下滑趋势。就 2019 年的得分排名而言，德国的财政稳定指数排名第 1，韩国排名第 2，但发达国家中美国（排名第 10）和澳大利亚（排名第12）的财政稳定指数排名较为靠后。发展中国家中，俄罗斯（排名第 5）的财政稳定指数排名较为靠前，而其他发展中国家的财政稳定指数排名均相对靠后，中国的财政稳定指数排名为第 11 名。

由图 16 可以看出，中国的财政稳定指数得分在 2015~2019 年呈现波动中下滑的趋势，在 2017 年有小幅上升，在 2016 年和 2018 年出现大幅下降，2019 年中国财政稳定指数得分为 34. 20，位于第 11 名。此处需要说明的是，在测算财政稳定指数时，为了与国际数据库中其他国家的财政赤字统计口径保持一致，计算中国财政赤字时所用的收入与支出口径为四本预算全口径的财政收入与支出数据，因而与中国财政决算报告中公布的赤字水平有所出入①。

---

①　根据 2019 年财政决算报告，用于计算赤字的财政收入总量口径为"一般公共预算收入+中央和地方财政从预算稳定调节基金、政府性基金预算、国有资本经营预算调入资金+地方财政使用结转结余资金"，用于计算赤字的财政支出总量口径为"一般公共预算支出+补充中央预算稳定调节基金"。由此可知，政府性基金预算、国有资本经营预算、社会保障基金预算的收支缺口数据并未纳入财政赤字的官方口径。

2.财政稳定指数内在结构的国际比较分析

基于"量入为出"和财政风险控制、债务可持续的财政基本原则,财政稳定指数下设财政赤字指数和债务风险指数两个二级指标。

表10和图17给出了2019年财政稳定指数的内部结构情况。较2018年而言,2019年澳大利亚的财政稳定指数排名下跌幅度最大,从第4名跌至第12名;排名上升幅度最大的国家是美国,排名由第13名上升至第10名。另外,将中国2019年财政稳定指数下的二级指标得分与其他国家进行比较,可以发现中国的财政赤字指数和债务风险指数排名均靠后,债务风险指数的得分位列第11,而财政赤字指数得分位于第13。由此可见,近些年中国的财政稳定性不容乐观,在一定程度上亟待改善,尤其需要关注国际可比口径的财政赤字情况。

表 10 2019 年财政稳定指数及其二级指标排名

国家		财政稳定指数得分	财政稳定指数排名	排名较上一年变动	财政稳定指数二级指标排名	
					财政赤字指数	债务风险指数
发达国家	德国	86.822	1	0	1	2
	韩国	78.766	2	0	3	3
	日本	75.740	3	2	7	1
	加拿大	70.644	4	2	2	4
	法国	59.413	6	2	8	5
	英国	56.819	7	2	6	8
	意大利	50.888	9	−2	5	10
	美国	48.186	10	3	12	7
	澳大利亚	32.371	12	−8	14	9
发展中国家	俄罗斯	66.753	5	−2	4	6
	墨西哥	56.537	8	2	9	—
	中国	34.201	11	1	13	11
	巴西	31.403	13	1	10	12
	土耳其	29.850	14	−3	11	13
	南非	5.529	15	0	15	—

注:墨西哥、南非债务风险指数的数据缺失。

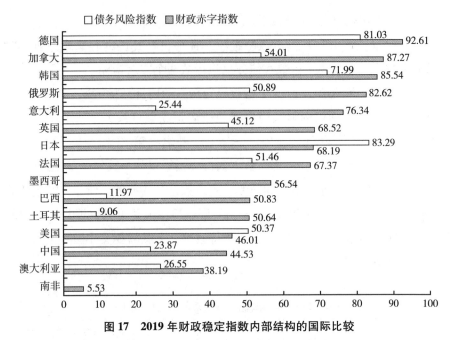

图 17　2019 年财政稳定指数内部结构的国际比较

注：墨西哥和南非的债务风险指数数据缺失，故图中未显示两国的数据。

由图 18 可以看出，中国的债务风险指数得分偏低，十年间表现为先上升后下降的趋势，得分在 15~60 上下波动，2010~2014 年债务风险指数得分集中在 20 附近，2015 年债务风险指数得分明显提升，2016~2019 年债务风险指数得分逐渐回落至 2010~2014 年水平；财政赤字指数得分虽然高于债务风险指数，但 2013~2019 年总体上呈现逐渐下降的趋势，得分下降幅度接近 50，国家财政部门应对此高度重视。

（二）财政稳定指数的二级指标——财政赤字指数

1. 财政赤字指数历年趋势的国际比较分析

财政赤字指数反映了财政的赤字水平及其波动情况，由财政赤字率和财政赤字率波动两个指标等权加总得出。表 11 给出了 15 个国家财政赤字指数在 2015~2019 年的得分和排名，图 19 给出了七个重点国家在 2015~2019 年财政赤字指数得分的变化趋势。

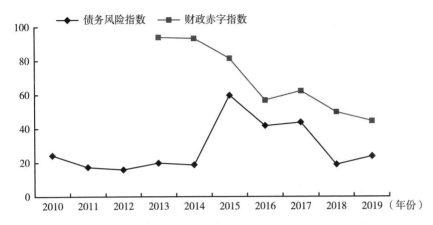

图 18　2010~2019 年中国财政稳定指数内部结构得分的趋势分析

注：中国 2010~2012 年财政赤字指数的数据缺失。

表 11　2015~2019 年财政赤字指数得分和排名的国际比较

国家		2015 年		2016 年		2017 年		2018 年		2019 年	
		指数值	排名	指数值	排名	指数值	排名	指数值	排名	指数值	排名
发达国家	德国	95.793	3	92.893	2	92.574	2	88.367	2	92.613	1
	加拿大	88.207	5	80.811	3	85.205	3	82.412	4	87.274	2
	韩国	100.000	1	98.569	1	97.644	1	91.416	1	85.544	3
	意大利	90.376	4	76.438	6	76.972	6	71.281	6	76.338	5
	英国	78.812	11	62.361	10	71.055	9	64.671	9	68.521	6
	日本	76.186	12	59.003	11	66.333	12	66.140	8	68.187	7
	法国	86.114	7	68.174	9	73.594	7	68.659	7	67.367	8
	美国	70.201	13	51.263	13	66.569	11	50.238	12	46.005	12
	澳大利亚	87.138	6	78.657	5	80.257	4	75.956	5	38.194	14
发展中国家	俄罗斯	78.824	10	70.843	7	79.915	5	87.065	3	82.616	4
	墨西哥	84.373	8	70.039	8	71.841	8	52.706	11	56.537	9
	巴西	59.880	14	32.223	14	38.275	14	44.545	14	50.833	10
	土耳其	96.151	2	78.947	4	69.149	10	60.565	10	50.635	11
	中国	81.497	9	56.883	12	62.332	13	49.900	13	44.530	13
	南非	0.000	15	16.594	15	12.963	15	0.270	15	5.529	15

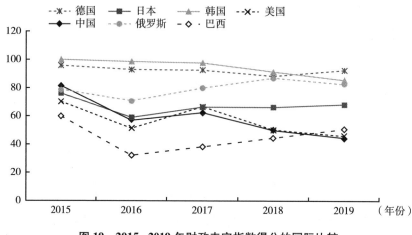

图19　2015~2019年财政赤字指数得分的国际比较

15个国家在2015~2019年的整体发展趋势为：有4个国家的财政赤字指数表现为向好趋势，分别是德国、日本、英国和俄罗斯；有2个国家的财政赤字指数表现为向差趋势，分别是中国和土耳其。就2019年的得分排名而言，德国的财政赤字状况最好，加拿大和韩国次之，而中国、澳大利亚、南非的财政赤字指数排在最后三位。

图19显示，韩国和德国的财政赤字指数得分虽然有下降趋势但整体表现平稳，且一直居于前列。俄罗斯和巴西2016~2019年的财政赤字指数得分呈上升趋势。中国的财政赤字指数得分在2015~2019年呈现下降趋势①，这与中国政府性基金预算、国有资本经营预算、社会保障基金预算的财政收支数据公开透明化并且纳入财政预算统一管理有一定关系。虽然中国财政赤字指数得分不够理想，但是相比于隐藏的财政风险，预算外资金纳入预算统一管理后的赤字风险显露，更利于财政部门意识到问题从而采取积极措施对赤字风险进行化解。

---

① 为了与其他国家的财政赤字口径保持一致，计算中国财政赤字时所用的收入与支出口径为四本预算全口径的财政收入与支出数据，这与中国财政决算报告中公布的赤字口径有所不同。

2. 财政赤字指数内在结构的国际比较分析

财政赤字指数从水平值与波动值两个角度下设财政赤字率和财政赤字率波动两个三级指标。财政赤字率的测算公式为（财政总支出–财政总收入）／GDP×100%，财政赤字率波动的测算方法为财政赤字率近5年数值的标准差。

由图20可以看出，按国际可比口径测算的全口径财政赤字率，2019年俄罗斯、韩国、德国显示为负数，说明这三国出现了财政盈余，日本的财政赤字率略高于2%，南非的财政赤字率接近6%，中国、美国的财政赤字率超过6%。2015~2019年，俄罗斯的财政赤字率波动最大，其次为中国、美国和韩国。值得注意的是，中国按国际可比口径测算的全口径财政赤字率（6.78%）及2015~2019年财政赤字率波动（1.00）均明显高于2019年财政决算报告中公布的中国官方口径财政赤字率（2.785%）及按中国官方口径测算的2015~2019年财政赤字率波动（0.208）[①]。

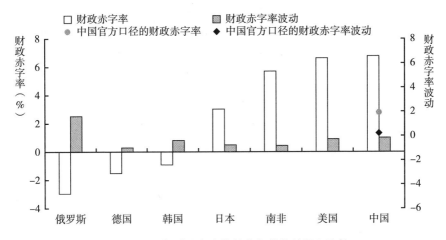

图20 2019年财政赤字指数内部结构的国际比较

---

① 国际可比口径的财政赤字是指一般公共预算、政府性基金预算、国有资本经营预算、社会保障基金预算四本预算全口径财政支出与收入的差值。根据2019年财政决算报告，中国官方的财政收入总量口径为"一般公共预算收入+中央和地方财政从预算稳定调节基金、政府性基金预算、国有资本经营预算调入资金+地方财政使用结转结余资金"，财政支出总量口径为"一般公共预算支出+补充中央预算稳定调节基金"。政府性基金预算、国有资本经营预算、社会保障基金预算的收支缺口数据未纳入测算官方发布财政赤字的口径。

（三）财政稳定指数的二级指标——债务风险指数

1. 债务风险指数历年趋势的国际比较分析

债务风险指数反映了政府的债务风险水平，由短期偿债能力和债务增长空间两个指标等权加总得出。表12给出了13个国家债务风险指数在2015~2019年的得分和排名，图21给出了重点国家2015~2019年债务风险指数得分的变化趋势。

表12 2015~2019年债务风险指数得分和排名的国际比较

国家		2015年		2016年		2017年		2018年		2019年	
		指数值	排名	指数值	排名	指数值	排名	指数值	排名	指数值	排名
发达国家	日本	76.107	2	74.569	3	76.091	2	55.003	3	83.292	1
	德国	74.072	3	74.862	2	75.279	3	77.115	1	81.031	2
	韩国	78.368	1	89.595	1	96.841	1	68.194	2	71.988	3
	加拿大	42.897	9	52.588	4	63.255	5	34.342	9	54.014	4
	法国	53.137	6	37.485	8	53.595	6	45.584	6	51.459	5
	美国	38.649	11	30.534	9	43.359	9	14.660	12	50.367	7
	英国	50.910	7	15.800	11	42.466	11	42.698	8	45.117	8
	澳大利亚	53.809	5	30.158	10	73.828	4	51.380	5	26.547	9
	意大利	40.644	10	44.629	6	43.131	10	43.529	7	25.437	10
发展中国家	俄罗斯	36.220	12	45.112	5	35.891	12	52.873	4	50.891	6
	中国	59.947	4	41.737	7	43.761	8	18.902	11	23.872	11
	巴西	1.033	13	0.000	13	0.000	13	0.052	13	11.973	12
	土耳其	49.504	8	14.348	12	51.857	7	21.820	10	9.065	13

注：墨西哥、南非债务风险指数的数据缺失。

13个国家2015~2019年的整体发展趋势为：德国、日本和韩国的债务风险指数的得分趋势平稳，排名稳居前3名；巴西的债务风险指数得分一直较低；其他国家债务风险指数排名的波动幅度则较大。就2019年的债务风险指数排名而言，发达国家中的日本、德国和韩国排名靠前，分别为第1名、第2名和第3名，澳大利亚和意大利的排名相对靠后，分别为第9名和

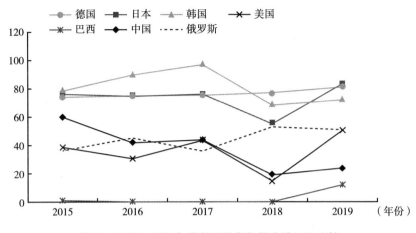

图 21 2015～2019 年债务风险指数得分的国际比较

第 10 名；发展中国家中的俄罗斯的债务风险指数排名居中，位列第 6 名，中国、巴西和土耳其的排名相对靠后，分别位于第 11 名、第 12 名和第 13 名。

就中国而言，中国的债务风险指数得分在 2015～2019 年整体表现为波动中下降的趋势，2015 年中国债务风险指数得分最高，为 59.947，排名第 4，但随后逐年下滑，至 2019 年得分为 23.872，排名第 11。由此可知，中国的政府债务风险状况在逐渐恶化，财政部门需要对此高度重视。

2. 债务风险指数内在结构的国际比较分析

债务风险指数下设短期偿债能力和债务增长空间两个三级指标。短期偿债能力的测算公式为政府金融资产/政府当年利息支出×100%，债务增长空间的测算公式为 GDP 增长率减去政府债务余额增长率。

由图 22 可知，日本债务风险指数排名第一的原因在于其较强的短期偿债能力和较大的债务增长空间，而韩国债务风险指数排名靠前的主要原因在于其较强的短期偿债能力，德国排名靠前的主要原因在于其较大的债务增长空间。中国由于短期偿债能力很弱而且债务增长空间有限，因此在债务风险指数水平上低于图 22 中其他国家。

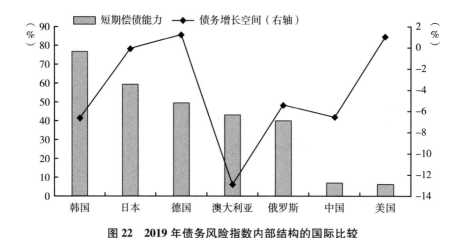

图 22　2019 年债务风险指数内部结构的国际比较

四　财政均等指数

（一）财政均等指数总体分析

1.财政均等指数历年趋势的国际比较分析

财政均等指数反映了财政提供基本公共服务的均等化水平，由教育均等指数和医疗均等指数两个指标等权加总得出。表 13 给出了 2010~2019 年 15 个国家的财政均等指数得分和排名，图 23 给出了 2015~2019 年重点国家财政均等指数得分的变化趋势。

就 15 个国家总体而言，2010~2019 年的整体发展趋势为：大多数国家呈现小幅波动的平稳发展趋势，澳大利亚、日本和中国呈现向好的发展趋势，德国呈向差的发展趋势。就 2019 年的得分排名而言，发达国家中除了美国排名第 11 外，其他发达国家的财政均等指数普遍排名较为靠前；土耳其（排名第 9）和中国（排名第 10）的财政均等指数水平在发展中国家中处于前列。

表 13 2010～2019 年财政均等指数得分和排名的国际比较

国家		2010 年		2011 年		2012 年		2013 年		2014 年	
		指数值	排名	指数值	排名	指数值	排名	指数值	排名	指数值	排名
发达国家	澳大利亚	68.700	5	69.134	4	68.491	3	78.665	1	76.909	2
	日本	60.410	7	60.647	7	60.304	4	72.368	3	72.898	3
	英国	78.547	3	63.954	6	58.857	5	70.697	4	80.459	1
	法国	84.359	1	84.150	1	55.034	7	74.192	2	72.162	4
	意大利	66.945	6	65.749	5	57.912	6	63.442	7	61.958	7
	加拿大	74.591	4	75.541	3	82.427	1	70.490	5	69.880	5
	德国	79.507	2	82.073	2	72.787	2	67.573	6	66.199	6
	韩国	47.557	9	48.643	9	45.207	10	44.433	9	44.546	10
	美国	46.158	10	47.141	10	42.943	11	42.778	11	41.357	11
发展中国家	土耳其	33.847	12	37.943	12	30.390	12	43.859	10	46.100	9
	中国	27.718	13	30.837	13	29.197	13	39.107	12	40.385	12
	俄罗斯	37.500	11	45.602	11	47.946	9	50.758	8	46.929	8
	南非	54.451	8	55.753	8	52.811	8	0.000	15	0.000	15
	墨西哥	4.164	15	4.460	15	4.574	14	5.669	14	8.242	13
	巴西	9.375	14	30.532	14	3.390	15	7.933	13	8.137	14

国家		2015 年		2016 年		2017 年		2018 年		2019 年	
		指数值	排名	指数值	排名	指数值	排名	指数值	排名	指数值	排名
发达国家	澳大利亚	79.674	1	76.238	1	79.109	1	78.028	1	75.324	1
	日本	73.374	2	66.806	3	69.344	2	69.133	2	68.809	2
	英国	66.682	3	67.763	2	66.927	3	64.051	3	62.816	3
	法国	63.651	4	59.127	4	60.019	4	60.861	4	59.887	4
	意大利	55.969	7	55.675	5	55.211	7	56.090	5	56.016	5
	加拿大	58.381	6	55.478	6	56.143	5	56.323	5	55.523	6
	德国	58.691	5	54.657	7	55.299	6	54.845	7	54.365	7
	韩国	39.624	10	38.825	9	41.450	9	42.764	8	43.382	8
	美国	34.990	12	32.207	12	33.228	12	33.016	11	32.246	11
发展中国家	土耳其	40.423	8	40.156	8	42.197	8	42.530	9	42.410	9
	中国	38.650	11	36.504	10	39.133	10	40.138	10	41.485	10
	俄罗斯	39.922	9	35.738	11	36.202	11	32.916	12	31.570	12
	南非	26.254	13	24.570	13	10.537	13	20.946	13	20.827	13
	墨西哥	5.410	14	6.109	14	8.965	14	7.955	14	8.369	14
	巴西	3.756	15	1.914	15	6.987	15	3.641	15	2.999	15

由图 23 可知，中国的财政均等指数得分在 2015～2019 年整体表现出稳中有升的趋势，在七国之中的得分水平居于中间位置。与中国相比，德国和日本一直稳居前列，俄罗斯和美国则稍显落后，巴西的财政均等指数得分最低。2018～2019 年除了中国和韩国的财政均等指数得分缓慢上升外，其他五个国家的得分均出现了下降。

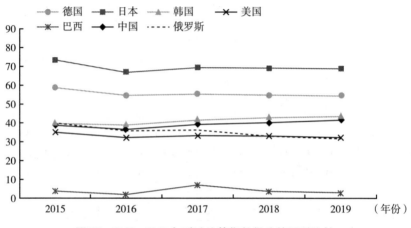

图 23　2015～2019 年财政均等指数得分的国际比较

2. 财政均等指数内在结构的国际比较分析

限于国际相关数据的可获得性，财政均等指数下设教育均等指数和医疗均等指数 2 个二级指标，二者分别反映了政府在教育公共服务和医疗卫生公共服务方面的供给水平。

如表 14 所示，相较于 2018 年，2019 年有 13 个国家的排名完全无变动，加拿大的排名下降了 1 名，意大利的排名上升了 1 名；就财政均等指数结构而言，澳大利亚的教育均等指数排名第 1，墨西哥排名最后；英国的医疗均等指数排名第 1，巴西排名最后。

在图 24 中，将中国 2019 年财政均等指数下的两个二级指标得分与其他重点国家进行比较，可以发现中国的教育均等指数相对偏低，得分仅为 31.53。由此可知，中国财政均等指数排名尚未处于前列的关键原因在于教育均等指数的得分较低，排名比较靠后。

表 14　2019 年财政均等指数及其二级指标排名

国家		财政均等指数得分	财政均等指数排名	排名较上一年变动	财政均等指数二级指标排名	
					教育均等指数	医疗均等指数
发达国家	澳大利亚	75.324	1	0	1	3
	日本	68.809	2	0	2	5
	英国	62.816	3	0	8	1
	法国	59.887	4	0	6	2
	意大利	56.016	5	1	3	7
	加拿大	55.523	6	−1	4	6
	德国	54.365	7	0	7	4
	韩国	43.382	8	0	5	10
	美国	32.246	11	0	11	11
发展中国家	土耳其	42.410	9	0	9	9
	中国	41.485	10	0	12	8
	俄罗斯	31.570	12	0	10	12
	南非	20.827	13	0	13	—
	墨西哥	8.369	14	0	15	13
	巴西	2.999	15	0	14	14

注：南非的医疗均等指数数据缺失。

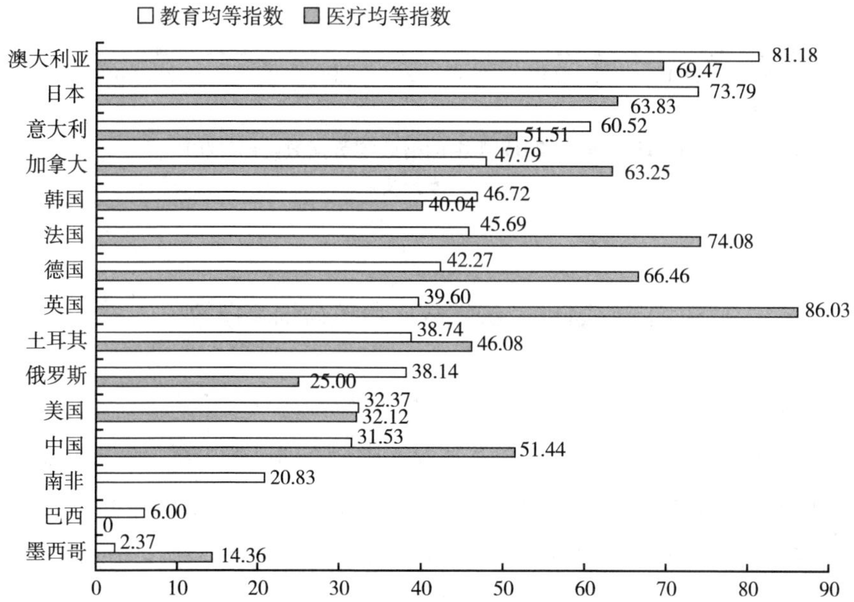

图 24　2019 年财政均等指数内部结构的国际比较

注：南非的医疗均等指数数据缺失，巴西的医疗均等指数得分为 0。

如图 25 所示,就 2010~2019 年中国财政均等指数下设的教育均等指数和医疗均等指数得分的整体发展趋势看,教育均等指数在波动中趋向于稳定,2013 年出现较大幅度提升后,2014~2016 年得分一直小幅下降,2016~2019年得分维持在 30 左右;医疗均等指数表现为得分逐年提高的向好发展趋势,得分从 2010 年的 23.17 增长至 2019 年的 51.44。值得注意的是,与国际其他国家相比,我国的医疗均等指数和教育均等指数得分仍处于较低水平,未来改善空间仍然较大。

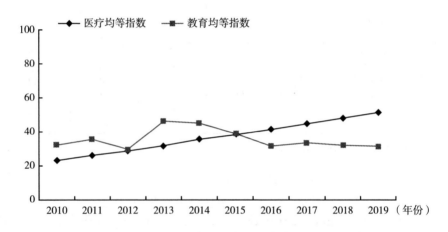

图 25　2010~2019 年中国财政均等指数内部结构的
趋势分析

(二)财政均等指数的二级指标——教育均等指数

1. 教育均等指数历年趋势的国际比较分析

教育均等指数反映了政府在教育公共服务方面的供给水平,由高中教育普及度和公立学校师生比两个指标等权加总得出。表 15 给出了 15 个国家教育均等指数在 2015~2019 年的得分和排名,图 26 描绘了重点国家在 2015~2019 年教育均等指数得分的变化趋势。

表 15　2015~2019 年教育均等指数得分和排名的国际比较

国家		2015 年		2016 年		2017 年		2018 年		2019 年	
		指数值	排名	指数值	排名	指数值	排名	指数值	排名	指数值	排名
发达国家	澳大利亚	90.361	1	83.469	1	85.989	1	84.149	1	81.178	1
	日本	83.499	2	69.807	2	74.491	2	73.636	2	73.788	2
	意大利	59.366	3	58.948	3	58.204	3	60.579	3	60.519	3
	加拿大	51.183	4	45.464	5	46.761	4	47.454	4	47.793	4
	韩国	41.742	9	38.316	9	42.638	8	45.209	6	46.722	5
	法国	50.320	5	41.746	7	43.905	7	46.116	5	45.689	6
	德国	48.917	7	41.215	8	42.171	9	42.138	7	42.267	7
	英国	46.639	8	47.998	4	46.304	5	41.230	8	39.605	8
	美国	36.359	12	31.081	12	33.006	12	33.329	11	32.369	11
发展中国家	土耳其	36.852	11	35.971	10	38.502	10	38.482	10	38.740	9
	俄罗斯	50.214	6	43.174	6	45.480	6	40.831	9	38.139	10
	中国	39.023	10	31.637	11	33.525	11	32.153	12	31.529	12
	南非	26.254	13	24.570	13	10.537	14	20.946	13	20.827	13
	巴西	7.513	14	3.827	14	13.974	13	7.282	14	5.997	14
	墨西哥	0.000	15	0.000	15	5.208	15	2.446	15	2.375	15

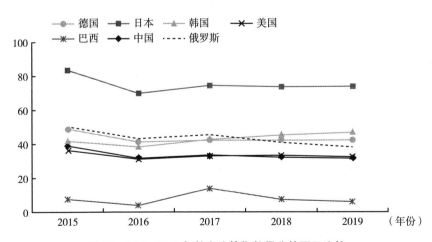

图 26　2015~2019 年教育均等指数得分的国际比较

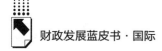

由表 15 可知，15 个国家 2015～2019 年的整体发展趋势为：大多数国家的教育均等指数发展趋势平稳且排名变化不大，少数国家呈现波动趋势，韩国和土耳其的教育均等指数呈现向好趋势；就 2019 年的得分排名而言，发达国家中除了美国排名第 11，其余发达国家的教育均等指数排名均靠前，而发展中国家排名整体而言较为靠后，发达国家的教育均等指数水平整体上高于发展中国家。

由图 26 可以看出，在被比较的七个国家之中，日本一直稳居前列，且得分一直远超其他国家。俄罗斯、德国、韩国、美国和中国的教育均等指数得分水平与变化趋势均比较接近。巴西则与其他国家差距较大，而且没有明显的向好趋势。中国的教育均等指数得分在 2015～2019 年整体呈现轻微下滑趋势，排名在第 10～12 名小幅波动。

2. 教育均等指数内在结构的国际比较分析

教育均等指数下设高中教育普及度和公立学校师生比两个三级指标。高中教育普及度的测算公式为接受高中教育学生数/适龄人口×100%，公立学校师生比指标的测算方法为将公立小学、初中、高中的师生比（老师数/学生数）三个指标进行等权加总而计算的得分。

如图 27 所示，在被比较国家之中，高中教育普及度最高的国家是英国，普及度最低的国家是中国，仅约 80% 的适龄人口能够接受高中教育；

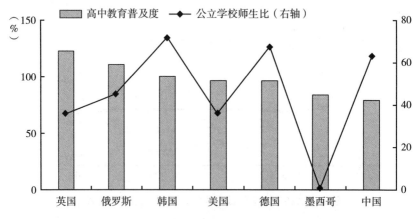

图 27　2019 年教育均等指数内部结构的国际比较

公立学校师生比得分最高的三个国家是韩国、德国和中国，得分最低的国家是墨西哥，墨西哥的公立学校师生比得分甚至接近于 0。中国的公立学校师生比并不低，其教育均等指数排名落后的原因主要是高中教育普及度较低。因此，建议中国政府加大高中教育投入，扩大招生规模，丰富学位资源。

（三）财政均等指数的二级指标——医疗均等指数

1. 医疗均等指数历年趋势的国际比较分析

医疗均等指数反映了政府提供的医疗公共服务水平，由公立医院数和公立医疗床位数两个指标等权加总得出。表 16 给出了 14 个国家的医疗均等指数在 2015~2019 年的得分和排名，图 28 呈现了重点国家在 2015~2019 年医疗均等指数得分的变化趋势。

表 16　2015~2019 年医疗均等指数得分和排名的国际比较

国家		2015 年		2016 年		2017 年		2018 年		2019 年	
		指数值	排名	指数值	排名	指数值	排名	指数值	排名	指数值	排名
发达国家	英国	86.724	1	87.528	1	87.550	1	86.871	1	86.026	1
	法国	76.981	2	76.509	2	76.134	2	75.606	2	74.084	2
	澳大利亚	68.987	3	69.008	3	72.228	3	71.908	3	69.469	3
	德国	68.465	4	68.099	4	68.427	4	67.552	4	66.464	4
	日本	63.250	6	63.804	6	64.198	6	64.630	6	63.830	5
	加拿大	65.579	5	65.492	5	65.526	5	65.193	5	63.253	6
	意大利	52.571	7	52.401	7	52.219	7	51.600	7	51.513	7
	韩国	37.505	10	39.333	10	40.262	10	40.318	10	40.042	10
	美国	33.622	11	33.333	11	33.450	11	32.702	11	32.122	11
发展中国家	中国	38.277	9	41.372	9	44.741	9	48.123	8	51.440	8
	土耳其	43.994	8	44.342	8	45.892	8	46.579	9	46.080	9
	俄罗斯	29.630	12	28.302	12	26.923	12	25.000	12	25.000	12
	墨西哥	10.820	13	12.217	13	12.721	13	13.464	13	14.363	13
	巴西	0.000	14	0.000	14	0.000	14	0.000	14	0.000	14

注：南非缺失医疗均等指数相关数据。

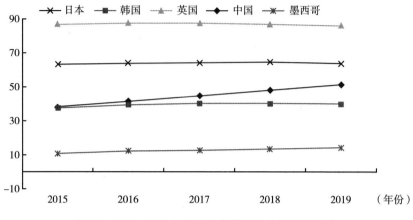

图28 2015～2019年医疗均等指数得分的国际比较

表16中14个国家在2015～2019年的总体发展趋势为：各国医疗均等指数的得分及排名相对稳定，波动幅度较小，仅日本和中国排名出现向好趋势。就医疗均等指数得分的排名而言，英国、法国和澳大利亚稳居前三位，俄罗斯、墨西哥和巴西居于后三位。

由图28可知，中国的医疗均等指数得分在2015～2019年整体呈现上升趋势，得分处于中间水平，低于日本和英国，高于韩国和墨西哥。2018～2019年英国、日本和韩国的医疗均等指数得分均小幅度下降，而墨西哥和中国的得分则表现为小幅上升的趋势。

2.医疗均等指数内在结构的国际比较分析

医疗均等指数下设公立医院数和公立医疗床位数两个三级指标。公立医院数的测算公式为公立医院数/总人口，公立医疗床位数的测算公式为公立医院床位数/总人口。

如图29所示，在七个国家中，人均公立医院数最高的国家是英国，其次为法国和加拿大，最低的国家是韩国。人均公立医疗床位数最高的国家是法国，其次是中国和日本，最低的国家是韩国。就中国而言，中国虽然人均公立医院数较少但人均公立医疗床位数较多，说明中国医疗公共服务的现状是公立医院规模较大，公立医院拥有的平均床位数较多。

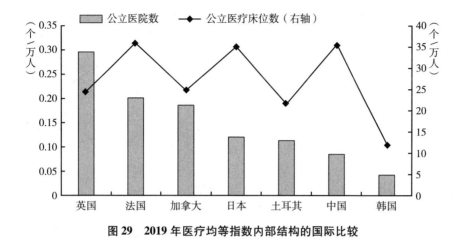

图 29　2019 年医疗均等指数内部结构的国际比较

五　财政潜力指数

（一）财政潜力指数总体分析

1. 财政潜力指数历年趋势的国际比较分析

财政潜力指数反映了宏观经济长期持续稳定增长的能力，代表了财政发展的基础与潜力水平，由人力资源指数、基础设施指数、科技创新指数、营商环境指数和国际贸易指数五个指标等权加总而得出。表 17 给出了 15 个国家财政潜力指数 2010~2019 年的得分和排名，图 30 展示了重点国家 2015~2019 年财政潜力指数得分的变化趋势。

如表 17 所示，2010~2019 年 15 个国家财政潜力指数的整体发展趋势为：大多数国家呈现波动趋势，其中德国、韩国、美国和英国财政潜力指数水平居于前列，发达国家财政潜力指数的得分普遍高于发展中国家。就 2019 年的得分排名而言，除了发达国家中的意大利（排名第 10）和发展中国家中的中国（排名第 9），发达国家的整体排名高于发展中国家。

表 17　2010~2019 年财政潜力指数得分和排名的国际比较

国家		2010 年		2011 年		2012 年		2013 年		2014 年	
		指数值	排名	指数值	排名	指数值	排名	指数值	排名	指数值	排名
发达国家	德国	67.816	1	66.908	1	61.882	2	63.508	2	66.337	2
	韩国	60.171	3	65.200	2	66.601	1	70.666	1	70.432	1
	美国	54.785	4	55.953	4	52.283	4	51.529	5	56.442	5
	英国	62.844	2	61.572	3	61.507	3	61.242	3	61.452	3
	日本	47.869	7	46.948	7	44.549	7	43.973	8	51.430	7
	加拿大	49.769	6	53.882	6	46.253	5	54.123	4	54.116	6
	澳大利亚	51.548	5	55.464	5	45.321	6	50.283	6	56.787	4
	法国	44.150	8	46.217	8	42.893	8	45.591	7	46.206	8
	意大利	33.492	12	39.159	9	32.227	12	39.237	11	43.665	9
发展中国家	中国	38.949	9	37.827	11	42.869	9	37.124	12	34.039	12
	俄罗斯	37.447	10	36.005	12	34.244	11	41.043	9	39.193	10
	墨西哥	32.517	13	30.119	13	26.141	13	39.542	10	30.111	13
	土耳其	13.064	15	15.332	15	15.230	15	13.061	15	18.971	15
	南非	24.425	14	28.104	14	24.253	14	31.476	13	35.236	11
	巴西	36.156	11	38.202	10	34.553	10	28.897	14	19.884	14

国家		2015 年		2016 年		2017 年		2018 年		2019 年	
		指数值	排名	指数值	排名	指数值	排名	指数值	排名	指数值	排名
发达国家	德国	69.547	1	65.828	3	68.989	1	70.430	1	68.305	1
	韩国	69.224	2	67.846	2	62.462	3	67.643	2	65.773	2
	美国	59.849	4	55.163	4	63.506	2	64.075	3	63.359	3
	英国	64.291	3	70.475	1	58.680	4	56.573	4	56.444	4
	日本	50.989	7	52.498	5	43.265	9	52.125	5	53.140	5
	加拿大	54.682	5	46.832	7	47.885	6	49.330	8	52.806	6
	澳大利亚	50.568	8	46.519	8	52.806	5	50.364	7	50.521	7
	法国	51.664	6	47.920	6	43.194	10	51.338	6	49.992	8
	意大利	45.648	9	44.155	9	40.878	11	41.701	10	42.716	10
发展中国家	中国	34.395	12	32.073	11	45.210	7	45.085	9	47.509	9
	俄罗斯	38.843	10	38.072	10	43.665	8	38.466	11	41.670	11
	墨西哥	35.167	11	27.993	13	33.701	12	30.900	12	30.456	12
	土耳其	23.435	14	18.207	14	22.325	14	26.234	13	26.679	13
	南非	30.970	13	29.991	12	28.388	13	24.420	14	23.401	14
	巴西	21.079	15	16.087	15	17.021	15	10.485	15	14.126	15

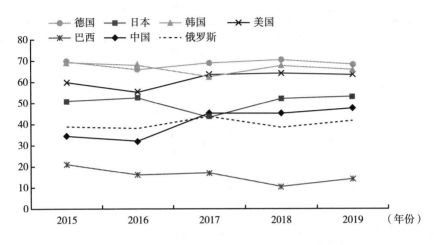

图30 2015～2019年财政潜力指数得分的国际比较

就中国而言，中国的财政潜力指数得分在2015～2019年整体呈现波动中略微提升的趋势，2015～2017年排名有大幅提升，但2017～2019年排名略有所下降。2019年中国的财政潜力指数得分为47.509，排名第9。

2.财政潜力指数内在结构的国际比较分析

财政潜力指数下设人力资源指数、基础设施指数、科技创新指数、营商环境指数和国际贸易指数五个二级指标，以衡量一国宏观经济长远发展的硬实力和软实力水平。表18给出了2019年15个国家财政潜力指数及其二级指标排名情况，图31展示了重点国家2019年财政潜力指数内部结构的比较结果。

如表18所示，较2018年而言，2019年有13个国家的财政潜力指数排名完全无变动，加拿大的财政潜力指数上升了2名，法国的财政潜力指数下降了2名。就2019年财政潜力指数结构而言，中国财政潜力指数排名尚未处于前列主要源于营商环境指数和国际贸易指数排名比较落后，但是中国的科技创新指数得分较高，排名居于第2。

表18　2019年财政潜力指数及其二级指标排名

国家		财政潜力指数得分	财政潜力指数排名	排名较上一年变动	财政潜力指数二级指标排名				
					人力资源指数	基础设施指数	科技创新指数	营商环境指数	国际贸易指数
发达国家	德国	68.305	1	0	4	3	3	9	1
	韩国	65.773	2	0	3	2	6	7	3
	美国	63.359	3	0	1	6	1	4	15
	英国	56.444	4	0	7	5	8	3	9
	日本	53.140	5	0	5	1	4	14	13
	加拿大	52.806	6	2	2	8	10	1	11
	澳大利亚	50.521	7	0	6	9	9	2	7
	法国	49.992	8	-2	8	4	7	10	8
	意大利	42.716	10	0	12	7	5	12	4
发展中国家	中国	47.509	9	0	9	10	2	13	12
	俄罗斯	41.670	11	0	10	12	11	5	2
	墨西哥	30.456	12	0	13	13	14	6	6
	土耳其	26.679	13	0	15	11	13	11	5
	南非	23.401	14	0	11	14	15	15	10
	巴西	14.126	15	0	14	15	12	8	14

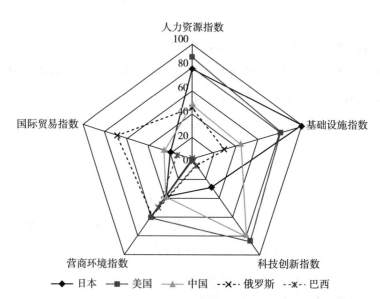

图31　2019年财政潜力指数内部结构的国际比较

如图 32 所示，2010~2019 年中国的财政潜力指数内部二级指标的得
分水平及变化趋势差别较大，基础设施指数、科技创新指数得分提升比
较明显；人力资源指数除了在 2011~2013 年有较大起伏外，2013~2019
年的得分集中在 40~50，呈现较为平稳的趋势；营商环境指数总体呈现
先降后升的趋势，在 2010~2016 年营商环境指数得分波动中下降，在
2016~2019 年营商环境指数小幅度回升；国际贸易指数得分在 2010~
2019 年则表现为下降的趋势，尤其 2018 年下降幅度较大。

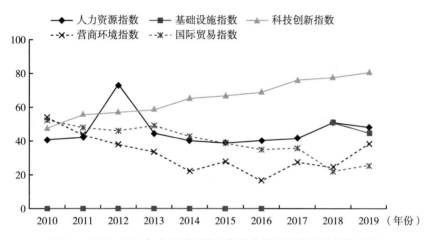

图 32　2010~2019 年中国财政潜力指数内部结构得分的趋势分析

注：2016 年及以前基础设施指数采用机场密度、互联网覆盖率两个指标等权加总而计
算的得分，2017 年开始该数据不再更新，2018 年及以后采用《全球竞争力报告》中的基础
设施总分，《全球竞争力报告》自 2018 年起出版，故 2017 年基础设施指数数据缺失。

（二）财政潜力指数的二级指标——人力资源指数

1. 人力资源指数历年趋势的国际比较分析

人力资源指数反映了一国的人力资源水平，由居民教育水平和研发人力
水平两个指标等权加总而得出。表 19 给出了 15 个国家人力资源指数 2015~
2019 年的得分和排名，图 33 描绘了重点国家 2015~2019 年人力资源指数得
分的变化趋势。

表 19 2015~2019 年人力资源指数得分和排名的国际比较

国家		2015 年		2016 年		2017 年		2018 年		2019 年	
		指数值	排名	指数值	排名	指数值	排名	指数值	排名	指数值	排名
发达国家	美国	98.214	1	99.123	1	95.082	1	82.353	2	89.063	1
	加拿大	73.511	7	71.973	7	64.819	7	76.471	4	87.500	2
	韩国	80.727	3	82.758	3	81.887	3	88.235	1	85.156	3
	德国	80.561	4	80.784	5	81.222	4	80.502	3	80.523	4
	日本	74.477	6	82.239	4	76.795	5	74.418	6	78.879	5
	澳大利亚	98.214	1	98.246	2	86.066	2	75.000	5	78.125	6
	英国	76.037	5	76.505	6	70.975	6	64.686	7	63.512	7
	法国	58.239	9	62.080	8	58.539	8	53.335	8	52.127	8
	意大利	34.398	11	40.873	10	35.132	11	19.853	12	19.531	12
发展中国家	中国	38.808	10	40.274	11	41.478	10	50.904	9	48.087	9
	俄罗斯	63.683	8	60.894	9	54.964	9	44.236	10	45.482	10
	南非	22.219	12	24.355	12	21.311	12	39.706	11	39.063	11
	墨西哥	8.929	13	8.772	14	15.574	13	16.176	13	14.063	13
	巴西	3.571	15	3.509	15	0.000	15	0.000	15	1.562	14
	土耳其	6.981	14	8.876	13	11.008	14	16.176	13	0.000	15

注：澳大利亚、墨西哥、巴西人力资源指数的三级指标研发人力水平的相关数据缺失。

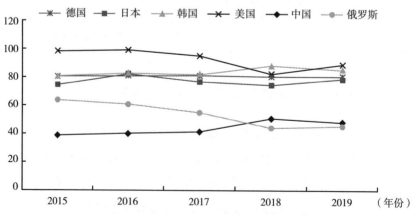

图 33 2015~2019 年人力资源指数得分的国际比较

15 个国家 2015~2019 年人力资源指数的发展趋势为：加拿大和南非表现为向好的趋势，澳大利亚和俄罗斯呈现下滑的趋势。就 2019 年人力资源指数的得分来看，发达国家中除了意大利（排名第 12），发展中国家中除了中国（排名第 9），发达国家的人力资源指数排名整体上要高于发展中国家。

就中国而言，中国的人力资源指数得分在 2015~2019 年整体呈现缓慢上升的趋势，2016~2018 年逐渐上升，2019 年小幅下降；2019 年中国的人力资源指数在 15 个国家中排名第 9。

2. 人力资源指数内在结构的国际比较分析

人力资源指数下设居民教育水平和研发人力水平两个三级指标。居民教育水平为一国居民的平均受教育年限。研发人力水平为研发人员数量、每百万人中研发人员数量两个指标等权加总而计算的得分。

如图 34 所示，在八个重点国家之中，居民教育水平数值最高的国家是德国，其次是英国和日本，排在后面的国家是意大利和中国。研发人力水平数值最高的国家是韩国，其次是中国和日本，相对落后的国家是俄罗斯和意大利。

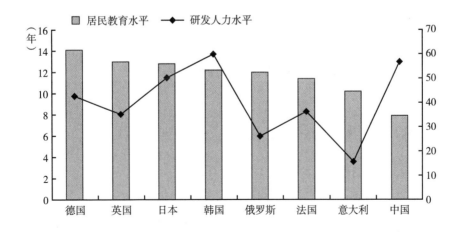

图 34　2019 年人力资源指数内部结构的国际比较

（三）财政潜力指数的二级指标——基础设施指数

由图 35 可以看出，发达国家的基础设施指数整体上高于发展中国家。在 15 个国家之中，日本的基础设施指数水平最高，其次为韩国和德国，墨西哥、南非、巴西的基础设施指数排在最后三位。其中，日本、韩国和德国的基础设施指数得分均在 90 以上，南非和巴西的基础设施指数得分不到 70。中国的基础设施指数得分为 77.90，排名位居第 10，高于其他发展中国家但低于发达国家。

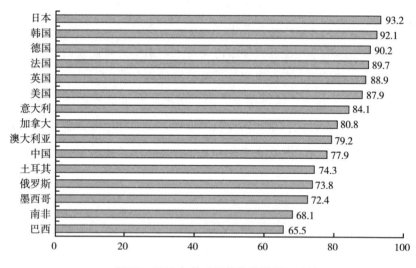

图 35　2019 年基础设施指数的国际比较

（四）财政潜力指数的二级指标——科技创新指数

1. 科技创新指数历年趋势的国际比较分析

科技创新指数反映了一国的科技创新水平，由研发投入水平、科研机构水平、专利申请水平和学术成果水平四个指标等权加总得出。表 20 给出了 15 个国家科技创新指数在 2015~2019 年的得分和排名，图 36 呈现了重点国家 2015~2019 年科技创新指数得分的变化趋势。

表 20　2015~2019 年科技创新指数得分和排名的国际比较

国家		2015 年		2016 年		2017 年		2018 年		2019 年	
		指数值	排名	指数值	排名	指数值	排名	指数值	排名	指数值	排名
发达国家	美国	86.401	1	84.459	1	86.491	1	84.612	1	86.023	1
	德国	46.905	5	45.220	3	32.484	3	31.013	3	31.548	3
	日本	47.150	4	43.513	4	28.204	4	27.962	4	28.517	4
	意大利	50.470	3	37.737	7	27.930	5	25.708	5	27.631	5
	韩国	35.456	11	34.282	9	24.586	7	24.361	6	25.816	6
	法国	36.575	10	35.768	8	24.527	8	21.894	7	21.852	7
	英国	43.359	6	43.284	5	24.297	9	20.737	8	21.583	8
	澳大利亚	24.288	12	30.540	12	6.658	12	6.811	9	7.083	9
	加拿大	41.321	7	42.115	6	25.864	6	6.473	10	6.605	10
发展中国家	中国	66.747	2	68.800	2	76.070	2	77.480	2	80.510	2
	俄罗斯	8.776	14	10.112	14	5.340	14	5.810	11	5.574	11
	巴西	6.281	15	5.393	15	5.422	13	5.048	12	5.122	12
	土耳其	13.495	13	13.563	13	13.718	11	1.962	13	2.231	13
	墨西哥	38.227	9	31.480	11	0.592	15	0.651	14	0.651	14
	南非	38.341	8	32.775	10	24.011	10	0.000	15	0.000	15

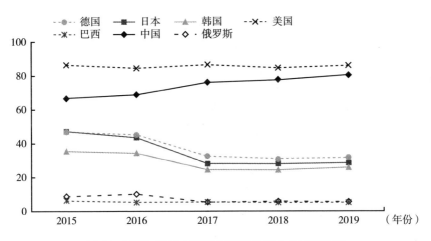

图 36　2015~2019 年科技创新指数得分的国际比较

表 20 显示 2015~2019 年 15 个国家的整体发展趋势为：美国和中国的科技创新指数得分不仅处于前列而且趋势平稳，韩国、法国、澳大利亚、俄

罗斯和巴西呈现向好趋势，英国、加拿大和南非呈现下滑趋势。就 2019 年排名来看，除中国的科技创新指数排名第 2 以外，发展中国家的科技创新指数得分均低于发达国家。

就中国而言，由图 36 可知，中国的科技创新指数得分近几年来仅次于美国，优于德国、日本、韩国、巴西和俄罗斯。中国的科技创新指数得分在 2015～2019 年整体呈现稳步上升趋势，但是德国、日本、韩国三个发达国家在 2015～2019 年呈现下降趋势，由此可见中国在科技创新水平上的发展势头良好。

2.科技创新指数内在结构的国际比较分析

科技创新指数下设研发投入水平、科研机构水平、专利申请水平和学术成果水平四个三级指标。由图 37 可以看出，在被比较国家之中，中国的专利申请水平明显优于其他国家，研发投入水平、学术成果水平和科研机构水平较美国还有所不足，但相比德日韩还是具有明显优势的，这也是中国的科技创新指数可以和美国相媲美的主要原因。

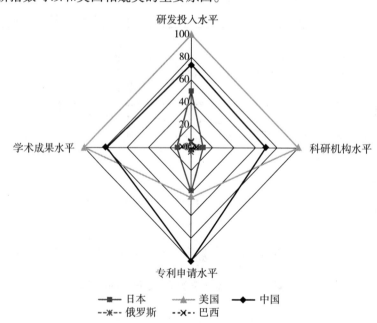

图 37　2019 年科技创新指数内部结构的国际比较

注：本图采用的是无量纲化之后各指标得分。

（五）财政潜力指数的二级指标——营商环境指数

1. 营商环境指数历年趋势的国际比较分析

营商环境指数反映了一国企业的营商环境水平，由营商环境水平和外商投资水平两个指标等权加总得出。表21给出了15个国家的营商环境指数2015~2019年的得分和排名，图38展示了重点国家2015~2019年营商环境指数得分的变化趋势。

表21　2015~2019年营商环境指数得分和排名的国际比较

国家		2015 年		2016 年		2017 年		2018 年		2019 年	
		指数值	排名	指数值	排名	指数值	排名	指数值	排名	指数值	排名
发达国家	加拿大	90.311	2	53.874	4	61.527	7	67.822	3	77.073	1
	澳大利亚	84.611	3	62.143	2	85.030	2	94.366	1	76.651	2
	英国	71.513	5	99.464	1	98.785	1	71.891	2	73.813	3
	美国	91.495	1	61.478	3	65.924	4	60.761	4	60.845	4
	韩国	53.405	9	51.355	5	62.281	5	55.687	7	54.739	7
	德国	56.668	8	42.993	7	62.249	6	60.293	5	49.790	9
	法国	61.532	6	39.531	9	46.846	9	48.993	8	48.987	10
	意大利	40.071	11	34.858	11	42.818	10	46.370	9	42.550	12
	日本	39.015	12	39.107	10	39.410	13	39.437	12	38.189	14
发展中国家	俄罗斯	37.606	13	46.610	6	54.710	8	43.470	11	58.450	5
	墨西哥	76.515	4	42.049	8	67.997	3	59.224	6	58.420	6
	巴西	45.803	10	14.109	15	42.232	11	33.489	13	50.000	8
	土耳其	59.526	7	30.614	12	39.585	12	43.498	10	44.006	11
	中国	27.841	15	16.349	14	27.484	14	24.266	15	38.531	13
	南非	31.185	14	20.890	13	22.603	15	31.381	14	29.912	15

由表21可知，2015~2019年15个国家营商环境指数的整体发展情况为：大多数国家的排名波动较大，英国和俄罗斯呈现波动向好的趋势，美国和法国呈现波动向差的趋势。就2019年排名来看，加拿大、澳大利亚和英国位居前三，南非、日本和中国排在最后三位。

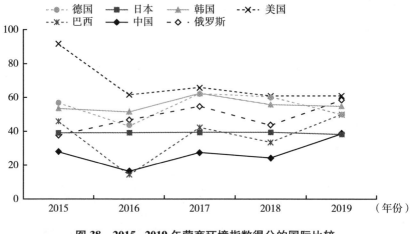

图38　2015~2019年营商环境指数得分的国际比较

由图38可知，在七个重点国家中，中国营商环境指数得分整体低于同时期的其他国家，其得分在2015~2019年整体呈现波动中上升的趋势，2016年和2018年出现小幅下降，2017年和2019年出现较大幅度的回升。这说明中国的营商环境虽然目前不够理想，但是近些年中国政府一直在为改进提升营商环境付出努力。

2.营商环境指数内在结构的国际比较分析

营商环境指数下设了营商环境水平和外商投资水平两个三级指标。营商环境水平来自于世界银行《全球营商环境报告》测算的综合得分，外商投资水平=外商直接投资金额/GDP×100%。

由图39可以看出，在被比较的七个国家之中，营商环境水平最高的国家是韩国，其次是美国，营商环境水平最低的国家是巴西。中国营商环境水平较其他国家而言偏低，可能的原因在于世界银行营商环境指标体系未考虑中国情境下市场经济制度多元化的环境特征，因此我们应该客观理性地看待世界银行《全球营商环境报告》对中国营商环境的评价打分。外商投资水平最高的国家是巴西，其次是俄罗斯，中国的外商投资水平数值处于居中位置。总体来看，中国的营商环境水平和外商投资水平都有待提高。

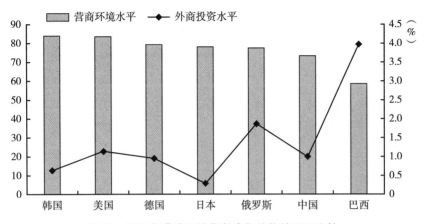

图 39　2019 年营商环境指数内部结构的国际比较

（六）财政潜力指数的二级指标——国际贸易指数

1. 国际贸易指数历年趋势的国际比较分析

国际贸易指数反映了一国的国际贸易发展水平，由国际贸易水平和国际贸易顺差两个指标等权加总得出。表 22 给出了 15 个国家的国际贸易指数 2015~2019 年的得分和排名，图 40 给出了 2015~2019 年发达国家和发展中国家均值以及中国国际贸易指数得分的发展趋势。

表 22　2015~2019 年国际贸易指数得分和排名的国际比较

国家		2015 年		2016 年		2017 年		2018 年		2019 年	
		指数值	排名	指数值	排名	指数值	排名	指数值	排名	指数值	排名
发达国家	德国	97.932	1	100.000	1	100.000	1	85.122	1	90.492	1
	韩国	88.509	2	87.182	2	81.093	2	70.668	2	67.125	3
	意大利	51.825	4	55.308	4	57.632	4	47.457	4	56.722	4
	澳大利亚	18.767	12	15.614	13	33.470	11	25.645	11	41.287	7
	法国	39.949	6	40.750	7	42.864	7	37.613	7	39.631	8
	英国	30.545	10	33.119	10	40.664	8	34.743	10	38.833	9
	加拿大	34.987	8	35.589	8	39.330	9	35.958	8	37.615	11
	日本	17.808	13	23.022	11	28.652	12	18.806	13	20.117	13
	美国	0.683	15	1.646	15	6.528	15	0.000	15	0.000	15

续表

国家		2015 年		2016 年		2017 年		2018 年		2019 年	
		指数值	排名	指数值	排名	指数值	排名	指数值	排名	指数值	排名
发展中国家	俄罗斯	68.894	3	57.403	3	59.647	3	69.772	3	68.881	2
	土耳其	24.282	11	22.428	12	24.987	13	39.021	6	55.387	5
	墨西哥	41.087	5	46.359	5	50.640	5	46.829	5	54.234	6
	南非	32.359	9	41.641	6	45.625	6	35.205	9	38.646	10
	中国	38.581	7	34.944	9	35.809	10	22.041	12	25.654	12
	巴西	7.921	14	15.383	14	20.430	14	13.888	14	13.947	14

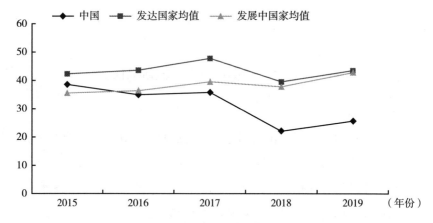

图 40　2015~2019 年国际贸易指数得分的国际比较

表 22 显示，2015~2019 年 15 个国家的发展趋势为：发达国家中，澳大利亚的国际贸易指数排名有所上升，加拿大的排名有所下降，其他发达国家的国际贸易指数则呈现小幅波动趋势；发展中国家中，土耳其的国际贸易指数排名呈现向好的趋势，中国呈现向差的趋势，其他国家均呈现小幅波动趋势。就 2019 年排名而言，发展中际国家中的俄罗斯、土耳其和墨西哥的国际贸易指数排名相对靠前，中国排名第 12，说明中国的国际贸易发展情况还有待改善。

图 40 显示，中国的国际贸易指数得分在 2015~2019 年整体呈现下降的趋势，尤其在 2018 年有较大幅度的下跌。2016~2019 年中国国际贸易指数

得分不仅低于发达国家均值，而且低于发展中国家均值。

2.国际贸易指数内在结构的国际比较分析

国际贸易指数下设国际贸易水平和国际贸易顺差两个三级指标。国际贸易水平的测算公式为进出口总额/GDP×100%；国际贸易顺差的测算公式为（出口总额-进口总额）/GDP×100%。

由图41可以看出，中国的国际贸易水平和国际贸易顺差都处在相对中间的位置。在七个国家之中，国际贸易水平最高的国家是德国，最低的国家是美国；国际贸易顺差最高的国家是俄罗斯，最低的国家是美国。

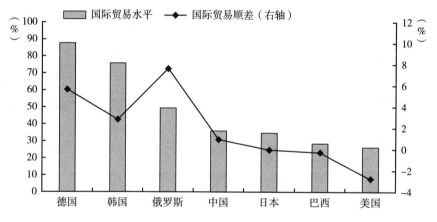

图41　2019年国际贸易指数内部结构的国际比较

七　小结

报告基于财政发展综合性指数的指标体系，通过搜集经济合作与发展组织（OECD）、世界银行（WB）、国际货币基金组织（IMF）等国际数据库的公开数据，计算得到包括中国在内的15个国家2010~2019年财政发展指数各级指标的得分及排名。在对各国财政发展综合性指数进行历年趋势及内在结构比较之后，归纳出有关中国财政发展综合性指数的结论如下。

第一，就总体而言，中国财政发展综合性指数总得分的排名在2015年之后在第 10~11 名波动，2019 年位于第 11。中国财政各方面发展比较均衡，就一级指标而言，2019 年中国财政运营指数与财政潜力指数排名居中，分别位居第 8 和第 9，财政稳定指数和财政均等指数排名在 2019 年分别位居第 11 和第 10。

第二，中国财政运营指数排名居中，得分呈现波动中略微下降的趋势。其主要原因在于虽然规模增长指数得分较高，但收入结构指数和支出结构指数均呈下降趋势，财政收支内部结构有待改善。在收入方面，税收集中度较低且呈现下降趋势；在支出方面，我国国家安全支出、民生性支出占总支出的比重与发达国家相比，还处于较低水平。

第三，中国财政稳定指数排名靠后，得分呈现下降的趋势。其中主要原因为财政赤字指数和债务风险指数得分均较低，而且国际可比口径的财政赤字率水平越来越高（虽然财政决算报告中公布的官方口径赤字率水平基本维持在 2%~3%）。财政稳定指数得分及排名下降，这与中国经济面临三期叠加困境以及中美贸易摩擦有一定关系。

第四，中国财政均等指数排名较靠后，不过指数得分呈现波动中逐渐上升的趋势，排名从 2010 年第 13 位进步到 2019 年第 10 位。下设二级指标中，医疗均等指数得分从 2015 年的 38.28 增加到 2019 年的 51.44，排名从第 9 位进步到第 8 位。教育均等指数排名从 2015 年的第 10 位，退步到 2019 年的第 12 位。教育均等指数排名靠后的主要原因是相比其他 14 国，中国的高中教育普及率较低。因此，建议中国政府加大高中教育投入，扩大招生规模，丰富高中及以上的学位资源。

第五，中国财政潜力指数排名居中，而且指数的整体发展趋势向好。财政潜力指数得分从 2015 年的 34.40 增加到 2019 年的 47.51，排名也从第 12 位进步到第 9 位，2017 年排名最好，达到第 7 位。下设二级指标中，2019 年科技创新指数排在第 2 位，这说明中国的科技创新能力越来越强，正在向一个创新型国家迈进。不过也要看到，中国营商环境指数排名较靠后，推测其原因可能在于世界银行营商环境指标体系未考虑中国情境下市场经济制度多元化的环境特征。中国国际贸易指数得分较低，其原因在于虽然中国国际贸易总额和顺差额位居世界前列，但是二者占GDP 的比值并不高。

参考文献

［1］ 中国财政部网站，http：//www. mof. gov. cn/index. htm。

［2］ IMF，"General government statistics"，Available at http：//data. imf. org/？sk = A0867067-D23C-4EBC-AD23-D3B015045405&sId = 1544448210372.

［3］ OECD，"IEA electricity information statistics"，Available at https：//www. oecd-ilibrary. org/energy/data/iea-electricity-information-statistics_ elect-data-en.

［4］ OECD，"OECD statistics"，Available at https：//stats. oecd. org/.

［5］ United Nations Development Programme，"Human development report"，Available at http：//hdr. undp. org/.

［6］ WHO，"Population using safely managed sanitation services"，Available at https：// apps. who. int/gho/data/node. imr. wsh_ sanitation_ basic？lang=en.

［7］ Wind，Available at https：//www. wind. com. cn/.

［8］ World Bank，"Doing business"，Available at https：//chinese. doingbusiness. org/.

［9］ World Bank，"World development indicators"，Available at https：//datacatalog. worldbank. org/dataset/world-development-indicators.

［10］ World Bank，"Education statistics - all indicators"，Available at https：// databank. worldbank. org/source/education-statistics-%5e-all-indicators/preview/ on#.

［11］ World Bank，"The worldwide governance indicators"，Available at http：//info. worldbank. org/governance/wgi/.

［12］ World Economic Forum，"The global competitiveness report"，Available at https：//www. weforum. org/reports/how-to-end-a-decade-of-lost-productivity-growth.

附表1 财政发展综合性指数各级指标的权重设定

总指数	一级指标	权重	二级指标	权重	三级指标	权重
财政发展指数	财政运营指数	25%	收入结构指数	33%	税收集中度	50%
					债务依赖度	50%
			支出结构指数	33%	国家安全支出	33%
					民生性支出	33%
					经济性支出	33%
			规模增长指数	33%	收入增长率	50%
					支出增长率	50%
	财政稳定指数	25%	财政赤字指数	50%	财政赤字率	50%
					财政赤字率波动	50%
			债务风险指数	50%	短期偿债能力	50%
					债务增长空间	50%
	财政均等指数	25%	教育均等指数	50%	高中教育普及度	50%
					公立学校师生比	50%
			医疗均等指数	50%	公立医院数	50%
					公立医疗床位数	50%
	财政潜力指数	25%	人力资源指数	20%	居民教育水平	50%
					研发人力水平	50%
			基础设施指数	20%	基础设施水平	100%
			科技创新指数	20%	研发投入水平	25%
					科研机构水平	25%
					专利申请水平	25%
			营商环境指数	20%	学术成果水平	25%
					营商环境水平	50%
			国际贸易指数	20%	外商投资水平	50%
					国际贸易水平	50%
					国际贸易顺差	50%

注：本报告在指数测算时采用的是等权法。

B.4
财政发展独立性指数的国际比较

宁　静　林光彬*

摘　要： 报告基于财政发展独立性指数的指标体系，结合当前财政领域热点问题，构造多个具有代表性的独立性指标，对世界主要的 15 个国家开展比较研究。通过 15 个国家比较分析后发现：中国的小口径宏观税负水平较低且逐年下降，不过中国中口径和大口径下的宏观税负水平相对而言较高；中国的财政恩格尔系数、民生支出密度处于较低水平；中国财政赤字风险不容小觑，财政自给率水平相比于其他国家较低；中国政府负债水平和债务成本较低，不过应警惕地方政府城投债较高、流动性金融资产较少和债务成本上升的风险。

关键词： 财政发展　独立性指数　国际比较

针对当前财政领域热点问题，本报告设置了独立性指数以更好比较各国财政发展现状。独立性指数具有独特的现实表征意义，单独比较分析能更为直观地反映财政问题，加上一些指标不能确定其正负方向或与其他指标有共线性问题，因此在财政发展指数国际指标体系中引入独立性指数十分具有必要性。参照综合性指数一级指标的分类，本报告对独立性指数进行相应的类别划分，分别从财政运营方面和财政稳定方面选取一些重点指标进行国别比

* 宁静，经济学博士，副研究员，硕士生导师，中央财经大学财经研究院财政指数研究中心主任，北京财经研究基地研究人员，研究方向为地方财政、财政分权等；林光彬，经济学博士，教授，博士生导师，中央财经大学财经研究院院长，北京财经研究基地首席专家，研究方向为政治经济学、财政学理论、国家理论与市场理论、中国经济。

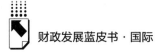

较分析研究（见图1）①。不同于综合性指数的是，不需要对独立性指数进行无量纲化和赋权加总计算得分，而是直接使用独立性指标的数值绘制图表来进行国别比较分析。

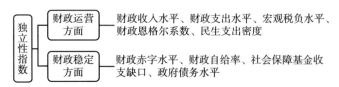

图1　财政发展独立性指数国际指标体系的框架

报告主要内容安排如下：首先，从财政运营、财政稳定两个方面分别构造多个具有代表性的独立性指标，开展15个国家的比较分析研究；其次，结合前文绘图比较分析，对独立性指数国别比较发现的主要结论进行归纳总结。

一　财政运营方面的独立性指标

（一）财政收入水平

中口径下的绝对财政收入水平为财政总收入扣除社会保障基金收入②；大口径下的绝对财政收入水平为财政总收入。中口径下人均财政收入水平的公式为（财政总收入-社会保障基金收入）/总人口；大口径下人均财政收入水平的公式为财政总收入/总人口。

如表1所示，中口径下，中国2019年的绝对财政收入水平最高，为66268.21亿美元；美国第二，为53321.91亿美元；俄罗斯第三，为14340.14

---

① 财政均等化和财政治理也是当前财政热点问题，但由于缺乏各国地方政府相关数据，因此无法构造财政均等和财政治理方面的独立性指标来进行国别比较分析。

② 其他国家中口径的绝对财政收入水平指标为"财政总收入-社会保障基金收入"，大口径指标为"财政总收入"。中国中口径的绝对财政收入水平为一般公共预算、政府性基金预算、国有资本经营预算这3本预算收入之和；大口径指标为一般公共预算、政府性基金预算、国有资本经营预算和社会保障基金预算这4本预算收入之和。

亿美元。2018~2019 年绝对财政收入水平增速最快的三个国家为俄罗斯、法国和中国，增速分别为 8.90%、7.21%、7.10%。2015~2019 年各国的绝对财政收入水平增长率平均值均为正，其中韩国最高，为 5.03%；法国第二，为 4.50%；加拿大第三，为 4.15%。

表 1　2015~2019 年中口径下财政收入及人均财政收入水平的国际比较

国家		财政收入水平						
		2015 年 (亿美元)	2016 年 (亿美元)	2017 年 (亿美元)	2018 年 (亿美元)	2019 年 (亿美元)	2019 年 增长率(%)	2015~2019 年 增长率平均值 (%)
发达 国家	加拿大	5736.19	6089.93	6461.48	6956.57	7170.07	3.07	4.15
	法国	9347.53	9830.25	10386.15	11067.12	11865.49	7.21	4.50
	德国	11099.70	11991.08	12562.96	13319.77	13640.67	2.41	3.98
	意大利	7737.29	8149.00	8396.09	8590.48	8987.89	4.63	2.76
	日本	11703.90	11364.14	11633.69	12001.64	11872.73	-1.07	1.36
	韩国	4628.79	5020.91	5305.96	5713.60	5771.89	1.02	5.03
	英国	8394.10	8874.59	9384.33	9731.48	9925.52	1.99	3.53
	美国	48632.81	49143.28	52806.54	51460.43	53321.91	3.62	2.35
发展中 国家	巴西	8911.28	8863.01	8686.25	9337.18	9978.73	6.87	2.08
	中国	50922.86	52339.20	56553.16	61876.24	66268.21	7.10	4.13
	土耳其	4976.71	5214.73	5374.30	5537.97	5327.62	-3.80	2.54
	墨西哥	4741.36	5256.00	5383.63	5271.66	5373.75	1.94	1.99
	俄罗斯	10876.23	10039.77	10954.45	13167.70	14340.14	8.90	3.16
	南非	2583.92	2604.35	2646.11	2750.77	2908.58	5.74	2.61
国家		人均财政收入水平						
		2015 年 (美元/人)	2016 年 (美元/人)	2017 年 (美元/人)	2018 年 (美元/人)	2019 年 (美元/人)	2019 年 增长率(%)	2015~2019 年 增长率平均值 (%)
发达 国家	加拿大	16066.46	16865.18	17680.75	18768.48	19072.70	1.62	3.75
	法国	14046.24	14732.69	15520.71	16493.00	17644.13	6.98	5.10
	德国	13588.15	14561.35	15198.91	16066.16	16416.15	2.18	4.24
	意大利	12740.35	13441.09	13869.42	14217.53	15047.76	5.84	3.68
	日本	9205.45	8948.53	9175.86	9485.28	9403.03	-0.87	1.79
	韩国	9073.41	9803.06	10330.54	11071.44	11162.24	0.82	5.64
	英国	12890.95	13525.95	14206.01	14642.53	14850.49	1.42	3.53
	美国	15162.74	15211.26	16242.06	15744.93	16240.34	3.15	2.19

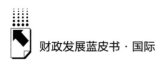

续表

国家		人均财政收入水平						
		2015 年 (美元/人)	2016 年 (美元/人)	2017 年 (美元/人)	2018 年 (美元/人)	2019 年 (美元/人)	2019 年 增长率(%)	2015~2019 年 增长率平均值 (%)
发展中 国家	巴西	4358.20	4299.03	4179.42	4457.54	4728.15	6.07	1.68
	中国	3713.69	3796.37	4079.15	4442.80	4741.18	6.72	4.45
	土耳其	6337.38	6532.47	6625.42	6725.72	6385.77	−5.05	1.47
	墨西哥	3890.88	4261.62	4314.59	4177.53	4212.21	0.83	1.20
	俄罗斯	7547.86	6955.52	7581.10	9113.99	9930.42	8.96	3.72
	南非	4665.26	4633.45	4641.50	4759.73	4966.99	4.35	1.68

注：①由于澳大利亚社会保障缴费收入数据缺失，因而无法测算其中口径财政收入，故表中未显示澳大利亚的数据情况。②2015~2019 年增长率平均值＝（2015 年增长率+2016 年增长率+……+2019 年增长率）/5，下文此类数据计算方式类同。

资料来源：IMF 数据库、OECD 数据库、WB 数据库、2015~2020 年《中国统计年鉴》、2015~2020 年中央和地方预算执行情况及中央和地方预算草案的报告。

在人均财政收入方面，2019 年加拿大的人均财政收入水平最高，为19072.70 美元/人，其次为法国，为 17644.13 美元/人，再次为德国，为16416.15 美元/人。2018~2019 年人均财政收入增速最快的三个国家分别为俄罗斯、法国和中国，增速分别为 8.96%、6.98%、6.72%。2015~2019 年各国的人均财政收入水平增长率平均值均为正，其中韩国最高，为 5.64%；法国第二，为 5.10%；中国第三，为 4.45%。可见中国由于人口众多，中口径人均财政收入水平虽然在这些国家中排名靠后，但其增长速度较快。

如表 2 所示，大口径下，中国 2019 年的绝对财政收入水平最高，为80871.60 亿美元，美国第二，为 67561.67 亿美元，德国第三，为 21686.28亿美元。2018~2019 年绝对财政收入水平增长率最高的三个国家均为新兴经济体，分别是俄罗斯、中国和巴西，其中中国的增长率为 7.70%。2015~2019 年增长率平均值最高的三个国家分别为韩国、中国和德国，其中中国的增长率平均值为 6.10%。

表 2　2015~2019 年大口径下财政收入及人均财政收入水平的国际比较

国家		财政收入水平						
		2015 年（亿美元）	2016 年（亿美元）	2017 年（亿美元）	2018 年（亿美元）	2019 年（亿美元）	2019 年增长率(%)	2015~2019 年增长率平均值(%)
发达国家	澳大利亚	3951.07	4256.71	4455.84	4775.65	4652.20	-2.59	3.93
	加拿大	6502.33	6898.81	7266.16	7807.94	8050.63	3.11	4.79
	法国	14454.90	15193.68	15972.53	16691.43	17447.63	4.53	4.23
	德国	17540.40	18957.39	19940.77	21092.29	21686.28	2.82	4.90
	意大利	10703.74	11298.36	11665.64	12038.78	12611.19	4.75	3.66
	日本	18186.83	17917.15	18389.21	19041.36	19047.21	0.03	2.00
	韩国	6106.01	6588.69	6932.07	7492.62	7701.72	2.79	6.33
	英国	10458.75	11082.25	11737.07	12167.78	12573.31	3.33	4.65
	美国	60732.96	61589.53	65843.28	65116.40	67561.67	3.76	3.10
发展中国家	巴西	12164.24	12053.09	12011.85	12742.90	13534.79	6.21	2.04
	中国	59826.21	61657.25	66858.52	75088.89	80871.60	7.70	6.10
	土耳其	6518.88	6883.90	7059.46	7319.25	7061.13	-3.53	3.45
	墨西哥	5136.88	5669.76	5804.49	5714.90	5847.09	2.31	2.55
	俄罗斯	13203.05	12886.54	13634.08	16211.88	17515.19	8.04	3.93
	南非	2625.58	2648.37	2686.64	2795.03	2946.69	5.43	3.04

国家		人均财政收入水平						
		2015 年（美元/人）	2016 年（美元/人）	2017 年（美元/人）	2018 年（美元/人）	2019 年（美元/人）	2019 年增长率(%)	2015~2019 年增长率平均值(%)
发达国家	澳大利亚	16590.00	17596.34	18111.80	19115.85	18340.47	-4.06	2.33
	加拿大	18212.32	19105.25	19882.63	21065.43	21415.02	1.66	3.56
	法国	21720.92	22770.90	23868.80	24874.74	25944.84	4.30	3.93
	德国	21472.79	23020.88	24124.73	25441.28	26098.82	2.58	4.36
	意大利	17624.96	18635.71	19270.37	19924.58	21113.98	5.97	4.03
	日本	14304.46	14108.60	14504.16	15049.00	15085.12	0.24	2.16
	韩国	11969.05	12864.07	13496.52	14518.72	14894.32	2.59	5.93
	英国	16061.67	16890.69	17767.59	18308.34	18812.09	2.75	3.94
	美国	18935.32	19063.73	20251.86	19923.13	20577.37	3.28	2.46
发展中国家	巴西	5949.11	5846.39	5779.55	6083.42	6413.09	5.42	1.23
	中国	4362.99	4472.24	4822.47	5391.49	5785.99	7.32	5.58
	土耳其	8301.20	8623.43	8702.87	8889.05	8463.58	-4.79	1.86
	墨西哥	4215.46	4597.10	4651.88	4528.77	4583.24	1.20	1.36
	俄罗斯	9162.62	8927.76	9435.56	11221.01	12129.11	8.09	3.85
	南非	4740.47	4711.76	4712.59	4836.31	5032.06	4.05	1.59

资料来源：IMF 数据库、OECD 数据库、WB 数据库、2015~2020 年中央和地方预算执行情况及中央和地方预算草案的报告、2015~2020 年《中国统计年鉴》。

在人均财政收入方面，2019年德国的人均财政收入水平最高，为26098.82美元/人，其次为法国，为25944.84美元/人，再次为加拿大，为21415.02美元/人。2018~2019年人均财政收入增速最快的三个国家为俄罗斯、中国和意大利，其中中国增速为7.32%。2015~2019年平均增速[①]最快的三个国家分别为韩国、中国和德国，其中中国平均增速为5.58%。可见虽然中国大口径人均财政收入水平在15个国家中排名靠后，但其增长速度较快。

如图2所示，两种口径下发达国家的人均财政收入水平处于领跑位置，远超中国和发展中国家均值。中国人均财政收入水平略低于发展中国家均值，前者数值大约为发达国家人均财政收入水平的1/3。从增速角度来看，中国2015年以后人均财政收入水平的增长速度明显加快，快于发达国家和发展中国家。2019年中国人均财政收入增长率，在中口径下为6.72%，在大口径下为7.32%，明显高于同期大多数国家的人均财政收入的增长速度。

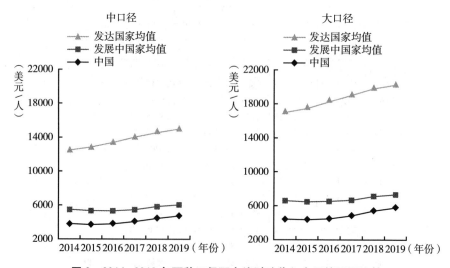

图2　2014~2019年两种口径下人均财政收入水平的国际比较

---

① 即增长率平均值。

（二）财政支出水平

中口径下的绝对财政支出水平为财政总支出扣除社会保障基金支出①；大口径下的绝对财政支出水平为财政总支出。中口径下的人均财政支出水平为（财政总支出-社会保障基金支出）/总人口；大口径下的人均财政支出水平为财政总支出/总人口。

如表3所示，中口径下，中国2019年的绝对财政支出水平最高，为79021.89亿美元，美国第二，为50732.10亿美元，俄罗斯第三，为11423.31

表3 2015~2019年中口径下财政支出及人均财政支出水平的国际比较

国家		财政支出水平						
		2015年（亿美元）	2016年（亿美元）	2017年（亿美元）	2018年（亿美元）	2019年（亿美元）	2019年增长率（%）	2015~2019年增长率平均值（%）
发达国家	澳大利亚	2992.24	3176.93	3326.97	3521.96	4145.88	17.72	7.40
	加拿大	4969.02	5293.87	5523.87	5903.99	6034.16	2.20	4.30
	法国	8401.55	8804.84	9197.75	9459.55	10030.02	6.03	3.89
	德国	7889.83	8448.48	8807.08	9319.47	9580.85	2.80	4.02
	意大利	6173.94	6444.41	6671.77	6804.50	6942.97	2.04	2.40
	日本	9100.80	8864.18	8907.05	9035.73	9257.36	2.45	0.29
	韩国	4710.33	4872.39	5004.37	5227.32	5702.64	9.09	5.39
	英国	7845.92	8073.27	8441.63	8744.35	9091.95	3.98	3.25
	美国	42549.54	44244.78	45955.11	48485.99	50732.10	4.63	3.84
发展中国家	巴西	10131.23	9337.42	9059.37	9455.75	9293.61	-1.71	-0.04
	中国	56891.61	59381.75	63588.24	71801.53	79021.89	10.06	7.74
	土耳其	4229.70	4678.17	5134.40	5320.71	5205.11	-2.17	5.90
	墨西哥	5325.37	5321.96	5374.97	5885.81	5655.77	-3.91	1.92
	俄罗斯	9075.79	8968.06	9276.53	9789.03	11423.31	16.70	2.29
	南非	3805.97	2581.90	2711.11	2858.87	2972.28	3.97	-2.76

---

① 其他国家中口径的绝对财政支出水平指标为"财政总支出-社会保障基金支出"，大口径指标为"财政总支出"。中国中口径的绝对财政支出水平为一般公共预算、政府性基金预算、国有资本经营预算这3本预算支出之和；大口径指标为一般公共预算、政府性基金预算、国有资本经营预算和社会保障基金预算这4本预算支出之和。

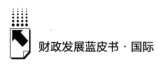

国家		人均财政支出水平						
		2015 年 (美元/人)	2016 年 (美元/人)	2017 年 (美元/人)	2018 年 (美元/人)	2019 年 (美元/人)	2019 年 增长率(%)	2015~2019 年 增长率平均值 (%)
发达 国家	澳大利亚	12564.00	13132.76	13523.23	14097.61	16344.42	15.94	5.75
	加拿大	13917.70	14660.61	15115.13	15928.66	16051.12	0.77	3.08
	法国	12624.74	13195.89	13744.80	14097.29	14914.77	5.80	3.60
	德国	9658.66	10259.39	10654.97	11241.04	11530.27	2.57	3.49
	意大利	10166.11	10629.51	11021.03	11261.67	11624.11	3.22	2.76
	日本	7158.04	6979.97	7025.28	7141.23	7331.70	2.67	0.45
	韩国	9233.24	9513.08	9743.34	10129.17	11028.31	8.88	5.00
	英国	12049.10	12304.64	12778.96	13157.25	13603.31	3.39	2.55
	美国	13266.10	13695.03	14134.72	14834.86	15451.56	4.16	3.21
发展中 国家	巴西	4954.83	4529.14	4358.95	4514.14	4403.52	-2.45	-0.83
	中国	4148.98	4307.19	4586.59	5155.45	5653.65	9.66	7.23
	土耳其	5386.14	5860.32	6329.67	6461.87	6238.92	-3.45	4.27
	墨西哥	4370.14	4315.10	4307.65	4664.22	4433.27	-4.95	0.74
	俄罗斯	6298.39	6213.05	6419.89	6775.45	7910.54	16.75	2.22
	南非	6871.66	4593.49	4755.52	4946.78	5075.77	2.61	-4.12

资料来源：IMF 数据库、OECD 数据库、WB 数据库、2015~2020 年中央和地方预算执行情况及中央和地方预算草案的报告。

亿美元。2018~2019 年绝对财政支出水平增速最快的三个国家为澳大利亚、俄罗斯和中国，其中中国的增速为 10.06%。2015~2019 年绝对财政支出水平平均增速最快的三个国家为中国、澳大利亚和土耳其，其中中国的增速为 7.74%。

在人均财政支出方面，2019 年澳大利亚的人均财政支出水平最高，为 16344.42 美元/人，其次为加拿大，为 16051.12 美元/人，再次为美国，为 15451.56 美元/人。2018~2019 年人均财政支出增速最快的三个国家为俄罗斯、澳大利亚和中国，中国的增速为 9.66%。2015~2019 年人均财政支出平均增速最快的三个国家为中国、澳大利亚和韩国，中国增速为 7.23%。

如表 4 所示，大口径下，2019 年中国的绝对财政支出水平最高，为 96842.41 亿美元，美国第二，为 81752.47 亿美元，德国第三，为 20979.77

表4　2015～2019年大口径下财政支出及人均财政支出水平的国际比较

国家		财政支出水平						
		2015年（亿美元）	2016年（亿美元）	2017年（亿美元）	2018年（亿美元）	2019年（亿美元）	2019年增长率(%)	2015～2019年增长率平均值(%)
发达国家	澳大利亚	4212.58	4457.62	4610.70	4848.87	5538.39	14.22	6.23
	加拿大	6512.19	6974.88	7285.97	7756.55	7947.97	2.47	4.61
	法国	15440.40	16235.43	16855.03	17407.50	18470.26	6.11	3.95
	德国	17166.83	18474.08	19344.68	20255.51	20979.77	3.58	4.48
	意大利	11275.67	11880.27	12274.43	12606.92	13028.53	3.34	3.10
	日本	20050.09	19707.07	19940.92	20308.19	20694.66	1.90	0.82
	韩国	5877.76	6140.90	6367.90	6829.38	7494.95	9.75	6.59
	英国	11718.49	12031.85	12468.62	12866.33	13327.91	3.59	3.01
	美国	69105.02	71625.11	74235.55	77943.14	81752.47	4.89	4.00
发展中国家	巴西	14822.51	14280.97	14545.31	14914.62	15128.14	1.43	1.47
	中国	67059.47	70392.21	75288.50	87074.87	96842.41	11.22	8.88
	土耳其	6418.45	7163.83	7689.79	7980.96	8079.37	1.23	6.40
	墨西哥	6289.37	6356.72	6421.69	7019.61	6974.56	−0.64	2.79
	俄罗斯	13952.99	13384.51	13946.81	14453.36	16244.39	12.39	1.62
	南非	4171.04	2954.91	3086.44	3306.39	3381.27	2.26	−2.18

国家		人均财政支出水平						
		2015年（美元/人）	2016年（美元/人）	2017年（美元/人）	2018年（美元/人）	2019年（美元/人）	2019年增长率(%)	2015～2019年增长率平均值(%)
发达国家	澳大利亚	17688.03	18426.83	18741.28	19408.93	21834.14	12.50	4.60
	加拿大	18239.95	19315.91	19936.82	20926.79	21141.93	1.03	3.38
	法国	23201.81	24332.18	25187.58	25941.87	27465.52	5.87	3.65
	德国	21015.48	22433.97	23403.56	24431.96	25248.55	3.34	3.94
	意大利	18566.71	19595.51	20276.02	20864.87	21812.71	4.54	3.47
	日本	15769.97	15518.05	15728.04	16050.21	16389.87	2.12	0.98
	韩国	11521.65	11989.77	12398.10	13233.54	14494.46	9.53	6.19
	英国	17996.26	18338.00	18875.02	19359.40	19941.12	3.00	2.31
	美国	21545.56	22170.03	22833.13	23847.62	24899.49	4.41	3.36
发展中国家	巴西	7249.17	6927.03	6998.53	7120.19	7168.05	0.67	0.66
	中国	4890.50	5105.82	5430.52	6252.10	6928.62	10.82	8.35
	土耳其	8173.31	8974.09	9479.94	9692.68	9684.06	−0.09	4.77
	墨西哥	5161.22	5154.09	5146.52	5562.70	5467.01	−1.72	1.60
	俄罗斯	9683.06	9272.75	9651.99	10003.86	11249.09	12.45	1.54
	南非	7530.81	5257.13	5413.88	5721.14	5774.20	0.93	−3.55

资料来源：IMF数据库、OECD数据库、WB数据库、2015～2020年中央和地方预算执行情况及中央和地方预算草案的报告。

亿美元。2018~2019 年绝对财政支出水平增速最快的三个国家为澳大利亚、俄罗斯和中国，中国的增速为 11.22%。2015~2019 年绝对财政支出水平平均增速最快的三个国家为中国、韩国和土耳其，中国的增速为 8.88%。

在人均财政支出方面，2019 年法国的人均财政支出水平最高，为 27465.52 美元/人，其次为德国，为 25248.55 美元/人，再次为美国，为 24899.49 美元/人。2018~2019 年人均财政支出增速最快的三个国家为澳大利亚、俄罗斯和中国，中国的增速为 10.82%。2015~2019 年人均财政支出水平平均增速最快的三个国家为中国、韩国和土耳其，中国的增速为 8.35%。由此可见，无论从中口径还是大口径来看，中国的人均财政支出水平在 15 个国家中排名靠后，但其增长速度很快。

如图 3 所示，两种口径下发达国家的人均财政支出水平远远高于发展中国家均值和中国。中国人均财政支出水平略低于发展中国家均值，前者数值大约为发达国家人均财政支出水平的 1/3。从增速角度来看，中国 2014~2019 年人均财政支出水平平稳增长，增长速度高于发展中国家平均增速水平。2019 年中国人均财政支出中口径下增长率为 9.66%，大口径下增长率达 10.82%，这一增速不仅高于同口径的人均财政收入增长

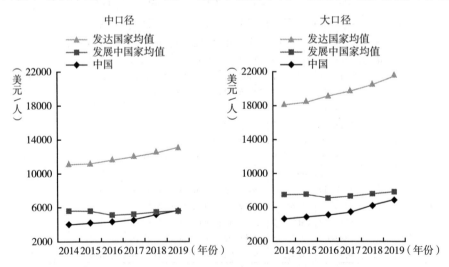

图 3 2014~2019 年两种口径下人均财政支出水平的国际比较

率，而且远远高于同期大部分发展中国家及大部分发达国家的增速。

如图 4 和图 5 所示，在中口径和大口径下，2019 年中国的人均财政支

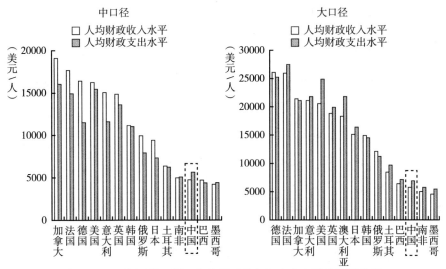

图 4　2019 年两种口径下人均财政收入和支出水平的国际比较

注：由于澳大利亚社会保障缴费收入数据缺失，因此无法测算其中口径财政收入，进而图中未显示澳大利亚的数据情况。

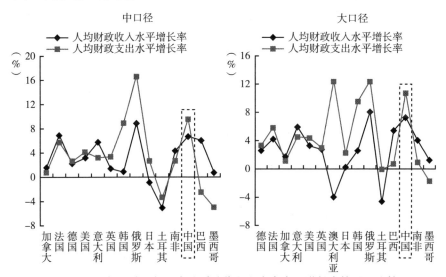

图 5　2019 年两种口径下人均财政收入和支出水平增长率的国际比较

注：由于澳大利亚社会保障缴费收入数据缺失，因此无法测算其中口径财政收入，进而图中未显示澳大利亚的数据情况。

出水平均高于人均财政收入水平，中国的人均财政出现赤字。此外，无论是在中口径下还是在大口径下，2019 年中国人均财政支出水平的增长率均高于人均财政收入水平的增长率。

（三）宏观税负水平

小口径下的宏观税负水平为税收收入/GDP×100%；中口径下的宏观税负水平为（财政总收入-社会保障基金收入）/GDP×100%；大口径下的宏观税负水平为财政总收入/GDP×100%。

如表 5 所示，小口径下，2019 年加拿大的宏观税负水平最高，为 30.89%，

表 5　2015~2019 年三类口径下宏观税负水平及其变化情况的国际比较

单位：%，个百分点

国家		宏观税负水平（小口径）						
		2015 年	2016 年	2017 年	2018 年	2019 年	2019 年增幅	2015~2019 年增幅平均值
发达国家	澳大利亚	28.08	27.95	28.58	28.66	27.08	-1.58	-0.09
	加拿大	28.58	28.96	29.02	29.94	30.89	0.94	0.74
	法国	29.03	29.03	29.66	30.31	30.70	0.39	0.36
	德国	23.30	23.58	23.66	23.98	24.26	0.28	0.25
	意大利	29.62	29.22	28.86	28.57	29.18	0.60	-0.14
	日本	18.59	18.26	18.72	18.94	18.62	-0.32	0.02
	韩国	17.56	18.42	18.97	19.69	19.86	0.17	0.51
	英国	26.34	26.69	26.88	27.07	26.67	-0.40	0.09
	美国	20.04	19.71	20.60	18.78	18.86	0.08	-0.18
发展中国家	巴西	22.99	23.06	23.13	23.67	24.37	0.70	0.32
	中国	18.13	17.47	17.35	17.01	15.95	-1.06	-0.51
	土耳其	18.53	18.66	18.15	17.70	17.39	-0.31	-0.22
	墨西哥	13.61	14.30	13.77	13.69	13.72	0.03	0.17
	俄罗斯	18.86	18.04	19.20	20.51	20.08	-0.43	-0.22
	南非	28.85	28.66	27.78	28.17	28.47	0.31	0.08

续表

国家		宏观税负水平（中口径）						
		2015 年	2016 年	2017 年	2018 年	2019 年	2019 年增幅	2015~2019 年增幅平均值
发达国家	加拿大	35.97	36.29	36.59	37.91	39.04	1.14	0.87
	法国	34.38	34.32	34.82	35.45	35.92	0.47	0.32
	德国	28.54	28.79	28.64	29.12	29.47	0.35	0.21
	意大利	34.53	33.66	33.36	33.07	33.91	0.83	-0.16
	日本	22.51	22.03	22.11	22.22	21.78	-0.44	-0.01
	韩国	23.94	24.77	25.22	25.56	25.81	0.25	0.35
	英国	30.04	30.30	30.63	30.81	30.25	-0.56	0.04
	美国	26.71	26.29	27.11	25.07	24.95	-0.12	-0.31
发展中国家	巴西	29.56	30.16	28.77	29.68	31.72	2.04	0.79
	中国	28.61	27.97	28.44	28.46	28.14	-0.32	-0.48
	土耳其	24.61	24.64	23.74	24.08	23.74	-0.34	-0.20
	墨西哥	21.26	22.05	21.88	20.56	20.40	-0.15	-0.34
	俄罗斯	30.84	28.37	28.77	31.27	33.47	2.21	0.16
	南非	37.17	36.80	36.54	36.81	38.18	1.37	0.33

国家		宏观税负水平（大口径）						
		2015 年	2016 年	2017 年	2018 年	2019 年	2019 年增幅	2015~2019 年增幅平均值
发达国家	澳大利亚	35.12	35.09	35.72	35.78	33.58	-2.20	-0.17
	加拿大	40.77	41.11	41.15	42.55	43.84	1.29	0.90
	法国	53.17	53.05	53.55	53.47	52.81	-0.65	-0.10
	德国	45.10	45.51	45.46	46.11	46.85	0.73	0.39
	意大利	47.76	46.67	46.34	46.35	47.57	1.22	-0.07
	日本	34.98	34.73	34.95	35.25	34.95	-0.31	0.13
	韩国	31.58	32.51	32.95	33.52	34.44	0.92	0.56
	英国	37.43	37.84	38.32	38.53	38.32	-0.21	0.20
	美国	33.36	32.94	33.80	31.72	31.61	-0.11	-0.30
发展中国家	巴西	40.35	41.01	39.79	40.50	43.02	2.52	0.91
	中国	33.62	32.95	33.62	34.54	34.34	-0.20	-0.19
	土耳其	32.23	32.53	31.18	31.83	31.47	-0.36	-0.14
	墨西哥	23.03	23.79	23.59	22.29	22.20	-0.09	-0.32
	俄罗斯	37.44	36.41	35.81	38.50	40.89	2.39	0.32
	南非	37.77	37.42	37.10	37.40	38.68	1.28	0.30

注：由于澳大利亚社会保障缴费收入数据缺失，因此无法测算其中口径宏观税负水平。

资料来源：IMF 数据库、OECD 数据库、2015~2020 年中央和地方预算执行情况及中央和地方预算草案的报告。

法国第二，为 30.70%，意大利第三，为 29.18%。中国宏观税负水平较低，仅为 15.95%。相比于 2018 年，2019 年宏观税负水平增幅最大的三个国家为加拿大、巴西和意大利，降幅最大的三个国家为澳大利亚、中国和俄罗斯，中国宏观税负水平降低了 1.06 个百分点。2015～2019 年宏观税负水平增幅平均值最大的三个国家为加拿大、韩国和法国，中国宏观税负水平年平均降低了 0.51 个百分点。

中口径下，2019 年加拿大的宏观税负水平最高，为 39.04%，南非第二，为 38.18%，法国第三，为 35.92%。中国宏观税负水平处于中间位置，为 28.14%。与 2018 年相比，2019 年宏观税负水平增幅最大的三个国家为俄罗斯、巴西和南非，降幅最大的三个国家为英国、日本和土耳其，中国降低了 0.32 个百分点。2015～2019 年宏观税负水平增幅平均值最大的三个国家为加拿大、巴西和韩国，中国宏观税负水平年平均降低了 0.48 个百分点。

大口径下，2019 年法国的宏观税负水平最高，为 52.81%，意大利第二，为 47.57%，德国第三，为 46.85%。中国宏观税负水平处于中下游位置，为 34.34%。与 2018 年相比，2019 年宏观税负水平增幅最大的三个国家为巴西、俄罗斯和加拿大，降幅最大的三个国家为澳大利亚、法国和土耳其，中国降低了 0.20 个百分点。2015～2019 年宏观税负水平增幅平均值最大的三个国家为巴西、加拿大和韩国，中国宏观税负水平年平均下降了 0.19 个百分点。

图 6 显示，在小口径下，2019 年中国的宏观税负水平较低，在 15 个国家中居于倒数第 2 的位置，而在中口径和大口径下，2019 年中国的宏观税负水平在这些国家中居于中下游的位置，均高于小口径下中国宏观税负水平的排名。这说明仅就税收收入占 GDP 的比重而言，中国的宏观税负水平与发达国家相比处于较低的水平；但如果将非税收入、政府性基金、国有资本经营收入、社会保险缴费等纳入宏观税负的考虑范畴，中国的宏观税负水平有较大幅度的提高。

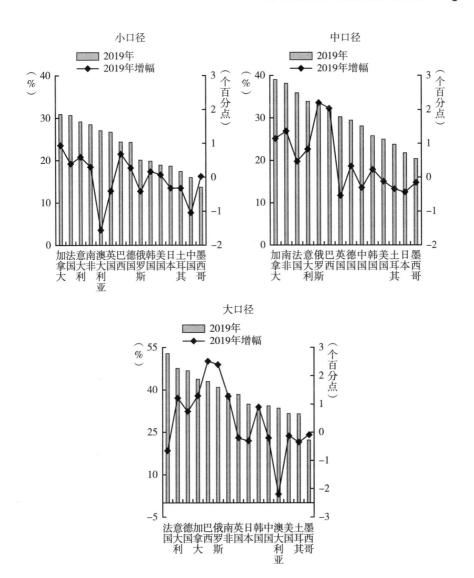

图6 2019年三种口径下宏观税负水平及其变化情况的国际比较

注：由于澳大利亚社会保障缴费收入数据缺失，因此无法测算其中口径宏观税负水平。

如图7所示，从七国宏观税负水平所处位置来看，小口径下，七国的宏观税负水平维持在10%~25%；中口径下，七国的宏观税负水平维持在20%~35%；大口径下，七国的宏观税负水平维持在20%~50%。

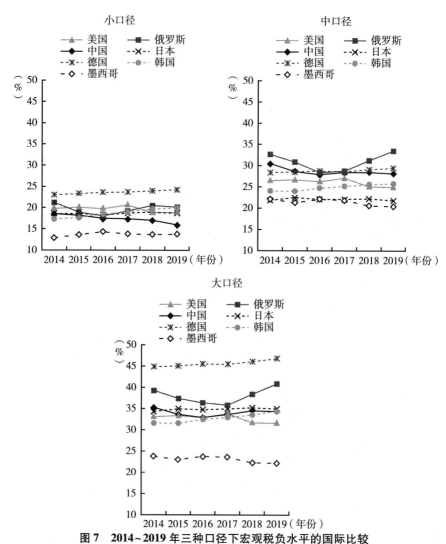

图7 2014~2019年三种口径下宏观税负水平的国际比较

　　从各国宏观税负水平变化趋势来看，小口径下，2014~2019年德国和韩国的宏观税负水平总体呈上升趋势，墨西哥宏观税负水平先上升后回落，俄罗斯宏观税负水平则先下降后回升，日本和美国的宏观税负水平呈现波动趋势，只有中国的小口径宏观税负水平呈下降趋势，这与中国近几年积极推进减税降费改革有密切关系。中口径下，2014~2019年韩国宏观税负水平呈缓慢上升趋势，德国、墨西哥、日本宏观税负水平变动不大，美国2014~2017年宏观税负水平较为稳定但在 2017~2019 年出现下降，俄罗斯宏观税负水平大幅下降后回升，中国 2014~2016 年宏观税负水平出现下降但在 2016~2019 年趋于平稳。大口径下，各国宏观税负水平变化趋势与中口径下类似。

如图 8 所示，在小口径和大口径下，宏观税负水平和人均 GDP 呈现正相关关系；而在中口径下，宏观税负水平和人均 GDP 的散点图拟合线显示，两者没有明显的相关关系。综合三幅图不难发现，人均 GDP 越高的国家，宏观税负水平也相对较高。

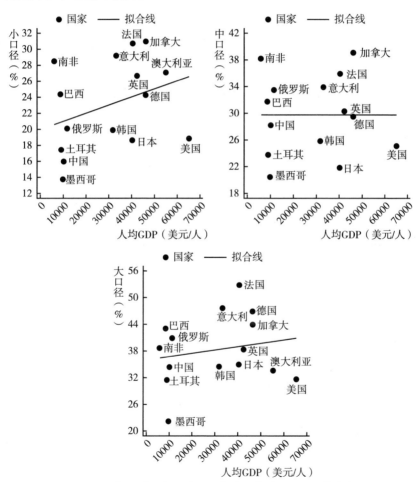

图 8　2019 年三种口径下宏观税负水平与人均 GDP 的散点图

注：由于澳大利亚社会保障缴费收入数据缺失，因此无法测算其中口径宏观税负水平。

（四）财政恩格尔系数

"财政恩格尔系数"是指财政刚性支出占财政总支出的比重，以衡量国家财政部门可以根据经济社会形势变化调整支出方向的自由度。根据已有文献对财政刚性支出的定义（Medina，2015；裴育，2010）以及 OECD 和 IMF 数据库对财政支出的功能性分类，我们将国防支出、安全稳定支出、教育支出、医疗支出、社会保障支出视作刚性支出，将它们的和作为分子，将全口径财政支出作为分母。

如表 6 和图 9 所示，发达国家的财政恩格尔系数值普遍大于发展中国家，2019 年位居前三的国家分别为英国、日本和德国，位居最后三名的国家为韩国、南非和中国。2015~2019 年中国财政恩格尔系数的数值约为 44.76%，与各国相比处于较低水平，排在末位。就增幅而言，2019 年土耳其财政恩格尔系数的增幅最高，其次为意大利和德国。2019 年仅德国、意大利、日本、英国、土耳其的增幅为正数，其他国家均为负增长，中国下降了 0.04 个百分点；2015~2019 年增幅平均值为负的国家有 4 个，其中增幅排名前三的国家为南非、俄罗斯和意大利，增幅排名末三的国家为澳大利亚、韩国和英国，中国 2015~2019 年增幅平均值为 0.19 个百分点。

表 6　2015~2019 年财政恩格尔系数及其变化情况的国际比较

单位：%，个百分点

国家		2015 年	2016 年	2017 年	2018 年	2019 年	2019 年增幅	2015~2019 年增幅平均值
发达国家	澳大利亚	68.93	69.00	68.39	68.02	63.02	-5.00	-1.16
	法国	72.63	73.11	73.08	72.98	72.94	-0.04	0.08
	德国	74.77	75.18	75.69	75.11	75.49	0.38	0.30
	意大利	70.28	70.88	71.12	71.26	71.88	0.62	0.48
	日本	74.77	75.00	75.54	75.51	75.57	0.06	0.25
	韩国	62.42	63.00	63.05	64.19	58.49	-5.70	-0.65
	英国	77.21	77.01	76.00	75.47	75.67	0.20	-0.19
	美国	74.71	74.23	74.04	73.73	73.67	-0.06	-0.06

续表

国家		2015 年	2016 年	2017 年	2018 年	2019 年	2019 年增幅	2015~2019 年增幅平均值
发展中国家	中国	44.33	45.42	44.78	44.66	44.63	-0.04	0.19
	土耳其	66.96	67.95	65.83	64.67	68.04	3.37	0.44
	俄罗斯	51.69	64.70	65.62	64.55	60.39	-4.17	0.74
	南非	39.55	48.92	55.25	58.79	57.47	-1.32	3.51

注：由于加拿大、巴西、墨西哥的财政刚性支出数据缺失，因而表中未显示这 3 国的财政恩格尔系数。

资料来源：IMF 数据库、OECD 数据库、2015~2020 年中央和地方预算执行情况及中央和地方预算草案的报告。

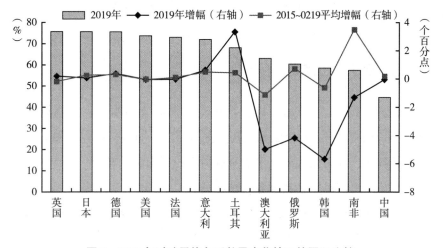

图 9　2019 年财政恩格尔系数及变化情况的国际比较

如图 10 所示，就财政恩格尔系数的发展趋势而言，发达国家与中国的财政恩格尔系数的数值波动较小，发展中国家的财政恩格尔系数均值在 2016 年出现明显上升，之后表现较为稳定。中国的财政恩格尔系数一直低于发展中国家与发达国家的均值。2019 年发达国家财政恩格尔系数均值约为中国财政恩格尔系数的 1.6 倍。这说明发达国家的财政部门不容易根据经济社会形势变化调整支出方向，而中国的财政部门更容易根据经济社会形势变化调整支出方向，进而更好地发挥财政职能。

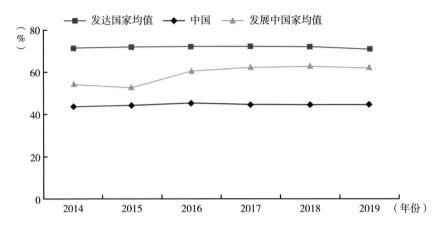

图10 2014~2019年财政恩格尔系数的国际比较

（五）民生支出密度

"民生支出密度"表示一国人均民生性财政支出水平，其测算公式为（教育支出+医疗支出+社会保障与就业支出+住房与社区支出）/总人口。该指标数值越大，说明该国人民平均享有财政投入保障的教育、医疗、社会保障、就业、住房等民生公共服务水平越高。

如表7所示，发达国家的民生支出密度普遍高于发展中国家，2019年位居前三的国家分别为法国、德国和美国，位居最后三名的国家为土耳其、中国和南非。中国2019年的民生支出密度为3181.55美元/人，与他国相比处于较低水平。就增长率而言，2019年仅韩国和南非的增长率为负数，其他国家均为正增长。2015~2019年所有国家均为正增长，其中增长率平均值排名前三的国家为中国、韩国和土耳其。中国虽然民生支出密度水平较低，但是2015~2019年的民生支出密度逐年提高，2015~2019年中国增长率平均值为9.13%，2019年增长率高达11.32%。

表7 2015～2019年民生支出密度及其变化的国际比较

单位：美元/人，%

国家		2015年	2016年	2017年	2018年	2019年	2019年增长率	2015～2019年增长率平均值
发达国家	澳大利亚	10799.00	11200.21	11254.55	11543.51	12016.84	4.10	2.34
	法国	15931.88	16764.58	17333.43	17840.96	18880.45	5.83	3.63
	德国	14701.80	15776.87	16571.40	17139.30	17811.32	3.92	4.34
	意大利	12110.84	12829.35	13313.26	13722.02	14509.90	5.74	4.11
	日本	11202.97	11089.21	11284.96	11501.20	11736.94	2.05	1.23
	韩国	6208.30	6526.28	6815.85	7376.90	7362.28	-0.20	5.28
	英国	12513.94	12746.02	12944.47	13197.48	13657.58	3.49	2.26
	美国	13378.79	13730.80	14136.27	14636.08	15207.50	3.90	3.39
发展中国家	中国	2228.58	2398.73	2505.07	2858.03	3181.55	11.32	9.13
	土耳其	4828.87	5416.02	5628.31	5426.87	5745.47	5.87	4.91
	俄罗斯	4112.15	5133.48	5452.73	5608.56	5950.39	6.09	4.59
	南非	2706.75	2342.23	2684.80	3047.66	3032.41	-0.50	3.22

注：由于加拿大、巴西、墨西哥的民生性财政支出数据缺失，因而表中未显示这3国的民生支出密度数据。

资料来源：IMF数据库、OECD数据库、WB数据库。

如图11所示，就民生支出密度水平而言，德国、美国、英国和日本这四个发达国家的民生支出密度远远高于俄罗斯、土耳其和中国这三个发展中国家。其中，2019年德国的民生支出密度高达17811.32美元/人，高于美国、英国和日本。而中国的民生支出密度水平最低，为3181.55美元/人，仅为德国的约1/6，土耳其和俄罗斯的民生支出密度基本接近，略高于中国。从各国民生支出密度变化趋势来看，2014～2019年美国、日本、德国、英国、中国和土耳其六国民生支出密度均呈现平稳上升趋势，德国的上升幅度略大于其他国家，而俄罗斯民生支出密度小幅下降后再逐年提升。

如图12所示，从增速来看，发达国家中的德国和美国2019年民生支出密度增长率与其2015～2019年增长率平均值大致相当，其余十国2019年民生支出密度增长率与其2015～2019年增长率平均值均存在差距。虽然中国的民生支出密度水平较低，但其增长速度非常快，无论是2019年的增长率

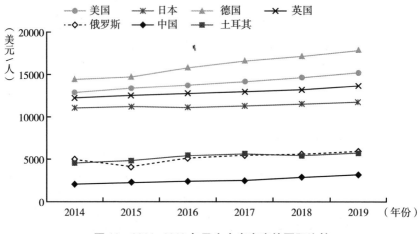

图 11 2014~2019 年民生支出密度的国际比较

还是 2015~2019 年的增长率平均值均居各国之首。2019 年中国民生支出密度增速高达 11.32%，2015 ~ 2019 年中国民生支出密度平均增速高达 9.13%，而同期发达国家的民生支出密度平均增速仅为 3% 左右。这一数据对比充分反映了近些年中国政府对民生领域公共服务的重视。

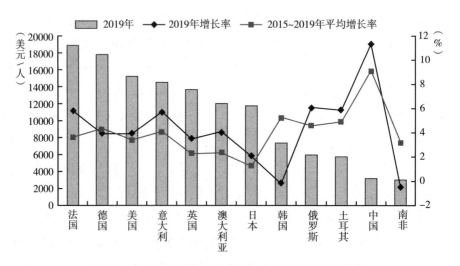

图 12 2019 年民生支出密度及其变化趋势的国际比较

二 财政稳定方面的独立性指标

（一）财政赤字水平

"财政赤字水平"采用了中期财政赤字、基本财政赤字、结构性财政赤字这三个指标，从不同维度刻画了一国政府的财政赤字水平。

1. 中期财政赤字

中期财政赤字=近3年财政赤字率的平均值，大、中口径下的中期财政赤字分别为近三年大、中口径下财政赤字率的平均值。大口径下财政赤字率的测度公式为（财政总支出-财政总收入）/GDP×100%。中口径下财政赤字率的测度公式为［（财政总支出-社会保障基金支出）-（财政总收入-社会保障基金收入）］/GDP×100%。

由表8可知，2019年中口径下只有中国、墨西哥和南非的中期财政赤字为正值，大口径下除了韩国、德国、加拿大和俄罗斯以外其他国家的中期财政赤字全为正值。由于中口径赤字与大口径赤字的差别在于社会保障收支，因此可以推测出世界上大多数国家的财政赤字仅仅来源于社会保障收支缺口。而中国财政赤字更主要的是来源于一般公共预算、政府性基金预算和国有资本经营预算这三本预算。

表8　2015~2019年两种口径下中期财政赤字的国际比较

单位：%，个百分点

| 国家 | | 中期财政赤字（中口径） | | | | | |
		2015 年	2016 年	2017 年	2018 年	2019 年	2019 年增幅
发达国家	加拿大	-4.13	-4.70	-4.95	-5.26	-5.74	-0.48
	法国	-3.19	-3.40	-3.68	-4.24	-4.90	-0.66
	德国	-7.72	-8.16	-8.44	-8.60	-8.69	-0.09
	意大利	-6.66	-6.90	-6.96	-6.92	-7.15	-0.22
	日本	-3.52	-4.51	-5.01	-5.17	-5.16	0.02
	韩国	0.39	0.04	-0.58	-1.45	-1.31	0.14
	英国	-1.53	-1.96	-2.59	-2.98	-2.91	0.07
	美国	-2.60	-2.84	-3.16	-2.53	-2.06	0.47

国家		中期财政赤字（中口径）					
		2015 年	2016 年	2017 年	2018 年	2019 年	2019 年增幅
发展中国家	巴西	1.67	2.44	2.30	1.08	-0.19	-1.26
	中国	2.03	2.82	3.55	3.96	4.51	0.55
	土耳其	-3.81	-3.28	-2.43	-1.51	-0.85	0.66
	墨西哥	2.16	1.53	0.95	0.88	1.14	0.26
	俄罗斯	-5.75	-4.36	-4.18	-5.15	-6.41	-1.26
	南非	17.81	11.45	6.05	0.68	1.06	0.38

国家		中期财政赤字（大口径）					
		2015 年	2016 年	2017 年	2018 年	2019 年	2019 年增幅
发达国家	澳大利亚	2.50	2.10	1.74	1.15	2.73	1.58
	加拿大	0.46	0.11	0.21	0.10	-0.24	-0.34
	法国	3.87	3.72	3.41	2.96	2.78	-0.18
	德国	-0.53	-0.90	-1.16	-1.45	-1.57	-0.12
	意大利	2.79	2.64	2.46	2.34	2.06	-0.28
	日本	5.35	4.07	3.33	2.92	2.77	-0.15
	韩国	-1.23	-1.53	-2.02	-2.62	-2.19	0.43
	英国	5.15	4.41	3.38	2.61	2.30	-0.31
	美国	5.20	5.05	4.76	5.31	5.73	0.42
发展中国家	巴西	5.82	7.38	8.26	7.63	6.79	-0.84
	中国	2.50	3.51	4.32	4.81	5.51	0.70
	土耳其	-0.31	0.20	1.20	2.33	3.40	1.07
	墨西哥	4.65	4.09	3.52	3.49	3.96	0.47
	俄罗斯	0.82	1.53	1.45	-0.65	-2.11	-1.46
	南非	22.24	15.96	10.69	5.57	6.02	0.46

注：由于澳大利亚社会保障缴费收入数据缺失，因此无法测算其中口径财政赤字。

资料来源：IMF 数据库、OECD 数据库、2015～2020 年中央和地方预算执行情况及中央和地方预算草案的报告。

　　从排名来看，2019 年中国中口径中期财政赤字水平最高，同发达国家相比，中国大口径中期财政赤字水平仅次于美国，说明从国际可比口径的角度来看，中国的财政赤字位于较高水平。这一结论与中国财政预决算报告中的官方发布赤字率有一定差距，建议未来中国政府采用多个口径测算并发布财政赤字，以便于对财政赤字的主要来源有更加精准的掌握。

由图 13 可见，无论是在中口径还是大口径下，2015～2019 年日本、德国、韩国、南非的中期财政赤字水平均呈现逐年降低的趋势，墨西哥和美国有升有降，中国的中期财政赤字水平却呈现逐年上升的趋势，说明近年来，因为减税降费、三期叠加、中美贸易摩擦等原因，中国的财政赤字情况不容乐观。

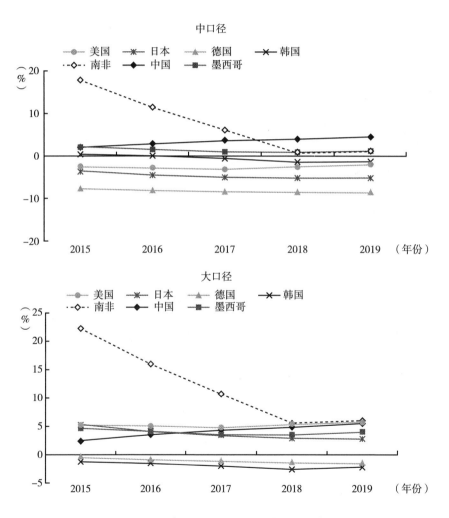

图 13　2015～2019 年两种口径下中期财政赤字的国际比较

如图 14 所示，在中口径与大口径下，中期财政赤字水平和人均 GDP 均呈现负向相关关系，这说明人均 GDP 越高的国家即越发达的国家，中期财政赤字水平越低。在中口径下，散点在直线周围的分布更加集中，说明在中口径下中期财政赤字水平和人均 GDP 的相关性更强。

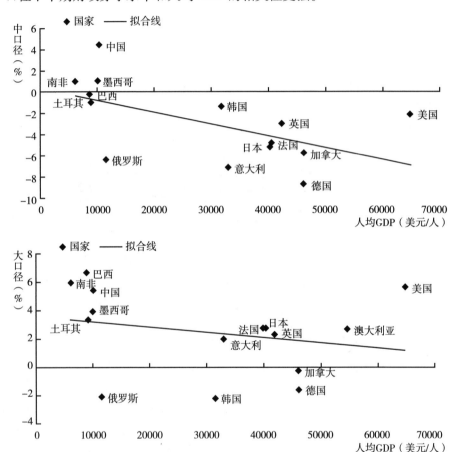

图 14　2019 年两种口径下中期财政赤字与人均 GDP 的散点图

2.基本财政赤字

根据国际货币基金组织的定义，基本财政赤字是指剔除债务利息支出后的财政赤字水平。大口径下基本财政赤字的公式为（财政总支出-财政总收入-利息支出）/GDP×100%。中口径下基本财政赤字公式为（扣除社会保障基金支出的财政支出-扣除社会保障基金收入的财政收入-利息支出）/GDP×100%。

如表9和图15所示，2019年中口径下中国基本财政赤字水平与其他国家的差距明显，仅中国的基本财政赤字为正，赤字率为4.56%，其余国家均为负。2015~2019年，德国的基本财政赤字较低，各年稳定在-10%左右；土耳其的基本财政赤字整体逐年增长，仅在2018年出现小幅下降；俄罗斯的基本财政赤字各年波动较大。中国基本财政赤字水平2015~2019年增幅平均值在14个国家中最高，年均提高0.76个百分点。

在大口径下，加拿大、意大利、韩国、德国和巴西基本财政赤字在2015~2019年均为负。图15显示，韩国和日本2014~2018年基本财政赤字呈现下降趋势，但在2019年出现回升。土耳其和俄罗斯2014~2019年基本财政赤字波动较大。中国的基本财政赤字仅在2017年出现下降，其余年份均呈现上升趋势，2019年数值为5.93%。中国基本财政赤字水平2015~2019年增幅平均值为0.94个百分点，高于其他14个国家。

表9 2015~2019年两种口径下基本财政赤字的国际比较

单位：%，个百分点

国家		基本财政赤字(中口径)						
		2015年	2016年	2017年	2018年	2019年	2019年增幅	2015~2019年增幅平均值
发达国家	加拿大	-7.93	-7.76	-8.20	-8.77	-9.25	-0.48	-0.31
	法国	-5.66	-5.63	-5.90	-7.02	-7.16	-0.14	-0.33
	德国	-9.69	-9.73	-9.62	-9.69	-9.59	0.10	-0.04
	意大利	-11.29	-11.16	-10.81	-10.72	-11.31	-0.59	0.03
	日本	-7.04	-6.78	-6.99	-7.21	-6.43	0.78	-0.12
	韩国	-0.92	-1.94	-2.56	-3.23	-1.39	1.84	-0.08
	英国	-4.24	-5.13	-5.73	-5.56	-4.66	0.90	-0.17
	美国	-7.19	-6.58	-7.46	-5.47	-5.35	0.13	0.24
发展中国家	巴西	-7.87	-8.34	-7.71	-8.38	-9.51	-1.13	-0.73
	中国	2.84	3.08	2.78	3.76	4.56	0.80	0.76
	土耳其	-5.71	-4.58	-3.28	-3.95	-3.20	0.75	0.54
	墨西哥	0.30	-2.21	-2.96	-0.54	-1.79	-1.25	-0.20
	俄罗斯	-6.08	-3.99	-5.32	-8.91	-7.77	1.13	-0.43
	南非	14.11	-4.01	-3.09	-2.70	-3.41	-0.71	-3.44

续表

国家		基本财政赤字(大口径)						
		2015 年	2016 年	2017 年	2018 年	2019 年	2019 年增幅	2015~2019 年增幅平均值
发达国家	澳大利亚	0.89	0.26	−0.08	−0.74	5.14	5.89	0.84
	加拿大	−3.06	−2.57	−2.78	−3.31	−3.62	−0.31	−0.06
	法国	1.44	1.59	1.04	0.42	1.49	1.07	−0.01
	德国	−2.40	−2.38	−2.42	−2.77	−2.34	0.43	−0.02
	意大利	−1.76	−1.71	−1.55	−1.66	−2.02	−0.36	−0.04
	日本	1.55	1.53	1.14	0.63	1.39	0.76	−0.33
	韩国	−2.52	−3.42	−3.81	−4.02	−2.01	2.01	0.13
	英国	2.23	0.85	−0.26	−0.23	0.18	0.41	−0.54
	美国	0.75	1.41	0.36	2.22	2.50	0.28	0.27
发展中国家	巴西	−3.10	−2.37	−0.55	−1.86	−2.27	−0.41	−0.10
	中国	3.55	3.99	3.48	4.71	5.93	1.22	0.94
	土耳其	−2.52	−0.73	0.56	−0.13	1.88	2.01	0.88
	墨西哥	2.85	0.40	−0.42	2.15	1.42	−0.74	−0.07
	俄罗斯	1.15	0.45	−0.09	−5.06	−3.93	1.13	−0.86
	南非	18.76	0.63	1.54	2.69	1.45	−1.24	−3.32

注:由于澳大利亚社会保障缴费收入数据缺失,因此无法测算其中口径财政赤字。

资料来源:IMF 数据库、OECD 数据库、2015~2020 年中央和地方预算执行情况及中央和地方预算草案的报告、2015~2020 年《中国统计年鉴》。

通过对比表 8 和表 9 中各个国家的赤字率数值,可以观察到在剔除利息支出后,中国财政赤字率变化幅度较小,而其他国家的财政赤字率整体发生了较大幅度下降,由此说明利息支出是除了中国以外世界大部分国家产生财政赤字的主要来源。

3.结构性财政赤字

结构性财政赤字是指总赤字减去周期性财政赤字,即利用 hp 滤波法,在总财政赤字中剔除由经济周期波动造成的赤字后,余下的由财政自身原因导致的财政赤字。大口径与中口径财政赤字的定义同上文一致。

如表 10 和图 16 所示,在中口径下,2015~2019 年除中国、巴西、南非和墨西哥的结构性财政赤字水平出现正值外,其他国家结构性财政赤字均为

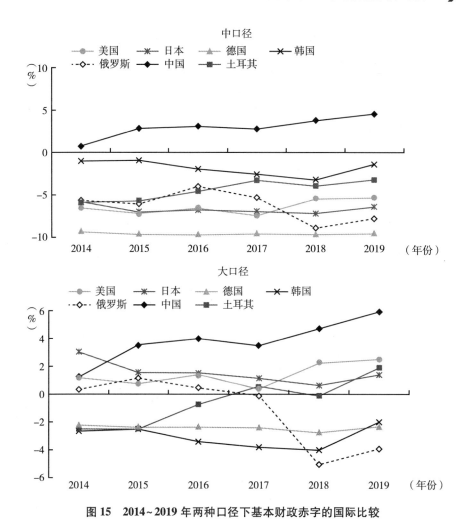

图 15 2014~2019 年两种口径下基本财政赤字的国际比较

负。从变化趋势来看，2014~2019 年中国、土耳其的结构性财政赤字呈现逐
年上升趋势，而韩国和日本呈现逐年下降趋势，美国和德国先降后升，俄罗
斯先升后降。2019 年中口径结构性财政赤字增幅排名前三的国家为英国、
加拿大和德国，中国结构性财政赤字的增幅为 0.66 个百分点，处于 14 个国
家的中上水平。2019 年中国中口径的结构性财政赤字达 5.31%，2015~2019
年呈现逐年上升的趋势，增幅平均值为 0.66 个百分点。

表10　2015～2019 年两种口径下结构性财政赤字的国际比较

单位：%，个百分点

国家		结构性财政赤字（中口径）						
		2015 年	2016 年	2017 年	2018 年	2019 年	2019 年增幅	2015～2019 年增幅平均值
发达国家	加拿大	-4.55	-4.99	-5.12	-4.84	-4.07	0.76	-0.04
	法国	-3.37	-3.83	-4.35	-4.92	-5.49	-0.58	-0.52
	德国	-8.17	-8.43	-8.42	-8.09	-7.40	0.69	0.06
	意大利	-6.87	-7.03	-6.97	-6.69	-6.17	0.52	0.07
	日本	-4.05	-4.66	-5.06	-5.29	-5.42	-0.13	-0.44
	韩国	-0.18	-0.56	-0.92	-1.14	-1.22	-0.08	-0.26
	英国	-2.18	-2.55	-2.43	-1.63	-0.09	1.54	0.28
	美国	-2.52	-2.75	-2.63	-2.22	-1.73	0.49	0.03
发展中国家	巴西	1.68	1.57	1.01	0.11	-0.99	-1.09	-0.45
	中国	2.73	3.40	4.01	4.65	5.31	0.66	0.66
	土耳其	-3.15	-2.49	-1.76	-1.06	-0.39	0.67	0.65
	墨西哥	1.67	1.35	1.18	1.18	1.16	-0.02	-0.16
	俄罗斯	-5.40	-5.15	-5.23	-5.37	-5.19	0.18	0.14
	南非	11.58	7.95	4.53	1.65	-0.95	-2.60	-2.95
国家		结构性财政赤字（大口径）						
		2015 年	2016 年	2017 年	2018 年	2019 年	2019 年增幅	2015～2019 年增幅平均值
发达国家	澳大利亚	2.07	1.91	2.12	2.78	3.85	1.07	0.28
	加拿大	0.13	-0.02	0.37	1.50	3.53	2.03	0.57
	法国	3.50	3.26	3.31	3.81	4.88	1.06	0.19
	德国	-1.03	-1.27	-1.20	-0.71	0.28	0.98	0.17
	意大利	2.40	2.33	2.56	3.23	4.46	1.23	0.36
	日本	4.64	3.76	3.11	2.65	2.30	-0.35	-0.69
	韩国	-1.64	-1.94	-2.11	-2.10	-1.93	0.17	-0.12
	英国	4.18	3.46	3.28	3.87	5.31	1.44	0.03
	美国	5.48	5.16	5.21	5.57	6.02	0.46	-0.05
发展中国家	巴西	6.68	7.26	7.34	6.98	6.40	-0.57	0.16
	中国	3.35	4.16	4.92	5.71	6.55	0.84	0.82
	土耳其	0.30	1.07	2.04	3.09	4.20	1.11	0.85
	墨西哥	4.22	3.97	3.89	4.02	4.17	0.15	-0.05
	俄罗斯	0.47	0.24	-0.25	-0.70	-0.61	0.09	-0.19
	南非	16.11	12.62	9.35	6.61	4.13	-2.48	-2.81

注：由于澳大利亚社会保障缴费收入数据缺失，因此无法测算其中口径财政赤字。

资料来源：IMF 数据库、OECD 数据库、2015～2020 年中央和地方预算执行情况及中央和地方预算草案的报告、2015～2020 年《中国统计年鉴》。

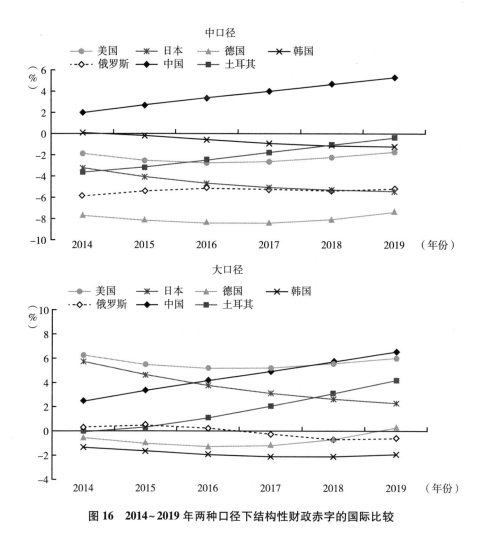

图16 2014～2019年两种口径下结构性财政赤字的国际比较

在大口径下，2019年除了韩国和俄罗斯的结构性财政赤字水平出现负值以外，其他国家的结构性财政赤字均为正。从变化趋势来看，2014～2019年，中国、土耳其依然呈现逐年上升趋势，日本呈现下降趋势。2019年大口径结构性财政赤字增幅排名前三的国家为加拿大、英国和意大利，中国的增幅为0.84个百分点。2019年中国大口径的结构性财政赤字达6.55%，2015～2019年呈现逐年上升的趋势，增幅平均值为0.82个百分点，而且上升速度略高于中口径。由此说明，在不考虑宏观经济周期的情况下，中国由于财政自身原因产生的财政赤字水平较高且呈现上升趋势，说明未来需要着力从财政内部寻找化解财政赤字的主要方案。

（二）财政自给率

"财政自给率"指财政收入与财政支出的比值，意味着财政支出中有多少比例来源于财政收入，这一指标反映了财政自给自足的能力。大口径下财政自给率的公式为财政总收入/财政总支出×100%。中口径下财政自给率的公式为（财政总收入-社会保障基金收入）／（财政总支出-社会保障基金支出）×100%。

如表11所示，中口径下，2019年财政自给率位居前三的国家分别为德国、意大利和日本，位居最后三名的国家为南非、墨西哥和中国。中国财政自给率2019年的数值为83.86%，与各国相比处于较低水平，排在末位。2019年财政自给率的增幅位居前三的国家分别为巴西、墨西哥和意大利。中国2019年的财政自给率出现负增长，降幅为2.32个百分点。2015~2019年中国财政自给率的年平均降幅为2.39个百分点，在14国中排名第13，仅高于土耳其。

表11　2015~2019年两种口径下财政自给率及其变化情况的国际比较

单位：%，个百分点

国家		财政自给率（中口径）						
		2015 年	2016 年	2017 年	2018 年	2019 年	2019 年增幅	2015~2019 年增幅平均值
发达国家	加拿大	115.44	115.04	116.97	117.83	118.82	1.00	0.76
	法国	111.26	111.65	112.92	116.99	118.30	1.31	1.65
	德国	140.68	141.93	142.65	142.92	142.37	-0.55	1.02
	意大利	125.32	126.45	125.85	126.25	129.45	3.21	1.12
	日本	128.60	128.20	130.61	132.82	128.25	-4.57	1.60
	韩国	98.27	103.05	106.03	109.30	101.21	-8.09	0.60
	英国	106.99	109.93	111.17	111.29	109.17	-2.12	1.01
	美国	114.30	111.07	114.91	106.13	105.10	-1.03	-1.12

续表

国家		财政自给率（中口径）						
		2015 年	2016 年	2017 年	2018 年	2019 年	2019 年增幅	2015~2019 年增幅平均值
发展中国家	巴西	87.96	94.92	95.88	98.75	107.37	8.63	2.60
	中国	89.51	88.14	88.94	86.18	83.86	-2.32	-2.39
	土耳其	117.66	111.47	104.67	104.08	102.35	-1.73	-2.96
	墨西哥	89.03	98.76	100.16	89.57	95.01	5.45	0.42
	俄罗斯	119.84	111.95	118.09	134.51	125.53	-8.98	1.54
	南非	67.89	100.87	97.60	96.22	97.86	1.64	5.94

国家		财政自给率（大口径）						
		2015 年	2016 年	2017 年	2018 年	2019 年	2019 年增幅	2015~2019 年增幅平均值
发达国家	澳大利亚	93.79	95.49	96.64	98.49	84.00	-14.49	-1.94
	加拿大	99.85	98.91	99.73	100.66	101.29	0.63	0.17
	法国	93.62	93.58	94.76	95.89	94.46	-1.42	0.26
	德国	102.18	102.62	103.08	104.13	103.37	-0.76	0.41
	意大利	94.93	95.10	95.04	95.49	96.80	1.30	0.52
	日本	90.71	90.92	92.22	93.76	92.04	-1.72	1.02
	韩国	103.88	107.29	108.86	109.71	102.76	-6.95	-0.25
	英国	89.25	92.11	94.13	94.57	94.34	-0.23	1.43
	美国	87.89	85.99	88.70	83.54	82.64	-0.90	-0.76
发展中国家	巴西	82.07	84.40	82.58	85.44	89.47	4.03	0.49
	中国	89.21	87.59	88.80	86.23	83.51	-2.73	-2.33
	土耳其	101.56	96.09	91.80	91.71	87.40	-4.31	-2.66
	墨西哥	81.68	89.19	90.39	81.41	83.83	2.42	-0.22
	俄罗斯	94.63	96.28	97.76	112.17	107.82	-4.34	2.08
	南非	62.95	89.63	87.05	84.53	87.15	2.61	4.72

注：由于澳大利亚社会保障缴费收入数据缺失，因此无法测算其中口径财政自给率。

资料来源：IMF 数据库、OECD 数据库、2015~2020 年中央和地方预算执行情况及中央和地方预算草案的报告、2015~2020 年《中国统计年鉴》。

大口径下，2019 年财政自给率位居前三的国家分别为俄罗斯、德国和韩国，位居最后三名的国家为墨西哥、中国和美国。中国 2019 年财政自给率为 83.51%。2019 年财政自给率的增幅位居前三的国家分别为巴西、南非和墨西哥。中国 2019 年的财政自给率为负增长，降幅为 2.73 个百分点。2015~2019 年中国财政自给率的年平均降幅为 2.33 个百分点，在 15 国中仅高于土耳其。

如图 17 所示,中口径下,2014~2019 年德国的财政自给率呈现平稳略升的趋势,巴西先降后升,韩国和日本先升后降,俄罗斯和美国呈现升降波动,中国财政自给率呈现逐渐下降的趋势。大口径下,各个国家的发展趋势未发生明显改变,但各个国家的相对水平位置较中口径有所改变,各国分布变得更加集中。与中口径相比,中国大口径下的财政自给率排名有所提高,而美国和日本的排名有所下降。

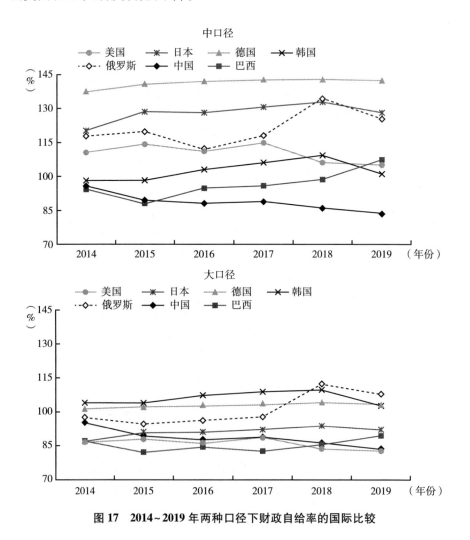

图 17 2014~2019 年两种口径下财政自给率的国际比较

如图 18 所示，从 2019 年发达国家财政自给率排位来看，大口径和中口径下各国排位发生较大变化：中口径下日本的财政自给率在发达国家中位居第三，而在大口径下排倒数第三；中口径下韩国的财政自给率在发达国家中排在倒数第一，而在大口径下排位第二。在中口径下，俄罗斯和韩国 2019 年的财政自给率下降幅度较大；在大口径下，澳大利亚 2019 年的财政自给率出现大幅度下降。

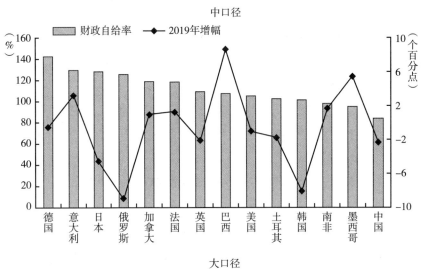

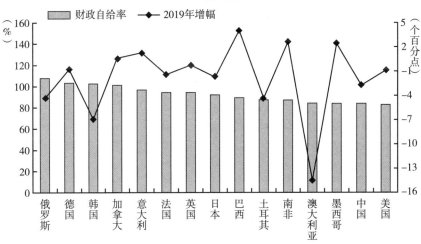

图 18　2019 年两种口径下财政自给率的国际比较

从发展中国家的财政自给率排位来看，6 个国家在大口径和中口径下的财政自给率排位类似，大口径下从前到后依次为俄罗斯、巴西、土耳其、南非、墨西哥和中国。无论是在中口径还是大口径下，中国的财政自给率水平排位均靠后，说明我国财政自给率在国际上处于偏低水平，对财政稳定性将产生一定程度的不利影响。

（三）社会保障基金收支缺口

社会保障基金收支缺口的测度公式为（社会保障基金当年支出-社会保障基金当年收入）/社会保障基金当年收入×100%，用以衡量社会保障部门支出与收入的差距水平。

如表 12 所示，2019 年社会保障基金收支缺口位居前三的国家分别为南非、墨西哥和美国，位居最后三名的国家为德国、中国和韩国。中国 2019

表 12　2015~2019 年社会保障基金收支缺口的国际比较

单位：%，个百分点

国家		2015 年	2016 年	2017 年	2018 年	2019 年	2019 年增幅	2015~2019 年增幅平均值
发达国家	加拿大	101.42	107.82	118.98	117.60	117.34	-0.26	4.59
	法国	37.82	38.54	37.07	41.31	51.20	9.89	2.83
	德国	44.04	43.92	42.83	40.70	41.68	0.98	-0.33
	意大利	71.98	72.60	71.36	68.27	67.96	-0.31	-1.05
	日本	68.89	65.46	63.33	60.13	59.42	-0.71	-2.25
	韩国	-20.97	-19.09	-16.15	-9.95	-7.13	2.82	2.93
	英国	87.56	79.31	71.16	69.19	59.98	-9.21	-6.44
	美国	119.46	119.99	116.93	115.71	117.84	2.13	0.11
发展中国家	巴西	44.22	54.97	64.96	60.29	64.07	3.79	5.20
	中国	14.20	18.16	13.54	15.60	22.03	6.43	2.50
	土耳其	41.93	48.92	51.64	49.34	65.81	16.46	4.01
	墨西哥	143.72	150.09	148.71	155.80	178.61	22.81	6.61
	俄罗斯	109.61	55.14	74.29	53.22	51.84	-1.38	-7.77
	南非	776.33	747.47	826.03	911.06	973.31	62.26	61.34

注：由于澳大利亚社会保障缴费收入数据缺失，因此无法测算其社会保障基金收支缺口。

资料来源：IMF 数据库、OECD 数据库、2015~2020 年中央和地方预算执行情况及中央和地方预算草案的报告、2015~2020 年《中国统计年鉴》。

年社会保障基金收支缺口为22.03%，与各国相比处于较低水平。就增幅而言，2019年社会保障基金收支缺口增长率位居前三的国家为南非、墨西哥和土耳其，位居最后三名的国家为英国、俄罗斯和日本。中国2019年社会保障基金收支缺口增幅为6.43个百分点。2015~2019年德国、意大利、日本、英国和俄罗斯的增幅平均值为负数，其他国家均为正增长，其中排名前三的国家为南非、墨西哥和巴西，排名末三的国家为俄罗斯、英国和日本。中国2015~2019年社会保障基金收支缺口增幅平均值为2.50个百分点。

如图19所示，从七个国家的社会保障基金收支缺口变化趋势来看，2014~2019年美国和德国社会保障基金收支缺口波动不大，其中美国社会保障基金收支缺口稳定在115%~120%，德国社会保障基金收支缺口稳定在40%~45%。日本社会保障基金收支缺口小幅下降，中国、巴西和韩国的社会保障基金收支缺口则呈现上升趋势，俄罗斯社会保障基金收支缺口在波动中下降。

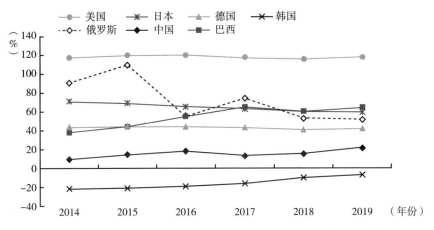

图19　2014~2019年社会保障基金收支缺口及其趋势的国际比较

（四）政府债务水平

"政府债务水平"采用了国际通用指标——负债率、债务率和债务成本来测量一国政府的债务风险水平。

1.负债率

负债率的测度公式为政府债务余额/GDP×100%。考虑到流动资产具有较好的变现能力，报告还测算了扣除流动资产后的负债率，其测度公式为（政府债务余额-金融资产）/GDP×100%。

如表 13 和图 20 所示，2019 年负债率位居前三的国家分别为日本、意大利和美国，位居最后三名的国家为中国、土耳其和俄罗斯。中国 2019 年负债率为 38.46%，与他国相比处于较低水平。就增幅而言，2019 年负债率增幅位居前三的国家为意大利、巴西和澳大利亚，位居最后三名的国家为日本、德国和美国，中国 2019 年负债率增幅为 2.19 个百分点，与他国相比这一增幅处于中游水平。2015~2019 年负债率增幅平均值排名前三的国家为巴西、澳大利亚和英国，排名末三的国家为德国、意大利和中国，中国 2015~2019 年负债率增幅平均值为-0.07 个百分点。

表 13　2015~2019 年两种口径下负债率的国际比较

单位：%，个百分点

国家		负债率					2019 年增幅	2015~2019 年增幅平均值
		2015 年	2016 年	2017 年	2018 年	2019 年		
发达国家	澳大利亚	65.37	69.92	67.17	66.96	75.27	8.31	2.75
	加拿大	114.64	114.16	108.56	108.97	110.65	1.67	0.46
	法国	120.86	124.10	123.40	121.46	124.81	3.35	0.93
	德国	79.75	76.97	72.35	69.03	68.19	-0.84	-3.14
	意大利	158.78	156.28	153.38	148.49	157.74	9.25	-0.08
	日本	220.60	220.01	219.80	222.33	222.48	0.15	1.11
	韩国	43.41	42.85	40.82	41.08	43.82	2.74	0.39
	英国	111.86	118.57	119.19	116.50	119.10	2.60	1.32
	美国	136.84	138.69	135.40	137.33	135.89	-1.44	0.09
发展中国家	巴西	71.73	77.42	91.14	94.48	103.66	9.17	8.41
	中国	36.90	36.66	35.99	36.27	38.46	2.19	-0.07
	土耳其	32.60	34.35	32.28	32.30	35.71	3.42	0.50
	俄罗斯	15.86	16.47	18.54	18.44	19.42	0.98	1.17

国家		负债率（扣除流动资产）						
		2015年	2016年	2017年	2018年	2019年	2019年增幅	2015~2019年增幅平均值
发达国家	澳大利亚	15.68	17.88	13.50	14.06	21.31	7.25	1.33
	加拿大	46.30	44.94	37.92	36.76	34.60	−2.15	−2.50
	法国	77.24	79.23	77.59	78.24	79.53	1.29	0.84
	德国	39.93	37.61	33.56	30.64	27.69	−2.94	−3.19
	意大利	129.80	126.97	124.37	119.44	127.88	8.43	−0.10
	日本	126.36	123.79	123.03	123.82	125.67	1.85	1.64
	韩国	−29.17	−31.79	−35.24	−34.07	−39.36	−5.29	−2.13
	英国	78.12	84.70	85.24	82.60	85.15	2.56	1.50
	美国	112.66	113.46	110.88	112.25	110.22	−2.03	−0.36
发展中国家	巴西	37.90	47.77	52.04	53.33	59.45	6.12	5.26
	中国	30.17	30.57	29.88	30.77	32.54	1.77	0.20
	土耳其	12.96	15.78	17.36	18.39	22.47	4.08	1.65
	俄罗斯	−23.19	−18.37	−15.91	−17.85	−19.16	−1.31	0.85

注：由于墨西哥和南非的政府债务余额数据缺失，因此表中未显示两国的负债率数据。

资料来源：IMF数据库、OECD数据库、2015~2020年中央和地方预算执行情况及中央和地方预算草案的报告、2015~2020年《中国统计年鉴》、2015~2020年《中国财政统计年鉴》、2015~2020年央行资产负债表、2015~2020年全国社会保障基金理事会官网年度报告。

在扣除流动资产再次测算负债率的情况下，2019年负债率（扣除流动资产）位居前三的国家分别为意大利、日本和美国，位居最后三名的国家为澳大利亚、俄罗斯和韩国。中国2019年负债率为32.54%，与他国相比处于中下游水平。就增幅而言，2019年负债率增幅位居前三的国家为意大利、澳大利亚和巴西，位居最后三名的国家为加拿大、德国和韩国。中国2019年负债率的增幅为1.77个百分点，与他国相比这一增幅处于中游水平。2015~2019年负债率增幅平均值排名前三的国家为巴西、土耳其和日本，排名末三的国家为德国、加拿大和韩国。中国2015~2019年负债率增幅平均值为0.20个百分点，与他国相比处于下游水平。

如图21所示，从七国负债率水平的变化趋势来看，两种计算口径下，2014~2019年各国的负债率均较为平稳。政府债务余额作为分子计算负债率

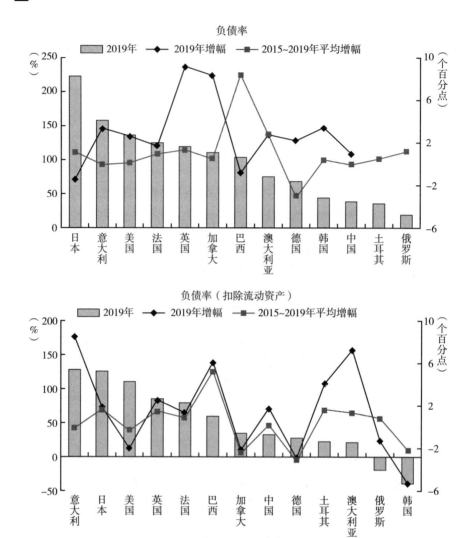

图 20　2019 年两种口径下负债率水平的国际比较

时（见图 21 左图），2014～2019 年日本、俄罗斯负债率水平呈小幅上升趋势，美国、韩国、中国和土耳其负债率水平波动不大，德国负债率水平呈下降趋势。政府债务余额扣减流动资产作为分子计算负债率时（见图 21 右图），2014～2019 年俄罗斯、土耳其负债率水平呈小幅上升趋势，美国、日本和中国负债率水平总体变化不大，德国和韩国负债率水平则呈下降趋势。

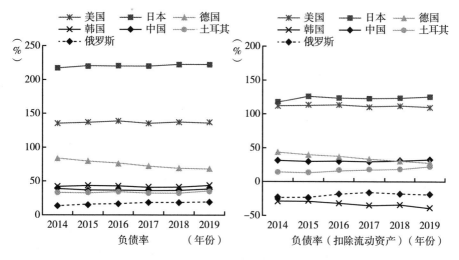

图21 2014~2019年两种口径下负债率的国际比较

从七国负债率水平的排位来看，两种口径下各国负债率水平排位有细微差别。政府债务余额作为分子计算负债率时（见图21左图），四个发达国家的负债率均高于三个发展中国家的负债率，其中日本的负债率位列第一，高达200%以上，俄罗斯的负债率最低，中国的负债率与土耳其、韩国相当，保持在40%左右。政府债务余额扣减流动资产作为分子计算负债率时（见图21右图），日本和美国的负债率水平远高于其他国家，俄罗斯和韩国的负债率水平变为负值。扣减流动资产后，中国的负债率水平整体位于德国和土耳其之间，排名相对位置变得靠前，这意味着相比于其他国家，中国政府拥有的流动性金融资产略低于其他国家。

如图22所示，负债率和扣除流动资产的负债率均与人均GDP呈现正向相关关系，这意味着就这13个国家而言，人均GDP水平越高的国家即经济越发达的国家，负债率相应地越高。

2. 债务率

债务率的测算公式为政府债务余额/财政总收入×100%，考虑到流动资产具有较好的变现能力，报告还测算了扣除流动资产后的债务率，其测算公

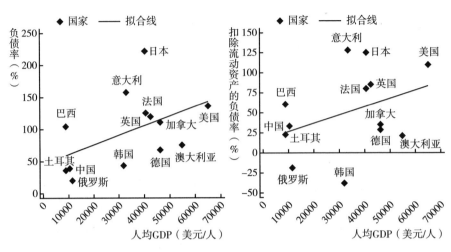

图22 2019年两种口径下负债率与人均GDP的散点图

式为（政府债务余额-金融资产）/财政总收入×100%。

如表14和图23所示，2019年债务率位居前三的国家分别为日本、美国和意大利，位居最后三名的国家为土耳其、中国和俄罗斯。中国2019年债务率为111.99%，与他国相比处于较低水平。就2019年增幅而言，仅加拿大、德国、美国和俄罗斯债务率增幅为负，其余国家均为正，债务率增幅位居前三的国家为澳大利亚、土耳其和意大利，位居最后三名的国家为美国、加拿大和德国。中国2019年债务率增长了6.97个百分点，与他国相比处于中游水平。2015~2019年债务率增幅平均值排名前三的国家为巴西、澳大利亚和美国，排名末三的国家为德国、加拿大和韩国。中国2015~2019年债务率增幅平均值为0.42个百分点，与他国相比处于下游水平。

2019年债务率（扣除流动资产）位居前三的国家分别为日本、美国和意大利，位居最后三名的国家为德国、俄罗斯和韩国。中国2019年债务率（扣除流动资产）为94.74%，与他国相比处于中游水平。就增幅而言，2019年债务率（扣除流动资产）增幅位居前三的国家为澳大利亚、土耳其和意大利，位居最后三名的国家为德国、加拿大和韩国。中国2019年债务率（扣除流动资产）增长了5.65个百分点，与他国相比处于中上游水平。

表 14　2015～2019 年两种口径下债务率的国际比较

单位：%，个百分点

国家		债务率						
		2015 年	2016 年	2017 年	2018 年	2019 年	2019 年增幅	2015～2019 年增幅平均值
发达国家	澳大利亚	186.11	199.28	188.03	187.16	224.17	37.01	9.13
	加拿大	281.18	277.68	263.82	256.13	252.39	-3.74	-4.62
	法国	227.30	233.95	230.45	227.18	236.32	9.15	2.19
	德国	176.83	169.10	159.17	149.71	145.57	-4.14	-8.26
	意大利	332.42	334.83	330.97	320.37	331.56	11.19	0.29
	日本	630.72	633.47	628.98	630.68	636.63	5.96	0.92
	韩国	137.45	131.81	123.87	122.56	127.26	4.70	-1.01
	英国	298.86	313.34	311.08	302.38	310.81	8.44	1.85
	美国	410.19	420.97	400.57	432.93	429.88	-3.05	4.17
发展中国家	巴西	177.77	188.79	229.04	233.29	240.96	7.67	16.17
	中国	109.76	111.26	107.06	105.02	111.99	6.97	0.42
	土耳其	101.14	105.62	103.52	101.48	113.50	12.02	2.03
	俄罗斯	42.36	45.24	51.77	47.90	47.50	-0.41	2.60

国家		债务率（扣除流动资产）						
		2015 年	2016 年	2017 年	2018 年	2019 年	2019 年增幅	2015～2019 年增幅平均值
发达国家	澳大利亚	44.63	50.97	37.80	39.29	63.46	24.18	4.19
	加拿大	113.57	109.31	92.16	86.39	78.93	-7.46	-8.16
	法国	145.27	149.36	144.90	146.33	150.59	4.26	1.86
	德国	88.53	82.64	73.83	66.44	59.12	-7.32	-7.62
	意大利	271.75	272.04	268.35	257.71	268.80	11.09	0.16
	日本	361.29	356.42	352.06	351.23	359.60	8.37	3.48
	韩国	-92.38	-97.81	-106.94	-101.63	-114.29	-12.65	-4.72
	英国	208.71	223.83	222.46	214.38	222.22	7.84	2.81
	美国	337.74	344.41	328.04	353.85	348.68	-5.17	2.07
发展中国家	巴西	93.92	116.49	130.79	131.67	138.19	6.52	10.41
	中国	89.76	92.76	88.88	89.09	94.74	5.65	1.07
	土耳其	40.20	48.50	55.67	57.80	71.42	13.62	5.44
	俄罗斯	-61.94	-50.46	-44.43	-46.36	-46.87	-0.50	2.54

注：由于墨西哥和南非的政府债务余额数据缺失，因此表中未显示两国的债务率数据。

资料来源：IMF 数据库、OECD 数据库、2015～2020 年中央和地方预算执行情况及中央和地方预算草案的报告、2015～2020 年《中国统计年鉴》、2015～2020 年《中国财政统计年鉴》。

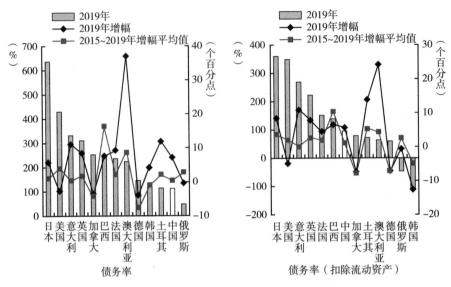

图 23　2019 年两种口径下各国债务率水平的国际比较

2015~2019 年债务率（扣除流动资产）增幅平均值排名前三的国家为巴西、土耳其和澳大利亚，排名末三的国家为加拿大、德国和韩国。中国 2015~2019 年债务率（扣除流动资产）增幅平均值为 1.07 个百分点，与他国相比处于中游水平。

如图 24 所示，从七国债务率水平变化趋势来看，2014~2019 年巴西债务率水平呈现上升趋势，其余国家 2014~2019 年债务率水平波动较小。从七国债务率水平排位来看，两种计算口径下各国的债务率水平排位有一定差距，政府债务余额作为分子计算债务率时（见图 24 左图），日本和美国的债务率水平远高于其他国家，中国的债务率水平较低，仅高于俄罗斯。政府债务余额扣减流动资产作为分子计算债务率时（见图 24 右图），中国的债务率水平处于中间位置，高于韩国、俄罗斯和德国。这再次验证了中国政府拥有的流动性金融资产略低于其他国家的判断。

如图 25 所示，债务率和扣除流动资产的债务率均与人均 GDP 呈现正向相关关系，这意味着就这 13 个国家而言，人均 GDP 水平越高的国家即经济越发达的国家，负债率越高。

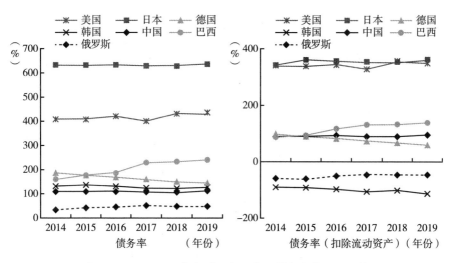

图 24　2014～2019 年两种口径下各国债务率的国际比较

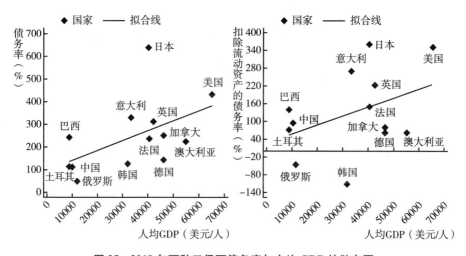

图 25　2019 年两种口径下债务率与人均 GDP 的散点图

3. 债务成本

债务成本旨在反映一国债务未来可持续性。中口径下债务成本的测算公式为政府利息支出/（财政总收入-社会保障基金收入）×100%，大口径下债务成本的测算公式为政府利息支出/财政总收入×100%。

如表 15 和图 26 所示，在中口径下，2019 年债务成本位居前三的国家

表 15   2015～2019 年两种口径下各国债务成本的国际比较

单位：%，个百分点

国家		债务成本（中口径）						
		2015 年	2016 年	2017 年	2018 年	2019 年	2019 年增幅	2015～2019 年增幅平均值
发达国家	加拿大	8.68	8.32	7.90	7.99	7.85	-0.15	-0.25
	法国	6.35	5.96	5.50	5.29	4.48	-0.81	-0.48
	德国	5.03	4.24	3.70	3.24	2.78	-0.46	-0.61
	意大利	12.50	12.23	11.88	11.63	10.61	-1.03	-0.62
	日本	9.03	8.78	8.17	7.72	7.49	-0.23	-0.47
	韩国	5.60	4.87	4.47	4.13	4.20	0.07	-0.36
	英国	7.57	7.89	8.66	7.91	7.00	-0.91	-0.34
	美国	14.41	15.06	14.55	16.05	16.57	0.52	0.29
发展中国家	巴西	40.33	33.00	31.09	29.51	23.13	-6.39	-0.78
	中国	1.80	2.43	2.65	2.83	3.03	0.20	0.24
	土耳其	8.21	8.31	9.37	12.47	11.19	-1.28	0.39
	墨西哥	10.92	11.26	13.38	14.28	14.04	-0.24	0.56
	俄罗斯	3.16	3.39	3.18	2.83	2.88	0.05	0.15
	南非	9.34	10.05	10.91	11.27	11.13	-0.14	0.44
国家		债务成本（大口径）						
		2015 年	2016 年	2017 年	2018 年	2019 年	2019 年增幅	2015～2019 年增幅平均值
发达国家	澳大利亚	4.09	3.97	3.70	3.61	3.73	0.12	-0.04
	加拿大	7.66	7.34	7.02	7.12	6.99	-0.13	-0.21
	法国	4.11	3.86	3.58	3.50	3.04	-0.46	-0.28
	德国	3.18	2.68	2.33	2.04	1.75	-0.30	-0.39
	意大利	9.04	8.82	8.55	8.30	7.56	-0.74	-0.48
	日本	5.81	5.57	5.17	4.86	4.67	-0.20	-0.31
	韩国	4.24	3.71	3.42	3.15	3.15	0.00	-0.29
	英国	6.08	6.32	6.92	6.33	5.53	-0.80	-0.30
	美国	11.54	12.02	11.67	12.69	13.08	0.39	0.19
发展中国家	巴西	29.54	24.27	22.48	21.62	17.05	-4.57	-0.49
	中国	1.53	2.06	2.24	2.33	2.48	0.15	0.18
	土耳其	6.27	6.30	7.13	9.44	8.44	-0.99	0.27
	墨西哥	10.08	10.44	12.41	13.17	12.90	-0.27	0.50
	俄罗斯	2.61	2.64	2.56	2.30	2.36	0.06	0.12
	南非	9.19	9.88	10.74	11.09	10.99	-0.10	0.44

注：由于澳大利亚社会保障缴费收入数据缺失，因此无法测算其中口径债务成本。

资料来源：IMF 数据库、OECD 数据库、2015～2020 年中央和地方预算执行情况及中央和地方预算草案的报告、2015～2020 年《中国统计年鉴》。

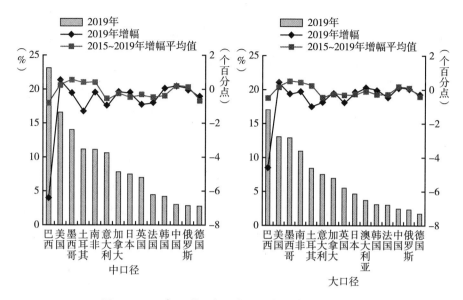

图 26　2019 年两种口径下各国债务成本的国际比较

分别为巴西、美国和墨西哥，位居最后三名的国家为中国、俄罗斯和德国。中国 2019 年债务成本为 3.03%，与他国相比处于较低水平。就增幅而言，2019 年债务成本增幅位居前三的国家为美国、中国和韩国，位居最后三名的国家为意大利、土耳其和巴西。中国 2019 年债务成本增长了 0.20 个百分点，与他国相比处于中上游水平。2015～2019 年债务成本增幅平均值排名前三的国家为墨西哥、南非和土耳其，排名末三的国家为巴西、意大利和德国。中国 2015～2019 年债务成本增幅平均值为 0.24 个百分点，与他国相比处于中上游水平。

在大口径下，2019 年债务成本位居前三的国家分别为巴西、美国和墨西哥，位居最后三名的国家为中国、俄罗斯和德国。中国 2019 年债务成本为 2.48%，与他国相比处于较低水平。就增幅而言，2019 年债务成本增幅位居前三的国家为美国、中国和澳大利亚，位居最后三名的国家为英国、土耳其和巴西。中国 2019 年债务成本增长了 0.15 个百分点，与他国相比处于中上游水平。2015～2019 年债务成本增幅平均值排名前三的国家为墨西哥、南非和土耳其，排名末三的国家为巴西、意大利和德国。中国 2015～2019 年债务成本增幅平均值为 0.18 个百分点，与他国相比处于中上游水平。

需要注意的是，中国负债率、债务率和债务成本在国际比较时水平较低的原因之一在于，国际数据库中的中国国家债务数据尚未包括地方政府的融资平台债务，而这部分隐性债务是当前中国债务风险的主要来源。

如图 27 所示，从七国债务成本变化趋势来看，中口径和大口径下，各国的债务成本变化趋势和相对排名位置基本一致。除了巴西先升后降波动较大外，其余国家 2014～2019 年债务成本变化幅度较小。2014～2019 年中国债务成本呈现小幅上升趋势，日本、德国和韩国的债务成本呈现小幅下降趋势。2014～2019 年无论是在哪种口径下，中国的债务成本在七国之中均处于较低水平。

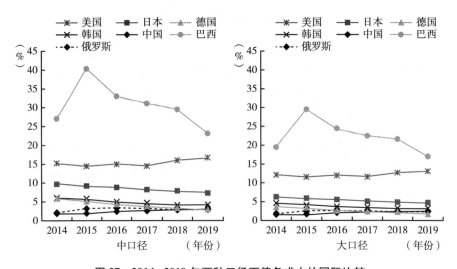

图 27　2014～2019 年两种口径下债务成本的国际比较

如图 28 所示，在中口径和大口径下，债务成本与人均 GDP 均呈现负向相关的关系（如果剔除美国、中国、俄罗斯外，其他国家的负向相关关系则更为明显），表明人均 GDP 越高的国家即经济越发达的国家，政府债务的利息成本越低。

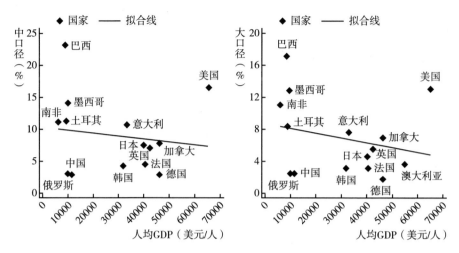

图 28　2019 年两种口径下债务成本与人均 GDP 的散点图

三　小结

报告基于财政发展独立性指数的指标体系，从财政运营和财政稳定两个方面分别构造多个具有代表性的独立性指标，对世界主要的 15 个国家开展比较分析研究。通过独立性指数国别比较分析，归纳出如下主要结论。

第一，中国小口径宏观税负水平处于较低水平，并且呈现逐年降低的趋势，但是中口径和大口径的宏观税负水平出现先下降后回升并且趋于稳定的趋势。这说明中国仅考虑税收收入的狭义宏观税负在持续下降，但由于非税收入及另外三本预算收入增加，考虑全部财政收入口径的广义宏观税负会出现上升。

第二，中国财政恩格尔系数在被比较的 12 个国家中处于最低水平。财政刚性支出占财政总支出的比重较低，说明相对于其他国家而言，我国财政部门可以根据经济社会形势变化科学调整财政支出方向的自由度较高。

第三，中国民生支出密度水平在被比较的 12 个国家中处于较低水平，但其增长速度处于最高水平。这说明中国已经意识到民生公共服务方面的不

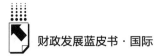

足，在积极改善人民享有的教育、医疗、社会保障、就业、住房等民生性公共服务。

第四，在财政赤字水平方面，中国中期财政赤字即近3年财政赤字率均值的水平、剔除利息支出后的基本财政赤字水平、剔除经济周期性影响的结构性财政赤字水平都较高，且呈现逐年上升的趋势。这说明中国财政赤字风险不容小觑。需要说明的是，独立性指数中的财政赤字水平测算口径依然是基于国际可比口径的财政收支数据计算得出①，而非中国财政预决算报告中的官方狭义口径②。

第五，中国财政自给率水平较其他国家而言处于较低水平。相比于大口径下的财政自给率，中国剔除社会保障基金预算后的中口径财政自给率水平相比于其他国家而言更低，这说明中国社会保障基金预算自给率比其他国家高。中国的社会保障基金收支缺口较其他国家而言水平较低也说明了这一问题。

第六，在政府债务水平方面，中国的负债率、债务率和债务成本与其他国家相比均处于较低水平。不过这可能与国际数据库中的中国债务数据不包含地方政府城投债金额有关。值得注意的是，中国政府不像发达国家那样拥有较多金融资产能用于危机时债务偿还，因而应警惕债务偿还的流动性风险。中国当前债务成本虽然最低但出现逐年缓慢上升的趋势。

参考文献

［1］裴育：《地方政府债务风险预警模型与相关检验——基于冠新区政府债务风险

---

① 国际可比口径的财政赤字是指一般公共预算、政府性基金预算、国有资本经营预算、社会保障基金预算四本预算全口径财政支出与收入的差值。

② 根据2019年财政决算报告，用于测算赤字的官方财政收入总量口径为"一般公共预算收入+中央和地方财政从预算稳定调节基金、政府性基金预算、国有资本经营预算调入资金+地方财政使用结转结余资金"，财政支出总量口径为"一般公共预算支出+补充中央预算稳定调节基金"。可见政府性基金预算、国有资本经营预算、社会保障基金预算的收支缺口数据未纳入测算官方发布财政赤字的口径。

的分析》,《中国财政学会 2010 年年会暨第十八次全国财政理论讨论会交流材料汇编（一）》, 2010 年。

［2］ 中国财政部网站, http：//www. mof. gov. cn/index. htm。

［3］ IMF, "General government statistics", Available at http：//data. imf. org/？ sk = A0867067-D23C-4EBC-AD23-D3B015045405&sId = 1544448210372.

［4］ Medina, L. , "Assessing fiscal risks in Bangladesh", IMF Working Papers, 2015.

［5］ OECD, "IEA electricity information statistics", Available at https：//www. oecd-ilibrary. org/energy/data/iea-electricity-information-statistics_ elect-data-en.

［6］ OECD, "OECD statistics", Available at https：//stats. oecd. org/.

［7］ United Nations Development Programme, "Human development report", Available at http：//hdr. undp. org/.

［8］ WHO, "Population using safely managed sanitation services", Available at https：// apps. who. int/gho/data/node. imr. WSH_ SANITATION_ BASIC？ lang=en.

［9］ Wind, Available at https：//www. wind. com. cn/.

［10］ World Bank, "Doing business", Available at https：//chinese. doingbusiness. org/.

［11］ World Bank, "Education statistics - all indicators", Available at https：// databank. worldbank. org/source/education-statistics-%5e-all-indicators/preview/ on#.

［12］ World Bank, "The worldwide governance indicators", Available at http：// info. worldbank. org/governance/wgi/.

［13］ World Bank, "World development indicators", Available at https：//datacatalog. worldbank. org/dataset/world-development-indicators.

［14］ World Economic Forum, "The global competitiveness report", Available at https：//www. weforum. org/reports/how-to-end-a-decade-of-lost-productivity-growth.

专 题 篇

Special Reports

B.5
财政制度国际比较研究

宁静 陶然 刘雅欣*

摘 要： 本报告梳理了世界主要发达国家和发展中国家的财政制度，以期能
够为中国未来完善财政制度提供国际经验借鉴。通过各国财政制度
比较研究，本报告认为：在政府债务管理方面，中国应健全债务管
理制度，进一步完善债务风险指标及预警指标；在社会保障制度方
面，应从社会保障内容、受保人群覆盖面、缴费主体责任划分这三
个方面加以提升，实行多样化政府参与社会保障的方式；在国库集
中支付制度方面，我国在坚持央行经理国库体制的前提下，应从国
库管理机构、国库集中支付范围、国库账户管理等方面加以完善。

关键词： 财政制度 国际比较 发达国家 发展中国家

* 宁静，经济学博士，副研究员，硕士生导师，中央财经大学财经研究院财政指数研究中心主
任，北京财经研究基地研究人员，研究方向为地方财政、财政分权等；陶然，中央财经大学
经济学院博士研究生，研究方向为国家理论与市场理论；刘雅欣，中央财经大学财经研究院
硕士研究生，研究方向为财政金融理论与政策。

本报告以国别研究的形式，梳理了世界主要国家在财政收入、财政支出、债务管理、预算管理、社会保障、国库支付和财政分权七个方面的财政制度安排。为了与前面财政发展指数国际比较所研究的国家保持一致，本报告梳理了美国、英国、日本等九个主要发达国家，俄罗斯、巴西、墨西哥等五个发展中国家的财政制度。本报告旨在借鉴国际经验的基础上，为我国的财政改革和制度完善提供国际视野、理论参考和实践支撑。

一　主要发达国家

（一）美国

1.财政收入制度

首先，在税种划分方面，美国各级税收构成有所差别。其中，联邦一级税收以个人所得税、公司所得税和社会保障税等直接税为主，以消费税、遗产税、赠与税等为辅（袁冰、李建军，2015）。州政府税收以个人所得税、公司所得税和销售税为主，此外还包括消费税、财产税、遗产税、赠与税、资源税、社会保障税。其次，政府在税率设置上拥有较大的自主权，联邦、州和地方政府可以对同一税源按不同税率各自征收。现有实践包括两种方式：一是下级政府使用与上级政府相同的税基，但是按自己的税率征管；二是下级政府的税收由上级政府征收，最后以转移支付的形式返还（张敬石、胡雍，2016）。

2.财政支出制度

在财政支出资金投向方面，美国政府公共支出主要有十大类：养老金、健康护理、教育、国防、福利、安全保障、交通运输、一般政府支出、其他支出、利息支出。其中联邦政府独立支出责任包括老年健康服务、公共健康、健康研究发展、国防、基础研究、污染减排、生物多样性及资源保护、住房发展。地方政府独立支出责任包括火灾保护及服务、废水管理。

在财政支出绩效考核方面，美国绩效管理对象包括部门年度绩效评价和项目绩效评价两部分（郝宇彪，2014）。绩效评价的实施主体包括国会会计总署（General Accounting Office，GAO）、管理和预算办公室（Office of Management and Budget，OMB）及各政府部门。其中，国会会计总署的主要职责是代表国会对联邦政府各部门进行绩效考核；管理和预算办公室主要职责是协助总统对预算的编制进行指导监督，并对政府各部门预算计划的有效性进行评价（王胜华，2018）。

3. 债务管理制度

美国对地方政府债务管理实行市场约束与制度约束并行（晏俊等，2015；王珊珊，2017）。在市场约束方面，地方政府举债行为并不由联邦政府决定，仅由地方政府自身资金需求和金融市场运行规律决定。此外，在市政债券发行时，由专业的保险公司和信用评级公司为其提供债务担保和信用评级。在制度约束方面，首先，美国重视对资本项目预算管理的程序设计，包括：确定资本项目名单、资本预算编制、资本项目审核、资本项目评估、执行预算。其次，各州政府通过立法设置市政债券发行规模的控制指标并规定限额，包括债务率的范围为 90%~120%、负债率的范围为 13%~16% 等。再次，美国实行偿债准备金制度，以防止债券到期无法偿还。最后，美国风险控制体系较为完善，除了以上提到的规模控制、债务担保和信用评级，美国还综合运用年度财务报告、债务发行声明等制度强化地方在信息披露方面的透明度（张志华等，2008；毛捷、韩瑞雪，2020）。

4. 预算管理制度

首先，美国实行的是经常性预算和资本性预算相结合的复式预算制度（晏俊等，2015）。其次，国会负责预算编制工作，包括预算资金的分配与审批（杨雷，2015）。最后，管理和预算办公室与财政部共同负责预算管理。其中，管理和预算办公室负责对政府各部门的预算进行汇总，财政收入数据的收集、分析和管理等工作则主要由财政部负责。

5. 社会保障制度

首先，美国的社会保障体系由社会保险和社会福利两部分组成，社会保障责任由各级政府与个人、公司、团体共同承担，属于多层次的保障体系。

其次，美国采用税收形式作为社会保障基金收入的主要来源，形成主要由工薪税、铁路员工保障税、失业保障税和个体业主税四个税种组成的社会保障收入体系，其中工薪税是主要税种。最后，美国对社会保障基金的管理采用分类管理模式，分为联邦社会保障基金和私营养老金两部分。其中，联邦社会保障基金营运管理由美国财政部统筹，具体管理与投资由联邦社会保障信托基金托管委员会负责，其营运管理的特点是统一管理与分项管理相结合、专业管理与顾问参与相结合（杨鹃、杨昊雯，2019）。

6. 国库支付制度

首先，美国实行国库单一账户体系管理模式，由财政部负责在美联储开设账户。其次，美国要求银行需要对银行账户中的国库资金付利息。美联储还负责办理国库资金收支的总清算，在执行资金拨款时，美联储通过该单一账户进行统一划款。最后，美国以政府信息管理系统（Government Finance Management Information System，GFMIS）对所有财政资金进行控制（孟垚希，2021）。

7. 财政分权制度

（1）政府间事权与财政划分

首先，美国政府间的支出决定权互不干涉。联邦政府主要负责全国性的事务开支以及提供公共产品，包括国防、外交、科技创新、大型公共工程、农业补贴、社会保障等；州和地方政府主要对当地的治安、消防、环卫、家庭和社区服务等负责。其次，美国政府间税权划分明晰。其中，联邦政府财政收入的90%来源于个人所得税、公司所得税和社会保险税；州政府本级收入的70%来源于销售税、个人所得税和公司所得税；地方政府的税收收入主要来源于财产税、销售税、所得税和行政收费。

（2）转移支付制度

美国的财政转移支付方式有两种。一是专项拨款，具体指拨款资金必须用于规定的项目，该项目通常是社会服务领域，如保险、保健、教育、交通等。二是分类拨款，与专项拨款不同的是，接收拨款的州政府或地方政府有权决定资金使用方向，前提条件是达到联邦政府的要求（高荣泽、王碧，2015）。

（二）英国

1. 财政收入制度

英国的财政预算收入主要来源于各项税收，中央与地方的财政收入完全按税种划分，实行严格的分税制，不设共享税。具体而言，英国税收分为四大类：直接税、间接税、国民保险基金及其他的杂税费、地方税收（刘赛力，1994）。

2. 财政支出制度

在英国，中央政府主要职能在于配置资源、稳定经济、提供公共服务和福利。因此，中央财政支出成了英国公共财政支出的主要部分，具体可包括社会保障支出、卫生及社会福利支出、教育支出、国债利息支出、国防支出等（齐志宏，2001）。

地方政府主要职能在县和区之间进行划分，县（郡）具体负责教育、警察、消防、基础设施建设和社会服务；区主要负责住房、环境和本地交通。

3. 债务管理制度

英国对地方政府债务管理模式是行政约束型，具体的措施包括：事前审批债务举借，事后监控债务规模及使用情况（薛军、闻勇，2015）。此外，英国实行以"权责发生制"为基础的政府会计制度，要求财政部向社会提供涵盖政府整体财务状况、收支和融资信息的报告。

4. 预算管理制度

首先，英国实行三年滚动预算。其次，在英国，由女王任命的督察长和审计长负责对政府预算执行的稽核。他们各司其职，督察长负责财政收入能按时上缴国库的核查工作；审计长则监督财政拨款最终是否用于议会批准的项目。最后，在财政支出绩效方面，英国财政支出绩效评价的指导和监督由财政部和公共服务与公共支出办公室负责。因此，公共部门和公共支出项目是英国财政支出绩效评价的主要评价对象。该评价过程包括设立绩效目标、分配资源、提交绩效报告、进行绩效审计、使用绩效信息（王胜华，2018）。

5. 社会保障制度

首先，英国的社会保障预算体制实行典型的公共预算模式，即将社会保障收入和支出视同政府的经常性收支，在政府公共预算中统一安排（丛树海，2001）。其次，英国社会保障管理体制属于高度集权型。最后，英国的社会保障体系由社会保险、社会救济和专项津贴组成。其中，社会保险包括养老保险、失业保险和疾病保险；社会救助的主要项目有基本收入维持、负所得税、住房补助和社会基金；专项津贴的项目包括儿童津贴、残疾人津贴、疾病照顾津贴、工伤津贴、法定产妇津贴和法定疾病津贴等（杨红燕、陈天红，2013）。

6. 国库支付制度

在国库单一账户体系下，英格兰银行通过统一基金账户、国家贷款基金账户和支付办公室账户对国库资金进行管理。其中，统一基金账户反映除借款以外的所有政府性收入以及所有支出；国家贷款基金账户涵盖政府发行的金边债券和国民储蓄券；支付办公室账户则负责将统一基金划转至支付办公室各部门的账户，用于各部门的支付。在国库现金流预测方面，包含两个部分：一是预测年度财政收入支出和净财政盈余或赤字，在此基础上测算政府年度净现金需求；二是预测财政年度内的月度和每日现金流水平。

7. 财政分权制度

（1）政府间事权与财政划分

中央预算支出主要担负一些全国性事务（国防、外交、高等教育、社会保障、国民健康和医疗等）、中央政府债务还本付息以及对地方的转移支付。地方政府主要负责本区域内具体事务（教育、治安、消防、公路维护、住房建筑等），有时也会提供少量社会服务和投资。

（2）转移支付制度

英国的财政转移支付主要有三种形式。一是公式化补助，该补助以平均为原则，严格依据人口、社会结构及其他客观因素等对财政补助数额进行计算。二是特定公式化补助，属于无条件补助，即接收款项的地方政府有权决定资金的使用方向。三是专项拨款，顾名思义，该转移支付要求资金专款专用，通常用来解决两个地区间的项目溢出问题。

（三）日本

1. 财政收入制度

日本实行中央、都道府县、市町村三级征税体制。因此，税收分为国税和地方税。其中，国税主要税种包括法人税、个人所得税、继承与赠与税、消费税、酒税、烟税、挥发油税、地方道路税、石油天然气税、印花税、汽车重量税等（倪志良、王洪涛，2007）；地方税包括个人居民税、法人居民税、个人事业税、法人事业税、不动产购置税、汽车税、汽车购置税、轻油交易税、固定资产税、特别土地持有税、事业所税、城市规划税等（包蕾，2015）。

2. 财政支出制度

日本政府的财政支出主要分为：政府资本支出（政府投资性支出）、政府经常支出（政府消费性支出）和转移性支出（夏子敬，2014）。政府资本支出包括政府企业投资和社会资本投资，其中前者所占比重较小，一般在政府投资中只占20%，主要是指对公社、公团、特殊公司等的企业投资。政府投资的主要部分是对社会资本的投资，即对公共事业的投资，归纳起来可概括为以下三个方面：第一，构成产业基础设施的社会资本，如公路、港湾、机场、电信、工业用水设施等；第二，构成生活基础设施的投资，如住宅、下水道等与环境卫生有关的设施；第三，保护国土的投资，如治山治水、救灾等（王富，1985）。

3. 债务管理制度

首先，日本规范地方举债行为。根据日本的《地方分权一揽子法》，2006年4月以来，地方自治体发行地方政府债券由许可审批制改为协商制。其次，日本采用立法的形式，建立了自上而下的地方公共债务风险预警体系，全面审查地方政府财政状况。日本的《地方公共团体财政健全化法》规定："地方政府必须披露实际赤字率、合并赤字率、实际债务偿付率和未来债务负担率四项财政风险指标，并据此对地方公共债务风险水平划分出风险预警和财政重建两条界限。"最后，日本有较为严格的审计监督机制。地方监察委员会主要负责审计地方政府的财政收支情况（包括债务资金收支情况）。

4. 预算管理制度

首先，日本实行复式预算编制，包括一般会计预算、特别会计预算和政府关系机构预算（杨华，2018；张卫云，2018）。其中，一般会计预算是日本中央政府的预算，制定预算采用收支平衡法编制，租税收入及其他收入用于支出，不足部分靠发行赤字国债弥补。特别会计预算是用于特定目的的国家项目支出预算。政府关系机构预算即政府相关机构的财务预算。其次，日本预算编制需要经过预算请求指导、预算审查、协商与议会的预算审议三个阶段。其中，预算请求指导是指每年7月，内阁依据前一财政年度经济增长情况估计本年度经济增长，要求每个部门向财政部提交预算请求。而后，财政部预算局的监察员会同各部门召开听证会，审查每个预算项目，通过协商形成最终预算草案。到次年1月，内阁向国会提交预算草案，先提交参、众两院，预算草案由预算委员会审议通过。

5. 社会保障制度

首先，日本的社会保障体系较为完善，包括年金保险、医疗保险、劳灾保险、雇佣保险、护理保险。其次，日本社会保障收入主要来自保险费、税收、资产以及其他收入四个部分，其中保险费收入是主要的资金来源。最后，在社会保障支出方面，中央财政支出主要负担社会保障与福利等内容，地方政府则主要负担社会福利、医疗卫生等保障。[①]

6. 国库支付制度

日本实行严格的国库单一账户管理，并且将国库事务统一委托给日本央行进行全权代理，业务范围包括国库资金的收付与结算、管理政府存款、托

---

① 中华人民共和国驻日本国大使馆经济商务处，http：//jp.mofcom.gov.cn/aarticle/ztdy/200802/20080205402702.html。

管由政府收购或提交给政府的证券（孟垚希，2021）。

7. 财政分权制度

（1）政府间事权与财政划分

日本三级皆享有征税权。中央税集中在中央，地方税的主要税种及其标准税率由国家在《地方税法》中做了统一规定或限制，但同时地方政府可以根据本地区的实际，在经自治大臣批准后，开征一些法定以外的税种（宋文献，2004）。

（2）转移支付制度

日本政府转移支付的方式主要是税收返还，包括地方交付税、国库支出金和地方让与税。其中，地方交付税就是指将中央税部分收入按一定比例，分配给财政资源匮乏的地区。国库支出金是指由中央政府向地方政府拨付财政资金，限定用途。地方让与税就是指中央把源自中央税中几个特定税种的收入的一部分或全部，按一定的目的和标准转让给地方政府的一种财源再分配形式（宋文献，2004）。

（四）德国

1. 财政收入制度

从税种分布来看，德国联邦宪法对其做出了明确的规定："属于联邦政府的税收有矿物油税、燃料油税、照明材料税、烟草税、烧酒税、咖啡税、茶叶税、汽酒税、糖税、醋酸税、关税、保险税、证券交易税、资本转移税等；属于州政府的税收有机动车辆税、财产税、遗产税、赠与税、地产交易税、消防税、啤酒税、盐税、彩票税等；属于地方政府的税收有营业税（上交给联邦和州各9%）、地产税、饮料税、狗税、酒类营业许可税、娱乐税、渔猎税等"（赵永冰，2001）。

2. 财政支出制度

德国实行三级政府相对独立的财政体制。根据《基本法》，对于各级政府承担的任务，由各级政府安排财政开支。若出现州政府承担联邦政府委托任务的情况，所有开支由联邦政府负担，但要求专款专用（许闲，2009）。

此外，在支出结构方面，德国尤其注意控制政府支出中的商品购买和人员支出，主张加大社会保障、福利和投资性支出（杨润渤，2021）。因此，可以看到，近年来德国一般公共服务支出比例逐步下降，社会保障支出仍占总支出的一半左右。

3. 债务管理制度

德国联邦政府债务管理由财政部负责，具体的债务和现金管理活动集中由财政部委托联邦财金署（也称国债经营财务公司，2000年9月成立）负责（周海峰，2016）。对于地方政府债务管理，各州政府能够独立确定政府举债额度，并且控制市政府举债规模。此外，德国在地方债务管理上实行横向制衡机制，具体指地方预算部门与市政府其他部门相互独立（张志华等，2008）。

4. 预算管理制度

首先，德国具有严谨的预算制度立法，包括《基本法》《促进经济稳定和增长法》《联邦和州的预算原则法》《联邦预算法规》《联邦审计院法》。其次，德国预算从编制到监督都有特定的部门负责，其中联邦财政部负责预算草案编制，经联邦政府通过后交由联邦议院审议，联邦审计院负责预算执行的独立审计。最后，德国对预算执行的监督主要是依据对预算收支数据的分析。

5. 社会保障制度

德国的社会保障体制形成了以社会保险为主干，以社会赡养及赔偿、社会补贴和社会救济为补充的非常完整的四层次保障体系（杨来发，2007；鲁全，2009）。在养老保险方面，可分为法定养老保险和自愿养老保险。其中，法定养老金采取现收现付的运作模式，领取的养老金数额受年龄（65岁）、工资和保险期限等限制，其中保险期限超过45年的，可领取工资收入的70%，否则为工资收入的65%。在医疗保险方面，可分为义务医疗保险和自愿医疗保险（梁云凤，2011）。

6. 国库支付制度

首先，德国实行委托国库制，央行负责联邦国库资金收支运转和州、地方国库的资金收纳及流动性管理（徐宏练，2021）。在联邦层面，德国央行在国库资金收支中居中心地位，无论是预算内收支，还是预算外收支，均须通过国库单一账户体系进行。在州、地方层面，州、地市国库均须在德国央行开立国库账户，用于管理所有公共收入。其次，德国联邦国库管理部门主要由联邦国库管理会计中心及四个国库办公室组成。前者负责联邦预算资金的管理、记账以及对国库办公室的监督等；后者专门负责所辖区域内联邦预算单位资金支出的审批。最后，德国国库现金管理由德国金融公司负责。

7.财政分权制度

（1）政府间事权与财政划分

联邦财政主要负责全国性事务，包括国防、外交、科研与发展、社会保障、国有企业的支出等；州和地方财政主要负责本级具体各项事务，包括教育、治安、住宅、土地规划和城市建设的支出等（赵永冰，2001）。

（2）转移支付

德国实行均等化转移支付制度。

首先，在联邦对州的财政转移支付上，方式包括调整共享税的比例、提供补充拨款、设立统一基金完成共同任务拨款等（谭融、罗湘衡，2007）。就共享税比例而言，不同税种分配比例也有所不同，例如联邦和州拥有42.5%的个人所得税和工资税，地方仅分配到15%；联邦和州各享50%的公司所得税。联邦补充拨款，属于无条件拨款。因此，资金用途并不受上级政府的限制。关于共同任务，德国《基本法》规定："高等学校的扩建和改建；地区经济结构的改善和农业结构和海岸保护的改善"为联邦与州的三大任务（张通等，1997）。

其次是州与州之间的转移支付，又称横向转移支付，即财力较强的州通过横向平衡机制将部分税收转划给财力较弱的州（赵永冰，2001）。在程序上需要测算出各州的财力指数，即税收能力水平（以各州"居民平均税收额"表示）；还需要测算出平衡指数，即标准财政支出需求（以"全国居民平均税收额"表示）；进而将财力指数与平衡指数做比较确定富裕州或贫困州以及资金流向和规模。该转移支付要求低于平均财政能力95%的州在接收第二次转移支付之后，其财力水平至少要达到平均财政能力的 95%（李万慧、于印辉，2017）。

最后是州对地方政府进行转移支付，包括一般财政拨款和专项拨款。其中，一般财政拨款不限定具体用途，州对某地方的一般转移支付额=（该地方的标准税收需求-税收能力）×转移支付系数。而州对地方的专项拨款限定用途，如限定用于公路、医院以及环保等方面的公共投资。

（五）法国

1. 财政收入制度

法国税收体制为中央、省、市镇三级管理体制，征税权和税额分配权全部集中在中央政府。从税种分布来看，中央税主要有个人所得税、增值税、燃油税、公司税、其他收入；地方主要有 3 个税种，即居住税、房产税、职业税。总体来说，增值税与个人所得税是法国税收中的第一、第二大税种（舟，1994）。

2. 财政支出制度

法国中央政府支出分为费用支出（一般经费开支）和资本支出（购置固定资产）两类。其中，费用支出由行政支出、干预支出（国家补贴）、政府债务支出等组成；资本支出由民用直接投资、民用投资补贴、军事装备投资等组成。省和市镇的财政支出主要涵盖本级具体事务费用（行政经费、道路、教育、医疗、住房、治安和社会福利支出等）和地方债务还本付息等开支（倪志良、王洪涛，2007）。

3. 债务管理制度

首先，法国对地方政府债务的监督与管理和预算管理思路一致。一方面，要求债务的形成、偿还及变更遵守预算编制程序与原则；另一方面，要求披露每年新增债务、债务到期情况、财政年度本金和利息支出等信息。其次，在债务危机处理方面，原有的地方政府或地方议会宣告解散后，其债务由中央政府先代为偿还，待新的地方议会和政府经选举成立后，通过制定新的增税计划逐步偿还原有债务和中央政府代为偿还的垫付资金（张志华等，

2008）。

4.预算管理制度

法国的国家预算体系分为中央预算、地方预算、国家社会预算三部分（古益强，2001）。法国财政预算管理遵循以下四个原则。一是一级政府一级预算的原则，即法国三级预算各自独立分别编制。二是一年一个预算的原则，即法国预算年度是按自然年度编制，历时两年完成：第一年为准备、汇总各项资料；第二年才开始编制。三是专款专用原则，即固定项目设有专项资金，必须待项目结束，否则需要一直在预算中有所体现。四是平衡的原则，考虑到社会发展各项支出的增加，中央政府允许适当赤字，但不能超过GDP 的 13%（贾康，2000）。

5.社会保障制度

法国社会保障制度涵盖养老、医疗、家庭和失业四方面的内容。其中，养老保险、医疗保障和家庭津贴是法国社会保障的三大支柱（李姿姿，2010）。首先，法国具有多层次的养老保险制度。法国的养老保险采用职业养老金的方式，即养老金几乎都与职业相联系。具体表现为：第一，养老金的获得与缴纳保险费的年限挂钩；第二，不同职业群体获得的养老保险金不同，其中最重要的差别存在于私有部门和公共部门的雇员之间。其次，法国具有相对普遍的医疗保险制度。法国的医疗保险主要包括两个部分，即基本医疗保险和补充医疗保险，其中基本医疗保险是全民必须加入的保险，补充医疗保险主要是指互助保险公司或互济会提供的保险，人们可以选择性加入。最后，法国家庭津贴政策较为完善，涵盖幼儿、单身父母、新婚家庭、教育、住房等。该补贴资金主要由雇主和政府提供。

6.国库支付制度

首先，法国实行单一国库账户，由央行全面管理各级的国库资金收支（孟垚希，2021），不得在商业银行开设账户。其次，法国国库支付管理是财政部与央行签署的协议。一方面，央行可以就其为政府提供服务收取费用；另一方面，央行也需要根据账户余额支付利息。最后，国库支付管理需要遵循支出决策者必须与支出实施者绝对分离的原则。

7. 财政分权制度

（1）政府间事权与财政划分

法国在财政上实行中央、地方分级管理体制。中央政府的职责包括国防、外交、司法以及各级各类学校的教师工资支出；而地方政府职责集中在教育、卫生、城市基础设施建设等方面。法国实行彻底的分税制——"属于中央税的税种有：个人所得税、公司所得税、增值税、消费税、印花税、交易税、遗产税和关税等。属于地方税的税种有：建筑地产税、非建筑地产税、房地产税、专利税、国家转移的工资税、财产转移税、娱乐税、电力税、海外领地海洋税等"（倪志良、王洪涛，2007）。

（2）转移支付

法国中央财政对地方财政的补助形式包括一般性补助和专项补助两种。前者不针对某一具体项目而且不附加任何条件，地方政府可以统筹安排；后者主要针对地方兴修的专项工程，如市镇修建学校、铁路、托儿所等。

（六）意大利

1. 财政收入制度

首先，意大利的财政体制实行中央集权制，主要税种和社会保障基金集中在中央，地方财政所需收入主要来自中央拨款（张俊芳，1991）。其次，意大利中央财政收入分为两大类：一类是各项税收，一类是社会保障基金。税收分直接税和间接税两类：直接税主要有个人所得税、法人所得税和地方所得税，其中地方所得税基本上返还给地方；间接税主要是增值税。最后，市镇一级可以征收职业税、公共场地使用税和个人超额用电税。但是，地方税的税种设置和税率调整权集中在中央，地方只有在执行时才有权决定是否开征。

2. 财政支出制度

首先，意大利中央政府支出分经常项目支出和资本支出两类。经常项目支出包括政府消费、国债利息、向企业提供的生产补贴、社会福利开支、向公共机构的拨款、向私人社会机构的拨款以及国际援助等。其中政府消费、社会福利开支和国债利息是最大的经常开支项目。其次，大区一级的支出主要有政府开支、医疗卫生和交通运输等。再次，省一级的支出主要包括修筑和养护省级公路即社会和经济效益仅限于本省的公路、公共工程、地方河湖港口、防洪工程、其他水利工程、各种公用事业（如卫生保健、防疫站、慈善福利设施、公共教育）等。最后，市镇级的支出主要包括地方警察、14 岁以前儿童的教育、卫生保健、水管和下水道、公墓、公共照明、城市环境卫生、博览会和集市、公共福利和慈善事业、地方公共工程（如道路、公共广场和公园）等。

3. 债务管理制度

首先，意大利地方公共债务管理体制是行政控制型。中央政府对地方公共债务实施直接控制，不仅包括事前授权与审批，还包括事后的定期监督与检查。意大利地方政府的偿债比例不得超过地区自有收入、卫生收费收入净额与公共基金之和的 25%。意大利《宪法》第五章规定，地方政府只能将债务用于公共投资，不得为经常项目支出融资而发行债券。此外，只有各地方政府提供偿债计划后，储蓄与贷款基金会、银行等机构才会为其提供贷款。其次，为防止地方公共债务危机的无序膨胀，意大利政府制定了详细的防范债务风险的操作程序。最后，意大利政府建立了债务风险管理办公室（DMO），由专门机构负责处理地方公共债务问题。

4. 预算管理制度

首先，意大利定期编制中期财政支出框架，一般覆盖 3 年。其次，预算编制必须按收付实现制和权责发生制两种核算方法分别进行测算。最后，预算管理由经济财政部负责，一个完整的绩效预算管理流程跨度约为 3 年。第一年主要是预算编制和议会审批；第二年主要是预算分配、执行以及对预算执行情况进行监测；第三年 6~7 月决算报告（附带"最终说明"）将提交至最高审计法院，绩效评价报告提交至议会，供议会审议表决下一年度预算时参考。

5. 社会保障制度

社会保险、保健医疗和社会性援助是意大利社会保障制度的三大组成部分。其中，社会保险是指对因某种原因（包括退休、意外等）丧失收入的人们给予帮助，具体可包括年金制度、工伤制度、家居补贴制度、失业补贴制度等。第二，保健医疗是指对国民在健康医疗方面的开支提供补助。最后，社会性援助是指对社会保障制度外的特殊群体提供援助，包括残疾人福利、儿童福利、高龄者福利等。

6. 国库支付制度

首先，意大利实行国家单一账户制度，实行集中收付管理。其次，意大利国库资金收纳与支付借助银行结算系统进行清算。最后，意大利国库部与中央银行之间分工明确。中央银行作为国库单一账户的开户单位，负责国库单一账户的具体操作业务，包括收入划转和资金拨付。但是，所有收支都必须严格按照国库部的通知要求进行处理（翟钢等，2000）。

7. 财政分权制度

（1）政府间事权与财政划分

首先，从立法权来看，意大利《宪法》第117条列举了中央享有的17项专属立法权，包括外交、国防、货币、金融、司法、环境保护等事项，并规定中央可以将某些立法权委托给大区行使。同时，该条款还明确了大区享有的立法权，主要涉及对外贸易、劳动保障、医疗保险、教育、科研等事项，并规定其他未列举事项的立法权都归大区所有，但中央可以针对大区的立法权规定一些必须遵循的基本原则。

其次，从行政权来看，意大利《宪法》第118条规定，为了保证行政执行的统一性，除了授予中央、大区、省的行政职责外，根据辅助性、区别性和适当性原则，行政职责由市（镇）行使。省和市（镇）在各自职责范围内，根据国家和大区法律的授权具体行使行政职责（实践中，省政府主要负责道路交通、高中教育等；市（镇）政府主要负责供电供水、垃圾处理、义务教育、幼儿教育、文化建设等。

（2）转移支付

首先，意大利专项转移支付主要集中在教育、基础设施建设和医疗服务领域等，具有针对性的特定发展目标。其次，意大利设立审计法院，其主要职责在于监督财政转移的拨付和执行。最后，意大利财政转移支付的测算体系通过科学选择测算对象、筛选测算因素，进行公式化计算，得出相对科学、透明的标准支出需求，进而确定对所有地方政府的财政转移支付额度（祝向文等，2012）。

（七）澳大利亚

1.财政收入制度

首先，澳大利亚的财政管理体制分为联邦、州、地方三级。从税种分布来看，联邦税主要包含：①个人所得税，采取累进税率；②公司所得税，税率为30%；③商品服务税（GST），税率为10%，并对食品、教育和医疗收入实行免征；④资本利得税，按所得税税率征收；⑤员工福利税，由雇主承担，税率为46.5%。州和地方的税收来源主要有工资税、印花税、土地税和借计税（隋焕新，2014）。从税收占比来看，澳大利亚的财政管理体制相对集中，联邦税收的占比达到70%。其次，澳大利亚实行以直接税为主、间接税为辅的税制。最后，在税收征管方面，澳大利亚实行的是一种机构单一、分类管理的征管体制。具体表现为只设立一个税务局，由23个部门组成，包含纳税人遵从管理、人力财力及技术保障、政策及法制监督三个系列（舟，1994）。

2.财政支出制度

澳大利亚实行财政支出评价制度。在评价内容上，包括适用性评价、效率评价、效果评价和对评价的评价（张小利、侯晓玉，2001）。在评价管理上，财政部总负责，其他政府部门对本部门实施支出评价工作。在评价程序上，首先编制部门的事业发展目标；其次根据发展目标编制计划、设计指标（范晓婷，2012）；再次财政部对其进行审核并交由议会终审；最后由澳大利亚国家审计署负责绩效审计（王胜华，2018）。

3.债务管理制度

（1）联邦政府债务管理

在澳大利亚，联邦贷款委员会是专门负责公共部门债务的管理机构，该管理机构的基本职责就是统一协调和控制各州政府融资行为。联邦贷款委员会运作的基本制度框架包括实行贷款计划报告审查制度。同时，澳大利亚还通过引入市场竞争规则的方式，对公共融资行为进行监督和制约（王珊珊，2017）。

（2）州政府债务管理

首先，州政府拥有举债权限，并且有明确的法律依据。《1930年地方政府法案》规定："经财政部部长批准，地方政府可以以贷款、透支等方式举借债务，但要求地方议会就债务提供相应的担保以保障债务的按期还本付息，且所筹债务资金一般仅限于资本性项目的使用，如基础设施的建设等"（卢真、肖鹏，2016）。其次，借款委员会和国库公司共同管理州政府债务。其中，借款委员会隶属于财政部，主要负责协调和控制各州政府的总体债务水平。国库公司由州国库部控股，负责向州政府机构和公共服务机构提供贷款。最后，对于债务风险管理，澳大利亚形成了包括预算管理、规模控制、信用评级、透明度要求和债务化解的管理制度（张冀湘等，2005）。例如：州政府收支信息、借款及使用情况都需要在预算报告中披露；在州政府财政状况发生重大变化时，需要信用评级机构对其进行信用评级（张志华等，2008）。

4. 预算管理制度

首先，澳大利亚在深化预算信息公开方面有明确的法律基础。深化预算信息公开的相关法律有：《预算诚信章程法》《总审计长法》《档案法》《公共服务法》《财政管理和责任法》（董妍、耿磊，2010）。其次，澳大利亚设有独立的财政机构，即议会预算办公室。该机构主要负责事前开展分析和评估工作、每年制订详细的年度工作计划、事后将工作过程和工作结果及时公开。最后，澳大利亚编制中期预算的周期为当年和之后三个财年，即编制四个财年的预算。具体编制程序包括：起初，由国库部和财政部对经济运行状况和财政收支情况进行预测；然后，交由高级部长会议确定发展战略；最后，由内阁支出审查委员会确定各部门的预算限额（胡玉桃，2013；赵早早，2014；王宏武，2015）。

5. 社会保障制度

澳大利亚的社会保障体系以社会救助为主，以社会保险计划和全民医疗保险计划为辅（杨鹍、杨昊雯，2019）。具体可包括养老保障、医疗保障、失业保障、家庭津贴和伤残保障等（杨红燕、陈天红，2011；李万慧，2012）。在养老保障方面，澳大利亚养老保障体系包括最低养老金、强制性职业年金和自愿储蓄性养老金三部分。在医疗保障方面，患者可享受公立医院免费就诊；在私立医院负担15%的门诊费用以及25%的住院费用。在失业保障方面，澳大利亚通常采取求职补助、高龄失业者补助和青年就业补助等方式发放失业救济金。在家庭津贴方面，有抚养未成年子女义务的家庭可按规定领取家庭津贴，包括困难家庭补助、儿童抚养津贴、生育津贴和家庭税收优惠政策等。在伤残保障方面，澳大利亚对这部分群体给予收入补助、交通补助和护理费补助等（李克平，1996；蔡社文，2001）。

6. 国库支付制度

首先，澳大利亚三级财政国库均采用单一账户体系，具体包括："一是财政部开设在联邦储备银行的国库存款账户，又可称为政府公共账户；二是部门开设在商业银行的项目支出账户，用于核算由部门安排使用的项目支出；三是部门开设在商业银行的基本支出账户，用于管理和核算财政预算安排的部门基本支出"（张文、李宗宝，2016）。其次，澳大利亚设有全国性的部门参与国库管理制度。一是国库部，负责预算收入管理；二是财政部，负责预算支出管理；三是联邦储备银行，负责提供国库单一账户收支资金的清算服务。再次，澳大利亚具有以FIRM系统（财务信息资源管理系统）为核心，EPIC系统（信息输入控制系统）、AGENCIES系统（管理信息系统）、RBA系统（银行会计维护系统）共同参与运行的国库信息管理体系。最后，澳大利亚依据不同的政府支出方式实行不同的管理程序。具体而言，可分为电子支出方式和支票支出方式：前者需要通过银行间的电子清算系统，将联邦公共账户所需要的开支划转到用款单位在商业银行开立的账户中；后者需要通过银行同业票据清算系统向政府公共账户汇转划拨（周虹，2006）。

7. 财政分权制度

（1）政府间事权和财政划分

澳大利亚是一个联邦制国家，实行三级财政管理体制。其中，联邦政府的事权及财政支出范围包括：①管理全国性的社会公共事务，涵盖外交、国防、海关、移民、治安、教育、公共医疗、社会保障等；②调控宏观经济；③建设和经营基础设施。州政府的事权及财政支出范围包括：①提供本州公共服务和进行基础设施建设；②城市和市场管理。地方政府的事权和财政支出范围包括本市的建筑规划、城市道路修建与保养、排水管理、污水处理、监督建筑管理、度量衡和其他有关地方的事宜（谢旭人，1994）。

（2）转移支付

首先，联邦政府在转移支付中处于支配地位。澳大利亚实行的是不设共享税的彻底分税制，转移支付的规模由联邦国库决定，转移支付的方法由联邦拨款委员会制定，经过各州总理参加的联邦总理办公会讨论后由联邦总理定夺。其次，澳大利亚转移支付形式为一般拨款与特殊拨款并存，并保留中央财政对地方政府的直接或间接拨款。最后，澳大利亚转移支付分配所依据的原则是横向财政均等化原则，以地方政府援助制度为主要形式，其目标是为所有的澳大利亚居民提供平等的待遇（张立彦，2018）。

（八）加拿大

1.财政收入制度

加拿大实行分享式的分税制。联邦政府对国内直接税和间接税皆享有征税权，相比之下，省政府仅仅享有对省内直接税的征税权。尽管征收权上有所差异，但是联邦政府和省政府之间可以以签订协议的方式确定各种税种的分享比例：例如，个人所得税联邦政府占63%，省政府占37%；公司所得税联邦政府占62%，省政府占38%；一般销售税联邦政府和省政府各占50%（舟，1994）。

2.财政支出制度

（1）财政支出结构

加拿大联邦政府的财政支出包括项目支出和债务支出（即政府债务的利息支出）两大类（王保安等，2000）。其中，项目支出包括养老金、失业救济、住房、教育、交通等社会领域的支出；在经济领域，包括支持地区发

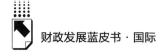

展支出、工业和科学支出、向不发达地区的均衡转移支付等（杨雅琴，2015）。

（2）财政支出绩效考核

首先，加拿大财政支出绩效评价的实施主体是财政委员会和支出审查委员会，评价对象是部门工作绩效和联邦政府绩效。其次，加拿大财政支出绩效评价强调以结果为导向，绩效评价贯穿于政府管理的全过程（王胜华，2018）。最后，加拿大财政支出绩效评价指标体系是根据管理问责制框架确定的，主要包括公共服务价值和风险管理两方面的内容（王保安等，2000）。

3. 债务管理制度

首先，加拿大对于地方政府债务管理是以行政控制和市场约束相结合的方式。其次，加拿大对政府债务有较为严格的披露制度，包括预算的编制和执行情况、预算执行结果偏离预期的主要原因等。最后，加拿大在评估地方政府债务风险方面，建立了一套贷款管理和风险担保原则，规定银行最少承担与任何违约相关净损失的 15% 份额（张志华等，2008）。同时，加拿大建立了事前债务风险的预警机制，包括各省都设置了专门的部门进行债务风险预警、省政府积极实行债务风险目标管理以及建立规范的信用评级制度（中国人民银行乌鲁木齐中心支行跨境办课题组等，2019）。

4. 预算管理制度

首先，加拿大财政预算的编制和执行具有完备的法律基础。与预算管理制度相关的法律包括：《财政平衡法》《征税协定》《税收管理协定》《一体化综合税收协调协定》《联邦省级财政安排法案》《原住民商品和服务税收法案》等。其次，加拿大财政预算编制需要经过多层磋商决定。在确立初步预算框架环节涉及枢密院、财政部和国库委员会。在内阁磋商环节（每年 6 月），财政部部长会提出财政经济预测结果及下年预算要点，与各部委负责人就预算安排进行具体磋商。在议会磋商环节（每年 10 月），众议院财政委员会举行听证会听取财政部部长发表预算要点，众议院财政委员会提交磋商报告。紧接着，财政部将议会磋商形成的预算建议反馈给政府，确定最终预算案。直至次年 2 月，财政部部长代表政府向议会提交预算案。5 月末，众议院财政委员会向众议院全体会议提交预算审查报告，并在议会讨论通过（吕志胜，2001；杨雅琴，2017）。最后，加拿大预算编制方法主要存在以下三种：一是在对经济进行谨慎预测的基础上预测财政支出；二是编制部门预算；三是制定 3 年滚动预算。

5. 社会保障制度

加拿大社会保障制度包括收入分配计划、医疗保健计划和社会服务计划。在收入分配计划方面，按筹资来源可分为社会保险和收入转移支付。前者以缴费形成，依法强制雇主和雇员缴纳社会保险费，如年金计划、就业保险、工伤保险等；后者即由税收形成基金，用于收入补偿项目，如老年保障金、老年福利津贴、社会救济和儿童税收福利等。在医疗保健计划方面，加拿大实行全民医疗保险制度。在社会服务计划方面，包括为老人服务的老年人社区服务中心、老年人公寓养老院，为残疾人服务的看护和照顾机构，为受丈夫虐待的妇女提供服务的庇护所，等等（仇雨临，2004；孙月蓉，2012）。

6. 国库支付制度

首先，加拿大实行的是一种单一预算下的国库集中收付制度。财政收入由国家出纳总署统一管理；财政支出由国库委员会负责审核。其次，加拿大采用收付系统和中心会计系统对国库收付进行管理。对于国库现金管理，加拿大建立了含现金管理委员会（FMC）、现金管理协调委员会（FMCC）和国库现金管理工作组三个层次的协调机制。最后，加拿大银行国库现金管理工具以国库定期存款拍卖为主，以短期国库券、现金管理券和现金管理债券买回为辅（李海、王奇，2010）。

7. 财政分权制度

（1）政府间事权与财政划分

加拿大由联邦、省和市三级政府组成。各级事权划分为："联邦政府主要负责全国性事务，包括外交、国防、国际贸易、失业保险、货币政策和立法、航空、铁路建设等项目。省政府负责本省行政、司法机构运转、教育、

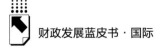

卫生、社会服务、公安、高速公路等事务。市政府是省政府的派出机构，主要负责市政管理和社会治安方面的事务，支出只占全省支出的小部分"（吕志胜，2001）。

（2）转移支付

加拿大的转移支付制度主要采取三种支付方式，分别为卫生与社会性转移支付、均衡性转移支付和地区性财政补贴。其中，卫生与社会性转移支付属于有条件转移支付，存在两种实现方式："一是现金转移支付方式，由联邦政府直接拨付。二是税收转移支付方式，联邦政府将联邦个人所得税收入的13.5%和企业所得税收入的1%让渡给省和地区政府"（吴雨坤，2014）。而均衡性转移支付和地区性财政补贴属于无条件转移支付。

（九）韩国

1.财政收入制度

韩国税收总收入中，中央税占绝对比重。其中，中央税包括个人所得税、公司所得税、遗产税、赠与税、土地超额增值税、资产评估税、超额利润税、增值税、酒税、电话税、印花税、特别消费税、证券交易税、运输税、关税、乡村发展特别税、教育税等。地方税分为道税和市镇税。其中，道税包括道级税和都市税，前者只在省一级的地区征收，而都市税只在首尔征收。总的来说，地方税以财产税为主体税种（朴姬善，2008；明侯、王志平，2012）。

2.财政支出制度

根据不同的用途，韩国中央政府支出主要包括：①与国家发展直接相关的事务，例如外交、国防等；②提供地方政府财政和技术难以实现的商品与服务，例如修建铁路、核能源开发等；③经常性转移支出，包括一般性补偿、捐款以及对私人部门、地方政府和国外的转移支付；④以投资形式对各项资产的收购，例如土地、证券等（章孟迪，2017）。

韩国地方政府支出主要包括："①一般管理支出，包括日常管理、财政、文化和公共信息管理；②社会福利支出，包括保健、公共卫生和其他社会服务；③工业和经济支出，包括农业、商业、工业、畜牧、水产、林业等的指导管理和农田开发；④公共工程支出，包括供水、市政、住房、旅游、交通、娱乐以及治安管理；⑤公民防卫支出，包括防火、洪水控制、突发事件管理、不可预测的战争形势的教育管理；⑥教育支出，包括与公共教育有关的所有服务"（李金红，2003）。

3. 债务管理制度

首先，韩国将地方政府债务纳入国家整体债务计划进行管理（李诚鑫等，2021）。具体表现为：韩国地方政府国内债务融资计划由中央政府授权的内务部进行审核；韩国地方政府海外的债务融资计划则由财政经济部负责管理。其次，韩国每年制订债券发行计划，同时对债券发行实行限额管理。最后，韩国通过地方财政危机预警系统确保地方财政的稳健。该系统集中应用于五个领域，分别为地方公共企业、财政收支平衡、债务管理、收入管理和资金管理，各领域分别有衡量财务绩效的指标（林力、张自力，2015）。

4. 预算管理制度

首先，韩国实行自上而下的预算编制流程，并关注对各支出部门的总额控制（杨玉霞、于羿天，2012）。其次，韩国的绩效管理制度以财政项目为评价对象，具体考察有关绩效指标、预算执行情况，以及对少数项目进行深层次评价等。

5. 社会保障制度

根据韩国《社会保障框架法》规定，韩国的社会保障制度由社会保险、公共援助和社会福利服务三部分构成。其中，公共援助和社会福利服务与其他国家相比差异不大，而社会保险作为最基本、最主要的组成部分，在韩国社会保障体系中发挥着主要作用（刘泰均、胡文秀，2021），包括养老保险、医疗保险、就业保险和产业灾害保险四方面内容。

以养老保险为例，韩国实行的是一种缴费制的社会保险方案，由国家承担最后担保的责任（王振东，2008）。韩国规定了公务员、军人和私立教职员三种特殊职业的养老保险。公务员、军人要求缴纳月薪的 5.5%（工龄、军龄超过 33 年就不再缴纳），国库或地方政府负担月薪的 5.5%。私立教职员要求缴纳月薪的 5.5%，学校负担月薪的 3.5%，国库支付 2% 及运营费。

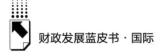
国民养老金计划于 1988 年才开始实施，适用于 18～60 岁的一般公民，由保健福利部负责。

在社会保障支出规模方面，自 1996 年加入 OECD 之后，韩国社会保障支出规模显著扩大。但是，与其他发达国家相比，仍处于较低水平（张宝仁、张慧智，2000）。

6.国库支付制度

韩国实行单一国库账户管理。韩国央行指定全国范围内的金融机构为财政授权机构，并赋予它们经收国库资金的权限（孟垚希，2021）。在国库现金支付管理方面，韩国具有高效透明的管理系统和支付系统，即数字预算与会计制度（DBAS），该系统把预算的制定、执行中的每个环节、财政收入与支出所产生的会计处理方法与绩效评定等操作细节都用"数据流"的形式加以体现。此外，韩国建立了财政资金实时传输系统，连接企划财政部、韩国银行和各金融机构的网络，使支出业务以数据文件传输的方式进行。

7.财政分权制度

韩国财政转移支付制度由地方共享税、国家财政补贴和国家均衡发展专用账户三者组成（林圣日、张和安，2011）。其中，地方共享税又分为分权共享税、不动产共享税和道路补偿共享税；国家财政补贴（NTS）的用途和条件由中央政府严格限制和管控；国家均衡发展专用账户主要用来支持与均衡发展和区域创新相关的项目，其资金一部分来源于地方转让金的现有基金，另一部分则由新动员的财源提供（林圣日、张和安，2011）。

二 主要发展中国家

（一）俄罗斯

1.财政收入制度

俄罗斯现在的税制主要是按照《俄罗斯联邦税收法典》制定的，包含了营业税、消费税、企业个人所得税、社会保险税等众多税种（赵振姣，

2010）。个人所得税规定，对个人的工资、薪酬类收入采用 13% 的单一税率，是欧洲地区个税税率最低的国家（童伟，2003）。

2. 财政支出制度

俄罗斯国家预算支出统称为俄联邦汇总预算支出，主要包括联邦政府预算支出、国家预算外基金支出、联邦主体汇总预算支出和地区预算外基金支出四个部分，这也是构成俄联邦预算支出体系的主要框架。以功能划分，俄罗斯国家预算支出主要包含全国性问题、国防、国家安全和法律维护、国民经济、住房和公益事业、教育、环境保护、文化和电影、医疗、社会政策、体育文化和体育运动、大众传媒工具、国债还本付息及政府间转移支付等方面的内容。

2011~2016 年俄罗斯几乎所有的联邦预算支出均按照 5 个方向（"新的生活质量""经济的创新发展和现代化""国家安全保障""区域平衡发展""公共管理效率提升"）分配至 41 个国家计划中。至此，俄罗斯中期预算框架与此前的绩效预算相结合，在更大程度上反映经济社会发展的优先方向。

3. 债务管理制度

俄罗斯通过《俄罗斯联邦预算法典》等多部法律，规范了政府的债务管理制度，具体体现为三点。

（1）明确举债方式，以严格控制对外借款。《俄罗斯联邦预算法典》规定了举债的形式，俄罗斯的联邦债务和市政债务包括政府借贷、发行债券、联邦预算贷款、延期或者重组债务等。除了法定的债务形式外，联邦政府和市政部门的债务不得以其他任何方式出现（薄艳华，2007）。

（2）实行限额管理与期限监管，以控制各地方政府的债务规模。《俄罗斯联邦预算法典》规定，联邦主体债务、地方市政债务的最高总额，不应高于相应政府预算收入的 100%；对高度依靠转移支付的地方政府，该比例降为 50%；用于偿还债务的支出不能高于财政支出的 15%；联邦主体债务必须在设定的期限内全部清偿，时间不能大于 30 年，市政债务清偿时间不能大于 10 年（李万超等，2021）。

（3）严格规范举债用途，限制经常性支出类债务。《俄罗斯联邦地方政府财政基础法》规定，地方政府债务可以用作资本投资，但是不能用作经常性支出。《俄罗斯联邦预算法典》规定，俄罗斯联邦主体和市政当局的贷款，可用于偿还预算赤字，为其各种预算开支提供资助。

4. 预算管理制度

俄罗斯的第 1 级预算叫作联邦预算（中央政府预算）；第 2 级是联邦主体预算，包括了 89 个联邦主体；第 3 级是地方预算，分为区、镇、县和乡预算。在考虑中央政策和地方利益时，俄罗斯一般将第 2、3 级预算合并称为地方预算，联邦预算与地方预算合在一起构成国家预算，称为联合预算（陆南泉，1996）。

在预算系统中，俄罗斯联邦中期计划的内涵十分丰富，它不但包括对未来几年财务收支情况、国内宏观政治经济态势的分析与预计，而且涉及按照政府优先目标统筹经济政策措施的制定与执行（童伟，2008）。按照俄罗斯预算改革构想，俄罗斯中期计划委员会要计算出各年份的经济增长速度、失业率、物价水平、居民消费、外商投资、进出口等若干关键的经济发展指数，为政府估计未来年度的财政收支提供重要依据；依据整个国家经济发展状况预估政府各项开支的可能性，清楚地预计未来三年内预算总收支的规模和结构。

5. 社会保障制度

俄罗斯的社会保障体系涵盖养老保险、医疗保险、失业保险、社会福利及社会救助这四个领域。

（1）养老保险制度

俄罗斯联合会对发展养老保障体系越来越重视，认为养老保险制度是社会保障体系改善的关键环节。1991 年俄罗斯修改并颁布了《俄罗斯联邦养老基金法》，要求将养老保险的资金来源，从全部依靠国家转变为由国家、企业、劳动者共同承担，并且使养老保险脱离财政预算而自主运作。企业按份额上缴养老保险费用，企业承担费用占比较大，职工个人承担费用占比较小。尽管企业与个人每年上缴的份额会有所变动，但是这种养老保险缴费共同承担方式始终不会变化。

（2）医疗保险制度

早在苏联时期，俄罗斯医疗体制就经历多次改革，但受困于当时的经济发展缓慢和财政困难严重，医疗保险制度改革未能达到预想目标。目前俄罗斯基本建立了以公立医院为主体、私立医院为辅、以强制医疗保险为最终目标的医疗卫生制度（丁奕宁、魏云娜，2019）。

（3）失业保险制度

俄罗斯失业保险制度的补助群体为 16～59 岁的男性和 16～54 岁的女性中的非自愿失业劳动者。俄罗斯对失业金的发放问题有着明确规定：劳动者至少失去工作 12 周后才能领取失业救济金；失业 12 周后，救济金发放金额为劳动者失业前两个月平均工资的 75%；失业 4 个月后，救济金为前两个月平均工资的 60%；随后 5 个月，救济金为前两个月平均工资的 45%（丁奕宁、魏云娜，2019）。

（4）社会福利及社会救济制度

除养老、医疗、失业方面的社会保障制度外，为了保障普通民众的基础利益，俄罗斯联邦政府还专门为弱势群体设置了各类社会福利设施，包含专门为老年人、残障人士和孤儿修建的社区福利院以及专为孤寡老人提供的特殊房屋等。此外，当地政府还为村民们提供了不同类型的救济费或补助费，例如贫困家庭子女补助费、孕妇补助费、丧失劳动能力或临时失去劳动能力补助费等。

6. 国库管理制度

会计制度是国库管理的核心财务制度，根据《俄罗斯联邦宪法》，俄罗斯的会计核算工作由联邦政府管理。俄罗斯联邦政府和联邦财政部（包括联邦国库总部）负责管理各预算单位并负责颁布实施各级预算会计方法细则。国际组织要求俄罗斯推行国库单一账户制度，目前，俄罗斯的会计准则由联邦政府总理批准、签发，并在法规中明确授权财政部负责制定会计核算规则和会计报表要求。俄罗斯政府的预算业务涉及的机构包括预算执行机关（预算资金总支配人、预算资金支配人或预算领用者）、管理预算执行的财政机关和实现预算执行现金服务的联邦国库。

7. 财政分权制度

俄罗斯是联邦制国家，通过制定《俄罗斯联邦宪法》《俄罗斯联邦税收法典》《俄罗斯联邦预算法典》等形成了比较完备的财政分权立法体系，确定了联邦政府与地方政府的事权财权关系。如《俄罗斯联邦税收法典》明文规定，除了特殊税种外，不允许各地政府任意增加联邦主体税或者地方税（高凌江，2016）。《俄罗斯联邦税收法典》规定，联邦税有 16 种，联邦主体税有 7 种，地方税有 5 种。[①]

（二）巴西

1. 财政收入制度

首先，巴西按照联邦、自治州、县（市）三级财政，分别设置税项来课征税收。联邦政府一般征收工业产品税、金融服务贸易税、私人所得税、进口商品税、出境税等；州政府一般征收商品税、车辆税、遗产和馈赠税等；市政府一般征收社会公共服务税、城市住宅税、不动产转移税等（王美桃，2016）。其次，巴西对重要税种采取收入共享制度，对小部分税项采取专享制度，同时采取转移支付的办法缓解地方财政收入不足（高凌江，2016）。最后，在税收相关权限方面，巴西法律规定，开征税种和确定征税管理权限等重大举措都需要经国会立法通过。同时，为了便于政府在调查中发现重大的逃税迹象，巴西将部分征税监督权下放到地方（韩扬、郑斌，1990）。

2. 财政支出制度

从支出结构看，巴西联邦财政支出由国库开支、中央银行开支和社会保险开支三个部分构成（王美桃，2016）。从支出项目看，截至 2016 年，巴西联邦政府财政支出共分成 28 类，其中社会保险、健康、文化教育、劳动、

---

① 中华人民共和国商务部贸易救济调查局，http//gpj. mofcom. gov. cn/article/zuixindt/201505/20150500987181. shtml。

社会救济、军事、司法、管理、运输、农业、公共安全、科技等方面的支出是巴西财政最重要的开支部分。

3. 债务管理制度

在债务立法方面，巴西政府制定了《财政责任法》等，这些立法的主要功能在于约束当地政府的举债规模。一方面，《财政责任法》规定巴西政府要定期发布债务报表，以提高政府外债的透明度（谢璐、韩文龙，2014）；另一方面，《财政责任法》规定各项债务风险警示标准，例如，政府欠款总额不能大于资本性预算的总规模，地方财政新增外债比例不能超过18%，政府担保外债比例必须小于22%，等等（李佩珈、陈巍，2015；余霞民，2016）。

在债务管理方面，巴西在限制外债规模上采取了供应侧与需求侧两方面的措施。在供应侧，巴西对公共部门的借贷规模进行约束，要求各级政府部门债务余额占其净资产的比例必须低于45%，同时规范并缩减了向地方政府及关联企业进行贷款的融资渠道；在需求侧，巴西设置了借款金额、信用等级、最低偿还标准等多项债务预警指标，对地方政府举债行为加以约束，防止地方举债存在不规范的行为。

4. 预算管理制度

首先，巴西预算与计划管理部负责联邦财政预算的编制工作，财政部负责预算的执行工作。巴西联邦财政预算编制的内容主要包括多年期预算、长期预算方针和年度预算。其中，多年期预算是指总统在任期内第二年提交的4年期预算计划；长期预算方针是指对预算目标、发展方向、基本项目等情况做出具体安排，这也是年度预算草案编制的主要依据；年度预算是指一般财政预算、社会保险计划、联邦国有企业资金计划等。其次，巴西实行分级预算管理，即联邦、自治州和县（市）各级政府预算独立编制。其中，联邦预算由多部门参与编制；地方政府预算为公民参与式预算。最后，巴西对财政预算的监督主要有议会监督、政府监督、职能部门监督和审计监督四个方面的内容（王美桃，2016）。年度预算草案需要各个职能部门确定各自的最优支出目标，而且还需要从区域的整体进行规划，考虑区域性的协

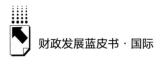

同目标。

5. 社会保障制度

巴西的社会保障制度包含医疗保险、工伤保险、养老保险和社区救济等项目。社会保障领域最重要的经费来源是财政支出，另外还有市场商品初次交易价格 2.1% 的费用缴纳、城镇劳动者缴费 3% 的工薪附加税、地方政府的税款以及国债收入等。社会保障一般覆盖 25%～30% 的城乡居民，有医疗保险补贴、生育保障等（曹文献，2014）。

在医疗保险方面，巴西实行了公立医院免费诊疗的措施，全民免费医疗体系已经覆盖全国 75% 的城乡居民。在工伤保险方面，巴西法律规定出现职业病的劳动者有权请求护理或者补偿，病人休息的前 15 天公司可照发基本工资，从第 16 日开始改由保险理赔单位发放津贴，至 6 个月后公司才可能与患病职工终止劳动合同。在养老保险方面，巴西形成了以农村年金计划为主的养老制度，该计划始于 20 世纪 70 年代，主要为农村 65 岁以上的老、残、寡人口提供统一的待遇给付。在社会救济方面，巴西从 2003 年开始实行家庭补助金计划，向平均收入不足 120 雷亚尔/月的家庭提供补助，其救助资金的大部分来自中央政府，由国家社会保障协会负责管理。

6. 国库支付制度

首先，巴西实行国库单一账户体系。在与国库集中支付业务相关的机构设置方面，巴西设有国库秘书处、巴西中央银行、巴西银行、国库经收行及相关的预算管理部门。其中，国库秘书处主要负责指定年度、月度财政用款计划，管理国库单一账户，等等；巴西中央银行负责持有国库单一账户及清算国库收入与支出资金；巴西银行作为国库代理行，持有国库单一账户代理户，具体负责各种支付资金与国库单一账户之间的资金清算；国库经收行负责办理国库收入出纳、上划到中央银行国库单一账户（毕庶研，2009）。

其次，巴西国库集中收付程序严谨。以支付程序为例，预算支出单位首先需要向国库代理行（巴西银行）签发政府专用的银行支付票据；巴西银行在收到政府支付的命令信息和银行票据后进行审核，随后将应支付资金与中央银行的国库单一账户进行清算；中央银行核对后将资金转给巴西银行；

最后由巴西银行将资金划转给指定银行账户。

最后，巴西电子信息网络系统完善。其包括中央银行电子信息网络系统、政府财务信息系统和巴西银行支付系统。

巴西主要负责国库工作的部门是财政部下的国库秘书处，支持国库工作的重要部门有巴西中央银行、巴西商业银行、预算监管机构等。

7. 财政分权制度

财政收入方面，税收立法权和征税权力大部分集中于联邦，联邦法律明确规定了联邦、各州和市级政府的共同税收管理权及共同税分配比例的问题（王美桃，2016）。财政支出方面，巴西法律明确规定了联邦政府和地方政府的职责范围。其中，军事、外交事务、环境和劳动等领域由联邦政府部门独立负责；社会保险、资源和行业发展领域由联邦政府部门负主要责任；公共安全区域由州政府负责；住房建设和城镇化工作仅由市级政府负责；文化教育、健康和环境卫生工作则由三级政府共同负责（王美桃，2016）。转移支付制度方面，资金的用途由联邦政府规定，州或市级政府无权挪用。巴西政府间转移支付主要是基于地方各级政府的财力自治，因此一般巴西市级政府从联邦和州政府所取得的转移支付约为其直接税收收入的3倍，或者净收入的2倍。

（三）南非

1. 财政收入制度

南非是以直接税为主的国家，其主要税种有公司所得税、个人所得税、增值税、资本收益税、遗产税、赠与税、资源税、印花税、薪资税、土地和财产转让税、利息税、资本转移税等。[①] 南非在2017年通过了《税法修订案》《财政法》《利率与货币数量及税收法修订案》《税收征管法修订案》《调整拨款法案》《失业保险修订法案》等，进一步以立法的形式规范了南非的财政收入制度。

---

① 《南非企业税收政策简介》，http：//www. bilawyers. com/knowledge - share - details - cn？article_ id = 3015。

2. 财政支出制度

南非近年来的财政支出政策主要有六方面，包括设置支出上限，控制工资支出，定期调整支出的优先次序，削减各部门基本支出，改进支出质量、遏制成本，制止贪污浪费等。2012 年，南非在预算中引入了主体预算非利息支出上限，主体预算支出上限是各部门编制预算的上限。员工薪酬是南非财政支出的最大类别，约占拨款支出的 34%，因此南非政府一直严控薪酬支出。此外，南非按优先次序控制调整各项支出的年增长率，南非每年两次对各项支出重新调整优先次序，分别是在预算和《中期预算政策报告》中。

3. 债务管理制度

南非政府建立了较完善的制度约束型地方政府性债务管理模式。南非宪法规定：在财政年度之外，省和市政府只能为资本性支出借款；但在一个财政年度内，省和市政府可以进行短期借款。2003 年的《市政财政管理法》根据宪法确定的原则，进一步规范市政财政管理，完善债务管理体制，强化财政人员责任，建立了较为透明有效的报告制度。主要内容包括：严格举债行为、实行预算管理、规范政府担保、提高债务透明度、完善债务危机化解和严格惩罚措施等。

南非相关法律规定，地方政府必须将债务收入作为预算收入的一部分纳入政府财政预算，包括债务收支在内的年度政府预算收支必须平衡。地方政府的经营计划也必须反映实际的和潜在的负债。此外，地方政府的债务项目还应根据风险程度进行分类，按照债务风险高低实行分类预算管理。这种做法的好处是可以使政府注意到以前难以把握的各种潜在债务风险，并对需要予以重点关注的债务类型实行硬预算约束。

4. 预算管理制度

南非以制定中期财政预算计划为重点，形成了一系列配套制度。第一，南非形成了较为健全的财政报告披露制度，使南非政府能够真正掌握财政收入、支出压力、财政赤字、债务存量和成本费用等方面的状况，以便评价财政部门所掌控的财务资源。第二，南非有严谨的财政支出评价体系，使各个职能部门能够根据情况对其业务成本做出测算评价。第三，南非具有高效运转的财务储备管理机制，可以增强其抵御财务风险的能力。这一系列制度的形成，使得南非预算管理体系变得更加完善。

对于预算编制工作，《公共财政管理法案》（*Public Finance Management Act*，PFMA）规定：①内阁大臣应当在新的一个财年开启前，向全国议会提交全年预算，如遇特殊情况，内阁大臣应在新财年开启后尽早向全国议会提交；②全年预算要符合规定的格式，至少应当包含预算收入、预算支出、预计债务支出及偿还方式、对预期赤字及政府融资提出建议等。

5. 社会保障制度

南非自 1994 年实施新南非社会救助制度以来，实现了社会救助全覆盖。包括社会养老金、残疾人补助金、退伍军人津贴、依赖护理者补助金、收养儿童补助金、子女抚养补助金、资助金等。具体在机构设置方面，南非政府社会发展部为社会保障的主管部门。该部在全国 9 个省份均设立了办事处，协助当地开展社会保障管理工作。此外，南非的其他部门也参与了社会保障工作[①]：一是卫生部门，主要负责医疗和生育保障，也负责改善居民住房及生存的卫生环境；二是劳工部，主要负责失业救助，一般失业人士能够领取 4~6 个月的失业金；三是交通部门，因事故受伤害后的索赔方式由交通部门负责制定。[②]

6. 财政分权制度

在收入层面，南非联邦采用中央、省和地方三级课税体制，税务立法权和征税权力大部分集中于中央[③]。南非的省级政府不征收宽税基税种（例如公司所得税、个人所得税、消费和贸易的相关税收），而是征收税基较窄的税种（例如针对车辆执照、博彩、酒水征收的税费）。南非的地方政府尤其是较大的市往往拥有很大的征税权限，每一个大城市财政支出的 98% 取决

[①] 《南非、埃及社会保障及医疗保险制度考察报告完整版》，https://wenku.baidu.com/view/f4d91caa72fe910ef12d2af90242a8956becaa8b.html。

[②] 《它山之石：世界各国医疗保障制度考察报告》，https://www.docin.com/p-2135784590.html。

[③] 《国别贸易投资环境报告 2013》，http://trb.mofcom.gov.cn/article/cx/z/ab/201304/20130400094101.shtml。

于自有收入。但是农村的财政支出则主要来源于一般转移支付、专项转移支付以及其他补贴（刘翠微，2016）。

在支出层面，南非中央政府的主要职能是全国层面的政策支出（宏观经济、司法机关、国防建设、惩教机制、外交和教育等），省级政府主管小学和初中教育、医疗保障和社会福利、省内公路建设以及区域经济开发；地方政府则提供城市基础性公共服务，例如排水、电力以及环境卫生。

（四）墨西哥

1. 财政收入制度

墨西哥采用的是以所得税和增值税为双主体的综合性税务结构，目前主要税种有个人所得税、资源税、财产税、进出口国际限价、工资薪金税。[①] 在立法领域，墨西哥的主要税法包括联邦税法、公司所得税法、增值税法、消费税法、关税法、地方税法（如不动产税、转让不动产税以及工资薪金税）、防止和侦查涉及非法资金来源交易的联邦税法以及联邦劳动法的修订案。

2. 债务管理制度

墨西哥各州政府往往利用各自的商业银行来发放州政府债务，一些州政府已经通过这种途径为收费公路和基建工程等项目筹集资金，这些债务的收益率由市场确定而不会进行任何补偿（财政部预算司课题组等，2009）。此外，州政府还会通过其部分收入做担保从商业银行获得贷款。

2000年，墨西哥政府对政府举债融资采取了四个层面措施：①取消联邦政府及行政部门自主分配的转移支付；②取消政府财政调整计划（SHCP）对举债者的支持；③对当地政府向私营商业银行和金融机构举借新债务做出事前风险警示，明确规定州政府向同一债务人举借外债的期限，并且对市政府的外债进行安全性评估；④促进债务人及时披露自身财务等重要金融信息，对坚持投资谨慎原则的州予以奖励（财政部预算司课题组等，

---

① 墨西哥税收制度概览，https://qiaoyi.org/mexicoshuishouzhidu.html。

2009）。

3. 社会保障制度

墨西哥在 1943 年成立社会保障局（IMSS），社会保障局负责管理全国约 4600 万人的医疗保险和 2000 万人的养老保险，所有职工及离退休人员均在社会保障制度覆盖范围之内。社会保障局的收入来源一般分为政府税收和雇员缴纳，公务员社会保险的大部分由政府缴纳，自身无须缴纳（朱志鹏，2009）。

在养老保险方面，墨西哥的养老金制度可以分为四个模块，即联邦和各州的社会养老金、退休储蓄系统（SAR）、给一些公职人员和大学教职员工的特殊养老金以及自愿的个人养老金计划。目前，人们可以选择自己喜欢的退休基金投资公司（SIEFORES）或者退休基金管理局（AFORES）。针对不同客户群体，SIEFORES 制定不同投资规则，资金分布于地方债券、股票市场、房地产投资信托（FIBRAs）等不同类别的金融工具，并且对每个类别的金融工具设定不同的投资限额百分比。

在医疗保险方面，墨西哥有四个医疗保险组织，都可以提供一定的医疗保险服务。其中最重要的是社会保障局（IMSS），覆盖私营部门员工、各州政府公务员和少量自主参加者；公务员社会保险与福利局（ISSSTE）主要为联邦政府公务员提供医疗保险服务；卫生部门统一负责公共卫生项目，并且向不被社会保险制度所覆盖的群体提供帮助；石油部门则拥有自己独立的医疗系统。这四个组织各自拥有自己独立管理的医疗机构[①]。

4. 财政分权制度

墨西哥的财政体系与其联邦制度相适应，联邦、州、市三级财政体系相对独立，各个地方政府的财政收入依赖于当地税收和各地企业利润，或者依靠联邦的财政转移支付[②]。一方面，联邦政府的税费收入占全国税费收入的比重较大，州及以下政府税费收入的占比则较小。另一方面，墨西哥政府采用财政转移支付制度，把中央净收入的绝大部分交给地方政府使用。

---

① 《它山之石：世界各国医疗保障制度考察报告》，https：//www.docin.com/p-2135784590.html。
② 《2020 年经济金融财务贸易词库：墨西哥财政》，https：//www.docin.com/p-2566107485.html。

（五）土耳其

1. 财政收入制度

土耳其税制包含个人所得税、公司所得税、增值税、消费税、遗产税等14个税种，其中直接税有2种，而间接税则有12种。[①] 在个人所得税方面，个人所得税一般是对居民在该国的私人或者企业的境内或者境外收入直接征税的，在土耳其赚取收入的非居民也需要纳税，但仅限于他们在土耳其取得的收入（姜明新，2010）。个人所得税有限纳税义务包括来自常设机构的贸易或业务收入、在土耳其完成工作的工资、土耳其不动产的租金收入、土耳其衍生的利息、出售专利及版权等无形资产的收入。根据2011年发布的《土耳其投资与经贸风险分析报告》，土耳其的个人所得税税率为15%~40%。在公司所得税方面，有限责任公司、国有经济企业和社团、基金会和地方当局拥有的商业实体均需缴纳公司所得税。在土耳其设立法定住所或管理地点的公司称作居民公司，其纳税义务包括该公司来自全球的收入。在增值税方面，税率在1%和18%之间变化。次月20日之前，纳税人通过向相关税务局提交增值税申报表，进项增值税可与销项增值税相抵消。如果销项税额超过了进项税额，则将超出部分支付给相关税务机关。反之，则结转至下月以抵消未来的销项税额。

2. 债务管理制度

在外债管理方面，土耳其设立了国家外债管理委员会专门负责外债管理。另外，土耳其有一个比较完善的转借体系，并规定外债转借者应当贯彻统一的转借措施（杨璐，2021）。统一的转借措施调整了各种外债来源间的利息、偿还期等差异，以确保同一种类的外国债券不会因为外债来源的差异，而在利息、年期等方面出现很大的差异。此外，土耳其通过征收外汇风险税，来化解因汇价波动而给外国债务投资者带来的风险。

---

① 《土耳其税收制度概览》，https://qiaoyi.org/turkeyshuishouzhidugailan.html。

3.社会保障制度

首先,在机构设置方面,国家劳动和社会保障部负责土耳其的劳动和社会保障事务,而国家卫生部负责土耳其的所有卫生服务。其次,土耳其规定社会保障金按雇员总收入的一定比例,由雇主和雇员共同缴纳。

在医疗领域,土耳其的医疗保健分为公立和私立健康机构。在这一体系内,任何在国家社会保险部门(Social Security Institution,SGK)登记的市民都能够在与SGK签约的公立医院进行免费就医。企业实行全民健康保险(Universal Health Insurance),对职工进行基本医疗保障,职工由于误工产生的收入损失由企业医疗保险予以补偿[①]。

在失业保险方面,雇员、雇主和政府都需要分别按照员工总薪酬的1%、2%和1%承担失业保险计划的缴费。失业保险金按月支付,雇主可以从应纳税额中扣除失业保险缴费,员工的失业保险缴费也可以从员工的所得税税基中扣除。

在工伤事件、职业病和生育保险方面,土耳其提供全民健康保险,公立医院提供免费治疗。土耳其政府支付因工伤事故、职业病和生育而暂时丧失劳动能力的补助费,按住院治疗日收入的1/2和门诊治疗日收入的2/3计算。

4.财政分权制度

在收入层面,土耳其属于单一制发展中国家,其政府架构分为中央、省、县、乡、村,并且地方政府都有自己独特的财产税、环保税和物业税。在支出层面,土耳其中央政府担负着约95%的财政支出职责,在社会公共服务供给中起着至关重要的作用。国防、社会保障、健康、教育、公共秩序与安全是中央政府的重点支出,中央政府承担了90%以上的支出责任(陈颂东,2017)。

---

① 《土耳其医疗制度》,https://www.lopss.com/tuerqiinfo/24599.html。

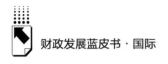

三 小结

本报告通过对世界主要发达国家和发展中国家的财政制度进行梳理和比较，归纳总结得出如下几点我国完善财政制度时可借鉴之处。

第一，各国对地方政府举债控制的模式多样，取决于中央政府行政控制力度强弱与金融市场成熟程度不一，主要有市场约束型、共同管理型、制度约束型、行政约束型四类。其中，市场约束型是指中央政府对地方政府举债与否与举债规模大小都不做具体规定，其举债行为完全受制于金融市场运行规律，代表性国家有美国。共同管理型是指地方政府的举债规模需要各级政府协商决定，代表性国家有澳大利亚和日本。制度约束型是指用立法的方式对地方政府债务进行管理与控制，代表性国家有俄罗斯和巴西。行政约束型是指中央政府对地方公共债务实施直接控制，主要表现为将地方政府债务纳入公共预算管理，代表性国家有意大利和法国。基于此，我国应从实际国情出发，将地方政府债务管理纳入行政控制范围，实施制度约束和行政约束相结合的管理模式。而且，应该设立专门的地方政府债务管理部门，提高地方政府债务管理精细化程度。

第二，各国对地方政府债务风险管理措施多样，主要有实施规模控制、建立偿债准备金制度、建立风险评估与预警制度等。其中，实施规模控制是指设置具体财政指标对负债规模加以限制。例如，巴西规定各级政府部门外债余额占其净资产的比例必须低于45%，意大利规定地方政府的偿债比例不得超过地区自有收入、卫生收费收入净额与公共基金之和的25%。建立偿债准备金制度是为了应对地方政府到期不能偿还债务的危机，此举可减少债务风险对地方正常财政运行乃至经济正常发展的冲击。此外，大多数国家会建立风险评估与预警制度，设置多项债务风险管理与预警指标。例如，巴西设置了借款金额、信用等级、最低偿还标准等多项债务预警指标，日本使用了实际赤字率、合并赤字率、实际债务偿付率和未来债务负担率四项财政风险指标。因此，中国应该多借鉴其他国家的债务规模管理指标、债务风险管理和预警指标，尽早建立起适合我国国情的地方债务风险管理机制。

第三，各国的社会保障制度具有较为完善的内容体系、结构体系与层次体系。内容体系针对社会保障的覆盖程度，大多数国家的社会保障制度包含社会保险、社会救助、社会福利与社会服务方面的内容，例如英国、德国、法国、日本等国。结构体系针对受保人群的广度，例如南非自 1994 年实施新南非社会救助制度以来，实现了社会救助全覆盖；巴西全民免费医疗体系覆盖了全国 75% 的城乡居民。层次体系针对社会保障缴费主体的责任划分，例如土耳其规定在失业保险方面，雇员、雇主和政府需要分别按照员工总薪酬的 1%、2% 和 1% 承担失业保险计划的缴费，而法国家庭津贴全部由雇主和政府承担。基于此，我国应该从社会保障内容、受保人群覆盖面、缴费主体责任划分这三个方面，进一步优化完善中国的社会保障制度。

第四，上述国家的政府在社会保障中主要有三种不同的参与方式。第一是以英国、德国为代表的"过程参与"方式，即个人、政府、雇主共同缴纳社会保险费。第二是以日本为代表的"结果参与"方式，即政府不直接参与社会保险缴纳，而是以社会津贴的方式承担一定比例的支出责任。第三是以美国为代表的"最后参与"方式，即联邦政府承担最后担保责任，弥补财政责任不足部分。鉴于此，我国应该进一步在养老、医疗、失业等各种类型的社会保障中，明晰政府和财政应承担的责任，根据不同类型社会保障项目的特点，实行多样化的政府参与社会保障方式。

第五，上述主要国家在国库集中支付上实行国库单一账户制度，但在具体制度安排上存在差异。一是管理机构的设置上，有些国家设立单独的国库机构，例如美国、英国、意大利等；有些则在财政部内下设管理机构，例如法国、日本等。二是账户覆盖范围上，美国、英国、澳大利亚和俄罗斯等国的国库账户仅覆盖中央政府机构；法国、德国和巴西等国则覆盖了中央和地方政府机构。三是国库单一账户的结构上，法国是集中式账户的典型代表，所有财政收支业务须由国库分支机构在国库单一账户子账户中集中办理；分散式国库账户以美国为代表，政府各职能部门可以开设交易账户，须每日与国库单一账户的主账户进行资金清算；不少国家的国库单一账户兼具集中和分散的特征,例如澳大利亚、德国等。基于此,我国在坚持央行经理国库体制的前提下,应从国库管理机构、国库集中支付范围、国库账户管理等方面,进一步完善国库集中支付制度。

参考文献

[1] 白帅男:《金砖国家财政社会保障支出比较——以巴西、南非和中国为例》,《劳动保障世界》2018 年第 11 期。

[2] 白忠涛:《世界主要国家财政运行报告(上)俄罗斯》,《经济研究参考》2016 年第 68 期。

[3] 包蕾:《日本税收制度对我国税务发展的启示》,《冶金财会》2015 年第 7 期。

[4] 毕庶研:《我国国库集中支付改革问题与对策研究》,山东大学,2009 年。

[5] 薄艳华:《浅析俄罗斯联邦税收管理制度》,《北方经济》2007 年第 24 期。

[6] 财政部预算司课题组、张志华、周娅、尹李峰、丁宏宇、闫峰、李铭章、范甲兵、郭俊清、李振群、陈晨、冯海虹、梁晨瑶:《约束地方的财政责任法:墨西哥》,《经济研究参考》2009 年第 43 期。

[7] 蔡社文:《澳大利亚社会保障制度简介》,《中国财政》2001 年第 7 期。

[8] 曹文献:《国外农村养老保障制度特征比较及启示》,《农村工作通讯》2014 年第 13 期。

[9] 陈颂东:《IMF 成员国中央财政支出责任比较与借鉴》,《地方财政研究》2017 年第 9 期。

[10] 丛树海:《英国社会保障制度框架和运行效果分析》,《财政研究》2001 年第 6 期。

[11] 邓丰昌:《南非的社会保障与减贫》,《老区建设》2014 年第 11 期。

[12] 丁奕宁、魏云娜:《俄罗斯社会保障体系发展的研究与启示》,《当代经济》2019 年第 2 期。

[13] 董妍、耿磊:《澳大利亚财政预算信息公开制度述评——以 1998 年〈预算诚信章程法〉为中心》,《南京大学学报(哲学·人文科学·社会科学版)》2010 年第 6 期。

[14] 范晓婷:《借鉴澳大利亚经验 完善北京市财政支出绩效评价体系》,《经济研究参考》2012 年第 35 期。

[15] 高凌江:《金砖国家税收制度比较研究》,《税务研究》2016 年第 11 期。

[16] 高荣泽、王碧:《我国财政转移支付制度现状及国际比较》,《决策探索》(下

半月）2015 年第 11 期。

［17］古益强：《法国财政体制的运行特点及其启示》，《财政研究》2001 年第 2 期。

［18］韩扬、郑斌：《对巴西联邦共和国税制的考察报告》，《涉外税务》1990 年第 1 期。

［19］郝宇彪：《财政预算理念：演变、影响与重构——基于美国财政收支变迁的分析》，《经济社会体制比较》2014 年第 6 期。

［20］胡玉桃：《澳大利亚财政预算制度与议会监督》，《第四届世界宪政论坛暨议会民主制度比较研究研讨会会议文集》，2013 年。

［21］贾康：《法国公共财政的借鉴与启示》，《上海财税》2000 年第 11 期。

［22］姜明新：《土耳其共和国投资环境分析》，《西亚非洲》2010 年第 10 期。

［23］敬沛、敬志红：《"金砖四国"政府债务管理实践对中国的借鉴》，《经济研究导刊》2013 年第 3 期。

［24］孔令慧：《俄罗斯社会保障制度的演变》，《纳税》2017 年第 18 期。

［25］李诚鑫、孙梦遥、卢海峰：《韩国地方政府债务管理的经验做法及借鉴》，《黑龙江金融》2021 年第 8 期。

［26］李海、王奇：《加拿大国库现金管理经验介绍及启示》，《金融会计》2010 年第 3 期。

［27］李金红：《韩国地方财政的收支状况及其影响》，《江汉论坛》2003 年第 10 期。

［28］李克平：《澳大利亚财政转移支付制度》，《经济社会体制比较》1996 年第 3 期。

［29］李佩珈、陈巍：《巴西地方政府债务管理的主要经验及借鉴》，《国际金融》2015 年第 2 期。

［30］李佩珈、陈巍：《巴西地方政府债务管理的主要经验及借鉴》，《国际金融》2015 年第 2 期。

［31］李万超、冯啸、兰天媛：《俄罗斯地方政府债务管理措施、成效及启示》，《黑龙江金融》2021 年第 3 期。

［32］李万慧：《被误读的澳大利亚财政转移支付制度》，《地方财政研究》2012 年第 7 期。

［33］李万慧、于印辉：《横向财政转移支付：理论、国际实践以及在中国的可行性》，《地方财政研究》2017 年第 8 期。

［34］李姿姿：《法国社会保障制度改革及其启示》，《经济社会体制比较》2010 年第 2 期。

［35］梁云凤：《德国经验系列报告之二 德国社会保障制度现状及其改革趋势》，《经济研究参考》2011 年第 61 期。

［36］林力、张自力：《韩国地方政府债务融资管理及问题研究》，《证券市场导报》

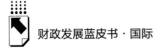

2015 年第 11 期。

[37] 林圣日、张和安：《韩国央—地政府间财政关系变迁与李明博新政府的政策趋向》，《学海》2011 年第 1 期。

[38] 刘翠微：《世界主要国家财政运行报告（下）南非》，《经济研究参考》2016 年第 69 期。

[39] 刘翠微：《疫情背景下南非过紧日子的经验及借鉴》，《财政监督》2021 年第 5 期。

[40] 刘赛力：《英国税收制度概况》，《世界经济》1994 年第 10 期。

[41] 刘尚希、牟岩：《南非政府间财政关系及其启示》，《中国财政》2005 年第 11 期。

[42] 刘泰均、胡文秀：《韩国社会保障制度：历史、现状及未来展望》，《社会保障评论》2021 年第 5 期。

[43] 卢真、肖鹏：《澳大利亚州政府债务管理经验及启示》，《财政科学》2016 年第 3 期。

[44] 鲁全：《德国的社会保障制度与社会公平》，《中国人民大学学报》2009 年第 23 期。

[45] 陆南泉：《东欧中亚国家财税体制改革及其趋向》，《世界经济》1996 年第 5 期。

[46] 路易斯·爱德华多·斯格瑞、马特乌斯·克里其奥·巴布萨、梁若莲：《巴西税法改革及其最新进展》，《国际税收》2015 年第 1 期。

[47] 吕志胜：《加拿大财政管理体制考察报告》，《经济社会体制比较》2001 年第 3 期。

[48] 马恩涛、李鑫：《PPP 政府债务风险管理：国际经验与启示》，《当代财经》2017 年第 7 期。

[49] 毛捷、韩瑞雪：《中国公共债务的风险在哪里？——国际比较与经验借鉴》，《国际经济评论》2020 年第 6 期。

[50] 孟垚希：《国库集中支付制度及电子化的国际比较与借鉴》，《吉林金融研究》2021 年第 4 期。

[51] 明侯、王志平：《韩国税收分配制度简介》，《涉外税务》2012 年第 8 期。

[52] 倪志良、王洪涛：《发达国家财政分权实践对我国的启示》，《国家行政学院学报》2007 年第 6 期。

[53] 朴姬善：《中韩地方税制比较及对策研究》，《延边大学学报（社会科学版）》2008 年第 2 期。

[54] 齐志宏：《多级政府间事权划分与财政支出职能结构的国际比较分析》，《中央财经大学学报》2001 年第 11 期。

[55] 仇雨临：《加拿大社会保障制度对中国的启示》，《中国人民大学学报》2004

年第 1 期。

[56] 任会中：《土耳其的外债管理措施》，《世界经济研究》1991 年第 1 期。

[57] 宋文献：《日本的分级财政体制及评析》，《统计与决策》2004 年第 3 期。

[58] 隋焕新：《澳大利亚税收征管制度及信息化建设的启示与借鉴》，《税收经济研究》2014 年第 19 期。

[59] 孙琳：《转型经济国家政府会计改革——俄罗斯的经验和中国的选择》，《经济与管理研究》2015 年第 2 期。

[60] 孙琳、楼京晶：《中期预算和绩效预算改革路径选择——以英国和俄罗斯为例》，《复旦学报（社会科学版）》2016 年第 6 期。

[61] 孙月蓉：《加拿大低收入家庭保障计划对我国的启示——从完善最低生活保障制度的视角》，《社会保障研究》2012 年第 2 期。

[62] 谭融、罗湘衡：《论德国的政府间财政关系》，《南开学报（哲学社会科学版）》2007 年第 5 期。

[63] 田志磊：《巴西基础教育事权与财政支出责任划分》，《中国教育财政政策咨询报告（2015~2019）》，2019 年。

[64] 童锦治、徐翔、黄克珑、赵川：《南非中期财政规划改革的经验与启示》，《中国财政》2016 年第 9 期。

[65] 童伟：《俄罗斯预算制度改革评析》，《俄罗斯中亚东欧市场》2008 年第 2 期。

[66] 童伟：《俄罗斯政府间财政关系的改革及对我国的启示》，《中央财经大学学报》2003 年第 11 期。

[67] 童伟：《俄罗斯政府职能演变下的预算制度改革》，《东北亚论坛》2008 年第 2 期。

[68] 王保安、欧文汉、卜祥来、肖世君、龚世良：《加强支出预算管理　优化财政支出结构——加拿大财政支出管理考察报告》，《财政研究》2000 年第 5 期。

[69] 王富：《日本的财政体制和银行体制》，《财政研究》1985 年第 2 期。

[70] 王浩杰：《俄罗斯现行"特别税收制度"解读》，《进出口经理人》2000 年第 6 期。

[71] 王宏武：《澳大利亚中期预算和绩效预算管理的启示》，《财政研究》2015 年第 7 期。

[72] 王婧祎：《俄罗斯财政支出经济效应研究》，哈尔滨工业大学，2009 年。

[73] 王美桃：《世界主要国家财政运行报告（下）巴西》，《经济研究参考》2016 年第 69 期。

[74] 王珊珊：《美国、加拿大、澳大利亚地方政府债务融资国际比较研究》，《经济研究参考》2017 年第 44 期。

[75] 王胜华：《典型国家财政支出绩效评价经验借鉴与启示》，《财政科学》2018 年第 6 期。

[76] 王文清、姚巧燕：《"一带一路"沿线国家税收制度改革对我国的启示——以印度尼西亚、印度、俄罗斯为例》，《国际税收》2018年第4期。

[77] 王振东：《韩国社会保障制度改革及其对我国的启示》，《东南亚纵横》2008年第6期。

[78] 吴国平：《拉家的财政政策与社会凝聚》，《拉丁美洲研究》2009年第31期。

[79] 吴雨坤：《加拿大财政转移支付制度及其借鉴》，《宏观经济管理》2014年第12期。

[80] 夏子敬：《日本财政支出及其对经济增长的影响分析（1969~2011）》，吉林大学，2014年。

[81] 谢璐、韩文龙：《地方政府债务问题与危机风险防范——巴西教训及对我国地方债务问题的再审视》，《企业经济》2014年第1期。

[82] 谢旭人：《澳大利亚的政府事权划分及财政转移支付制度》，《财政研究》1994年第8期。

[83] 徐宏练：《德国国库现金管理的经验及借鉴》，《金融会计》2021年第1期。

[84] 许闲：《德国政府间三级事权划分与财政支出》，《中国财政》2009年第17期。

[85] 许潆方、谢琳灿：《从土耳其里拉危机看"一带一路"国家债务风险》，《中国经贸导刊》2018年第34期。

[86] 薛军、闻勇：《地方政府债务管理：模式选择与制度借鉴》，《当代经济管理》2015年第2期。

[87] 晏俊、许薇、杜小伟：《美国地方政府债务管理的经验及其对我国的启示》，《学习与实践》2015年第8期。

[88] 杨红燕、陈天红：《澳大利亚财政社会保障支出状况及启示》，《财政经济评论》2011年第1期。

[89] 杨红燕、陈天红：《英国财政社会保障支出制度结构与公平性分析》，《武汉理工大学学报（社会科学版）》2013年第4期。

[90] 杨华：《日本政府预算制度的构成、特点及启示》，《地方财政研究》2018年第2期。

[91] 杨鹃、杨昊雯：《公共财政与社会保障体系关系研究——兼析美、日、澳国家社会保障财政制度》，《价格理论与实践》2019年第3期。

[92] 杨来发：《德国社会保障制度评析及启示》，《改革与战略》2007年第6期。

[93] 杨雷：《国家治理现代化中的预算制度：美国预算改革的经验和教训》，《财政研究》2015年第7期。

[94] 杨璐：《土耳其高外债经济发展模式的弊病与警示》，《中国外汇》2021年第7期。

[95] 杨润渤：《财政支出结构的调整优化研究——基于中外差异的对比》，《中国

物价》2021 年第 2 期。

[96] 杨雅琴：《我国政府间事权与支出责任划分再思考——基于对加拿大财政联邦主义制度安排的分析》，《地方财政研究》2015 年第 5 期。

[97] 杨雅琴：《中国与美国及加拿大财政体制比较》，《上海经济研究》2017 年第 2 期。

[98] 杨玉霞、于羿天：《韩国财政预算管理体制考察及启示》，《东北亚论坛》2012 年第 6 期。

[99] 余天心、王石生：《关于财政支出结构的国际比较分析与建议》，《财贸经济》1997 年第 2 期。

[100] 余霞民：《中央银行参与地方政府债务风险化解的政策选择：国际比较与经验启示》，《金融发展评论》2016 年第 2 期。

[101] 袁冰、李建军：《美国的税收征管制度及其启示》，《公共经济与政策研究》2015 年第 1 期。

[102] 翟钢、郑建新、彭龙运、夏先德：《意大利、匈牙利部门预算及国库制度的考察和思考》，《财政研究》2000 年第 6 期。

[103] 张宝仁、张慧智：《韩国的社会保障制度分析》，《人口学刊》2000 年第 4 期。

[104] 张冀湘、任治俊、黄然：《澳大利亚联邦政府管理和控制公共部门债务的经验及启示》，《财政研究》2005 年第 4 期。

[105] 张敬石、胡雍：《美国个人所得税制度及对我国的启示》，《税务与经济》2016 年第 1 期。

[106] 张俊芳：《意大利财政体制评介》，《财政研究》1991 年第 8 期。

[107] 张立彦：《澳大利亚地方政府财政援助制度的经验》，《中国财政》2018 年第 3 期。

[108] 张通、许宏才、张宏安：《德国政府间财政转移支付制度考察报告》，《财政研究》1997 年第 3 期。

[109] 张卫云：《日本预算管理体制经验借鉴与启示》，《福建金融》2018 年第 8 期。

[110] 张文、李宗宝：《发达市场经济国家国库现金管理经验借鉴》，《经济研究参考》2016 年第 31 期。

[111] 张小利、侯晓玉：《澳大利亚的财政支出项目评价》，《中央财经大学学报》2001 年第 12 期。

[112] 张志华、周娅、尹李峰、吕伟、刘谊、闫晓茗：《国外地方政府债务管理情况综述》，《经济研究参考》2008 年第 22 期。

[113] 章孟迪：《韩国地方政府的支出责任与地方税收：实践与启示》，《公共经济与政策研究》2017 年第 1 期。

［114］赵红、杜爽：《国外地方政府债务管理的经验及启示》，《河南科技学院学报》2011 年第 5 期。

［115］赵永冰：《德国的财政转移支付制度及对我国的启示》，《财经论丛（浙江财经学院学报）》2001 年第 1 期。

［116］赵早早：《澳大利亚政府预算改革与财政可持续》，《公共行政评论》2014 年第 7 期。

［117］赵振姣：《俄罗斯经济转轨之路探究——俄经济转轨之路真的走错了吗?》，《中国石油大学学报（社会科学版）》2010 年第 6 期。

［118］郑士贵：《关于俄罗斯联邦的税收制度》，《管理科学文摘》1998 年第 2 期。

［119］支娜：《巴西 ICMS 税收管理实践》，《国际商务财会》2021 年第 4 期。

［120］中国人民银行乌鲁木齐中心支行跨境办课题组、杨婷君、王炜：《加拿大财政收支约束制度对我国地方债务管理的启示研究》，《金融发展评论》2019 年第 6 期。

［121］舟：《澳大利亚分税制简介》，《湖北财税》1994 年第 3 期。

［122］舟：《法国分税制简介》，《湖北财税》1994 年第 2 期。

［123］舟：《加拿大分税制简介》，《湖北财税》1994 年第 3 期。

［124］周海峰：《德国政府债务管理经验与启示》，《财政科学》2016 年第 5 期。

［125］周虹：《浅议澳大利亚和新西兰国库管理制度》，《中国海事》2006 年第 3 期。

［126］朱晓雪：《墨西哥改革财政税收制度》，《涉外税务》1990 年第 4 期。

［127］朱志鹏：《浅析墨西哥的社会保障制度》，《天津社会保险》2009 年第 3 期。

［128］祝向文、曾雅珊、张德钧：《意大利财政转移支付制度的特点及启示》，《中国财政》2012 年第 11 期。

B.6
数字经济新型商业模式下
国际税收规则的挑战与应对

陈宇 林璇*

摘 要： 数字经济不仅带来了商业模式的变革，而且给国际税收带来了极大的挑战。报告通过详细分析数字经济背景下互联网广告、在线零售、云计算、应用软件商店这四类新型商业模式的全球组织架构，总结了数字经济特征与常用避税手段，进而归纳了数字经济给国际税收带来的挑战，并在梳理国际社会应对数字经济挑战的"双支柱"多边方案、联合国双边方案和数字服务税单边措施基础上，提出了我国的应对策略。

关键词： 数字经济 新型商业模式 "双支柱"方案

一 引言

随着信息与通信技术的广泛应用，传统企业的生产经营方式被逐渐改变，生产与消费的距离被逐渐拉近，经济领域的数字化程度不断提高，新兴网络、人工智能、大数据等技术催生新兴产业蓬勃发展的同时，不断渗透改变传统产业，促使电子商务、共享平台、在线支付等新业态产生，并不断与现有产业融合升级，推动新型商业模式的出现（何杨、孟晓雨，2019）。跨

---

* 陈宇，经济学博士，中央财经大学财政税务学院副教授，硕士生导师，研究方向为国际税收政策及实务、税收政策及其经济影响；林璇，中央财经大学财政税务学院硕士研究生，研究方向为国际税收理论与政策。

国公司全球的生产经营方式也随之改变，先进技术便利了全球集约化生产管理，使得不同公司之间业务与职能的分散成为可能。

这些变革在提高经济活动效率与收益的同时，也给现有国际税收规则与征管带来极大挑战。数字经济以其可移动、高度依赖无形资产、数据与用户参与价值创造、无实体跨境经营的特征（帕斯卡·圣塔曼、梁若莲，2019），使得原有国际税收常设机构规则以及利润归属原则不再适用，数字化产品不断模糊应税收入定性规则，也使得税收征管程序与方式逐渐失去作用。面对数字经济带来的国际税收挑战，OECD 主张在国际共识前提下不断推进"双支柱"统一方案，以修改原有联结度与利润分配规则、推行全球反税基侵蚀方案为应对措施，而许多国家出于维护自身税收利益的出发点率先采取开征数字服务税的单边措施，使得国际社会尚未就解决数字经济国际税收挑战达成一致有效的方案。在这一背景下，我国应积极参与国际税收规则的重塑，同时配套完善我国国内税法的相关规定，保障我国税收权益，深度参与国际税收征管合作，并不断推动我国税收征管迈向数字化。

本报告第二部分以互联网广告、在线零售、云计算、应用软件商店为案例，详细分析了数字经济背景下新型商业模式的全球组织架构及其避税手段；基于此，第三部分总结了数字经济给国际税收带来的挑战；随后第四部分梳理了 OECD 的"双支柱"多边方案、联合国的双边方案以及单边数字服务税这三大应对方案；最后在第五部分提出了我国应对数字经济国际税收挑战的对策。

二 数字经济背景下新型商业模式的典型案例

随着数字经济给社会生产生活带来巨大变革，跨国公司全球经营组织架构也发生着翻天覆地的变化。本报告接下来将详细介绍数字经济背景下互联网广告、在线零售、云计算、应用软件商店四种新型商业模式的全球组织架构与规避税收手段①，从而总结其带来的巨大国际税收挑战。

①　四种新型商业模式案例来源：OECD《应对数字经济的税收挑战：第 1 项行动计划》，国家税务总局译，中国税务出版社，2015。

（一）互联网广告模式

图1为典型互联网服务公司的全球组织架构，通过向全球客户免费提供搜索引擎等互联网服务获取大量用户信息，利用一系列数据处理与分析向潜在客户销售广告并凭此获得主要收入。

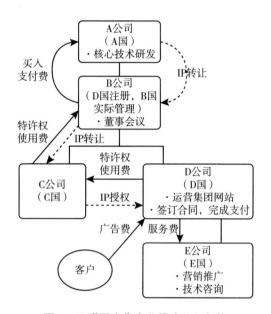

图1 互联网广告商业模式组织架构

A 公司（A 国居民企业）为集团总部，负责研发集团核心技术，用以分析大量客户信息找出潜在客户，通过成本分摊协议将技术所有权转让给 B 公司并获得无形资产转让收入，但可因研发过程登记注册信息过少等原因，通过对外宣称价值过低而降低应纳税所得额，同时享受当地优惠的研发支出税收抵免。

B 公司（注册于 D 国，但实际管理机构在 B 国）将技术使用权授予 C 公司（C 国居民企业），C 再将其授予 D 公司并赚取使用费间微薄差价，B 和 C 公司实体存在形式有限，公司账上并没有工资且仅履行定期租用酒店召开董事会的职能。C 国仅对 C 公司获取的较少特许权使用费差价征税，且

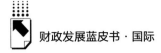

根据国内税法对其对外支付的特许权使用费不征收预提所得税，而 B 国不征收企业所得税且 B 公司仅在 D 国注册并不属于 D 国居民，无须在 D 国纳税。

D 公司（D 国居民企业）为集团主要经营地区 D、E 的总部，雇用大量员工负责集团日常网站经营，为客户提供免费互联网服务并签订所有广告销售的标准化合同（合同条款由 A 公司统一制定），但不与客户直接接触，一切交易通过网络完成，经营网站的服务器不固定存放于 D、E 整个地区或 A 国。D 公司虽赚取主要的广告销售收入但因对外支付大量特许权使用费，几近收支相抵，且根据税收协定 D 国就这一特许权使用费并不征收预提所得税。

E 公司（E 国居民企业）为主要市场国或客户所在的辅助型公司，负责当地产品的营销推广和技术咨询，基于此从 D 公司收取服务费。因 E 公司仅提供辅助性服务并无权与客户签订最终的广告销售合同，且交易均通过网络与 D 公司完成，销售收入归属于 D 公司且其在 E 国不构成常设机构，所以 E 国无权就销售收入征税，归属于 E 公司的利润仅为有限的辅助性服务费。

通过这一复杂的全球组织架构，集团巧妙地利用了各国的税制以及双边税收协定，将销售收入归集于 D 国并尽可能降低了每一国子公司的税负，达到了全球双重不征税的效果，实现了集团全球税负的最小化。

（二）在线零售模式

图 2 为典型在线零售公司在全球的组织架构，以构建自主运营网站为依托，向境外消费者提供商品和服务。

同互联网广告公司类似，F 公司（F 国居民企业）仍为集团总部，负责核心技术研发并通过转让技术至 G_1 公司降低应纳税所得额。

G_1 公司（G 国的地区控股公司、居民企业）持股所有地区运营子公司（如 G_2 公司），主要职能是将无形资产使用权再授予 G_2 等运营子公司并收取特许权使用费，但不进行实际管理且参与经营有限，仅有较少雇员且只定期租用酒店召开董事会。

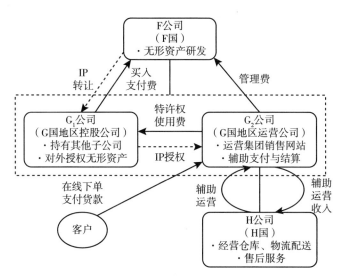

图 2　在线零售商业模式组织架构

G_2 公司（G 国的地区运营公司、居民企业）是一家具有独立法人资格的企业，主要负责处理来自 G 和 H 国客户的订单、辅助货款的支付与结算，拥有待销售货物的所有权，不直接接触当地市场客户且使用 F 公司制定的标准化合同完成交易，仅安排低技术人员进行公司地区运营网站的维护，因此在 H 国不构成常设机构，对于在线销售产品给 H 国客户取得的收入 H 国无权征税，这部分收入与获取无形资产使用权的费用几近收支相抵。而 G_1 公司取得的无形资产特许权使用收入可在 G 国享受较高税收优惠，使得 G_1 和 G_2 在 G 国总体应纳税所得额较少。

H 公司（H 国居民企业）是 G_2 公司的子公司，拥有实物产品的当地仓库并雇用大量员工，辅助客户订单相关的物流配送及售后等支持性服务，仅从 G_2 处获得辅助运营收入，再加上自身运营可扣除的成本费用，最终应纳税所得额较少。

（三）云计算模式

图 3 为软件开发商（如网络游戏开发商）在全球的组织架构，通过云

计算技术经营全球服务器向客户提供在线游戏服务，获取客户的游戏认购费。

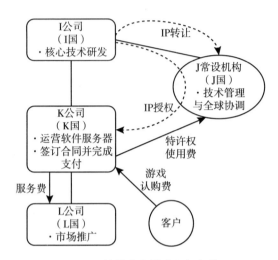

图3 云计算商业模式组织架构

与互联网广告模式下的组织架构类似，其同样实现了集团全球税负最小化。集团总部I公司（I国居民企业）负责研发，为降低成本统一协调全球子公司的营销、销售等活动。不同的是，I公司会派遣经营客户游戏界面等技术的工作人员到一J国分支机构，将云服务软件等技术转让给J常设机构，再通过J将使用权授权给运营子公司（如K公司）并收取特许权使用费，以享受J国无形资产所得税收优惠，且使得该无形资产转让收益根据相关税收协定无须在I国纳税。

同D公司类似，K公司（K国居民企业）为经营游戏网站的主要运营子公司，聘请大量员工运营L国客户所用软件的服务器，维护客户游戏数据，与客户通过网站签订标准化合同并处理客户在线支付等交易。同样因收支几乎相抵在K国应纳税所得额较低，且支付给J常设机构的特许权使用费最终归属于I公司，根据I国与K国间税收协定无须缴纳预提所得税。

L公司（L国居民企业）类似于E公司，主要提供推广、售后等辅助性

服务并获取服务费，同样 L 国无权就游戏销售收入征税，归属于 L 公司的
利润有限。

（四）应用软件商店模式

图 4 为经营支持手机等便携电子设备的应用软件商店在全球的组织架
构，通过提供客户可自行付费下载的应用软件来提升公司产品功能，这些应
用软件大多由集团自行研发，少部分由第三方开发商（个人或小型企业）
研发，但须符合该集团系统制式并与集团进行收入分成（一般为 75：25）。

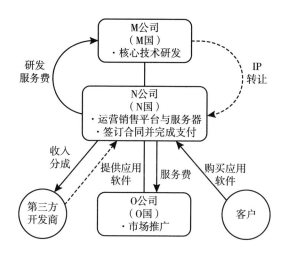

图 4　应用软件商店商业模式组织架构

同上述三种商业模式一样，这一模式利用全球组织架构实现了集团税负
最小化。集团总部 M 公司（M 国居民企业）负责研发支持应用软件商店的
所有技术，但会将所有技术使用权以及开发软件转让给 N 公司（N 国居民
企业），通过相应服务合同承诺为 N 公司提供持续技术升级并获取服务费，
但研发风险由 N 公司承担。N 公司可同样对外宣称无形资产价值较低而降
低无形资产转让应纳税所得额且享受 N 国研发支出税收优惠。

同样作为主要运营子公司，N 公司雇用大量员工经营应用软件销售平台
与服务器，负责全球客户与第三方开发商的应用软件交易，通过网络签订标

准化合同并在线完成支付，将服务器置于 N 国但同时提供第三方备用服务器。N 公司虽赚取了大量的销售收入，但其国内税率远低于 M 国与 O 国，且根据相关税收协定对支付给 M 公司和 O 公司的服务费无须缴纳预提所得税。

与之类似，O 公司（O 国居民企业）为主要市场国的营销推广公司，负责挖掘潜在客户、提供售后等辅助性服务并获取服务费，在 O 国缴纳有限的税款。

（五）数字经济背景下新型商业模式的特征与避税手段

通过上述互联网广告、在线零售、云计算、应用软件商店商业模式的全球组织架构，可以看出，数字经济下新型商业模式普遍具有可移动、网络化、高度依赖无形资产、数据与用户在核心价值创造中的地位越来越重要、数字化无实体的跨境经营成为趋势的特征，且数字经济下跨国公司普遍采用以下全球避税架构（见图 5）。其通常采用以下四种主要避税手段：①充分利用无形资产创造、管理、转移间的税收优惠制度；②充分利用国际税收工具，通过滥用双边税收协定最大限度降低跨境收入的预提所得税；③利用避税地或低税率国家（地区）的壳公司归集全球生产经营利润以享受优惠税

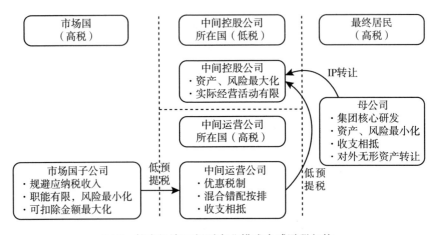

图 5 数字经济下新型商业模式全球避税架构

率；④运用远程销售架构降低市场国公司职能，避免在收入来源国构成常设机构。最终，通过"母公司—控股公司—运营公司—市场国子公司"的复杂全球运营架构，辅以数字经济背景下先进技术带来的集约化生产便利实现集团全球税负最小化（廖益新，2015；罗翔丹等，2018；缪真，2018；李蕊、李水军，2020）。

三　数字经济背景下新型商业模式带来的国际税收挑战

随着数字经济下互联网广告、在线零售、云计算、应用软件商店等新型商业模式的不断出现与创新，传统价值创造模式逐渐被淘汰，跨国公司的生产经营趋向网络化、虚拟化、集约化、分散化，由此构建的全球组织架构与避税模式给国际税收的方方面面带来了极大挑战，不但冲击了原有的国际税收规则，还影响了国际税收管辖权的划分，更给国际税收征管带来困难。

（一）原有联结度及传统常设机构规则被轻易规避

数字经济新型商业模式下跨国公司与市场国客户交易的完成不再需要依托"物理存在"的实质性场所，完全可以通过境外的网络平台在线完成从产品选购、合同订立到货款支付的所有交易流程（延峰等，2015）。这使得原有以"物理存在"与"地理联系"为判断依据的常设机构规则可以通过虚拟网络交易平台的存在被轻易规避，而现有的常设机构功能可以被弱化为辅助性活动，使得收入来源国征税权的依据被打破，再据此确定是否具有征税权并划分国际税收管辖权变得难以操作。

（二）数字化收入定性困难

数字经济新型商业模式下数字化产品与服务在交易中的占比越来越大，在线广告收入、虚拟软件使用费、订阅收入等新收入形式不断模糊着有形与无形的界限。这类"数字利润"是通过新型价值创造手段与形式创造出来的，具体将其界定为"营业利润"还是"特许权使用费"并不存在统一的标准，这使得依据现有税收协定与国内税法规定对其进行利润划分也陷入两难境地（励贺林，2018）。

（三）无形资产转让定价操纵常设机构利润归属

数字经济下新型商业模式的价值创造过程不再遵循前后交接顺序固定的价值链模式，而是逐渐向可同时交叉进行价值创造的价值商店、价值网络模式转变（刘奇超等，2018），这使利润的创造变得更加便捷，其在公司互联网平台之间的移动变得更加容易。除此之外，随着数字经济商业模式对无形资产的不断依赖，利用成本分摊协议、关联方转让定价等将无形资产不断转让、将使用权层层授予，可将集团核心利润迅速转移并归集至税制优惠国家（地区），不但造成利润在各国间的归属困难，而且带来严重的税基侵蚀与利润转移问题。

（四）原有税收征管模式不再适用

数字经济商业模式下大量无实体跨境交易的存在使得税务机关识别并追踪交易信息与纳税人真实身份变得尤为困难，无纸化与虚拟化的交易过程更使得电子交易证据的获取难上加难（蔡昌、赵艳艳，2019），除此之外，随着个体用户与消费者在数字经济中占据主体地位，自然纳税人逐渐增多（胡连强等，2019），不仅使得原有以企业为主要纳税主体的税收征管模式不再适用，而且造成纳税人信息有效管理的困难。

四 数字经济国际税收挑战的应对方案

（一）多边方案：OECD"双支柱"方案

为应对数字经济带来的各种国际税收挑战，OECD 致力于在包容性框架下通过国际合作提出多边认可的有效解决方案，从 2015 年发布 BEPS 行动计划

（税基侵蚀与利润转移行动计划，简称"BEPS 行动计划"）第一项成果——
《应对数字经济的税收挑战》归纳数字经济带来的各种挑战并尝试提出多种解
决方案；到 2018 年发布中期报告《数字化带来的税收挑战》，深入分析数字
经济下新型商业模式并盘点各项应对措施实施以来的成果（何杨，2020）；再
到 2019 年向多方征求咨询意见后发布《OECD 应对经济数字化税收挑战的工
作计划》，提出"双支柱"应对方案，于 2020 年 10 月发布了关于"双支柱"
的两份蓝图报告，后不断致力于在全球层面就这一方案达成多边共识，截至
2021 年 11 月，已有 137 个国家（地区）同意加入该方案①。

　　OECD "双支柱"方案的"支柱一"是以统一计算方法对超大型跨国公
司的跨境征税权进行重新分配，以一个确定的营业收入数额为标准，将超出
标准利润的征税权部分分配给市场国，辅以有约束力的税收争议解决机制，
一定程度上扩大数字经济时代市场国的税收管辖权。"支柱二"通过设定全
球最低有效税率抑制跨国公司的国际避税行为，根据 2021 年 12 月 OECD 发
布的"支柱二"立法模板，这一税率初步拟定为 15%。目前，虽然多国对
"双支柱"方案已达成普遍共识，具体方案计划将于 2022 年完成，从 2023
年开始生效，但诸多实施细节仍处于磋商阶段（国家税务总局税收科学研
究所课题组，2022）。

（二）双边方案：联合国对税收协定的修改

　　为应对数字经济带来的国际税收挑战，联合国提出了一项基于修订已签
署税收协定的双边解决方案，通过修改联合国税收协定范本第 12B 条款，
税收来源国可以预提税的形式按一定比例分摊数字服务下的净利润，该方案
于 2021 年 4 月在联合国税务委员会会议上获得通过（励贺林等，2021）。该
方案基于传统国际税收规则，由签订税收协定的双边国家通过谈判决定预提
税的具体修改内容，修改范围仅限于自动化数字服务，且新增的预提税征税

---

① 国家（地区）名单详见：https：//www.oecd.org/tax/beps/oecd-g20-inclusive-framework-
　　members-joining-statement-on-two-pillar-solution-to-address-tax-challenges-arising-from-
　　digitalisation-october-2021.pdf。

权并不需要满足收入方在来源国设立常设机构的条件，提供了应对数字经济税收挑战的新思路。但由于联合国的双边方案相对更侧重发展中国家权益，受到多方质疑，影响力也不够大，加上谈判仅限于签署税收协定的双边国家，需要漫长的过程，因此该方案推出后尚未有国家据此对税收协定进行修订（国家税务总局税收科学研究所课题组，2022）。

（三）单边方案：数字服务税的各国实践

虽然 OECD 极力主张在国际共识基础上采取统一的"双支柱"应对方案，但由于共同应对数字经济税收挑战的方案达成过程较为漫长且牵涉多国利益，部分国家已率先通过开征数字服务税等单边措施，尝试了不同的临时性应对方案。虽然这些方案在"双支柱"方案具体落地实施以后将有所调整，但仍会对应对数字经济挑战的国际税收改革产生一定影响（冯俏彬、李承健，2022）。

当前各国数字服务税的设计与构思基本以欧盟在 2018 年发布的《关于对提供特定数字服务收入征收数字服务税的统一标准》为蓝本，以"用户参与"创造价值为理论基础，仅针对性地将部分"数字收入"纳入征税范围，且实行统一的数字服务税率，应纳税所得额为相关数字服务收入扣除其他税收后的净收入，由满足一定规模的跨国公司在用户所在地纳税（卢艺，2019）。表 1 总结了当前主要实施国家的不同数字服务税实施方案，可以看出各国在数字服务税的应税收入、征税对象适用门槛以及税率等方面存在较大差异（管彤彤，2019）。

表 1　部分国家数字服务税实施方案

单位：%

国家	征税范围	收入门槛	税率	生效时间
英国	社交媒体平台、互联网搜索引擎、在线市场	在一个会计期间集团的应税数字服务收入总额超过 5 亿英镑且在境内提供应税数字服务的收入总额超过 2500 万英镑的企业	2	2020 年 4 月 1 日

续表

国家	征税范围	收入门槛	税率	生效时间
法国	在线中介服务、基于用户数据的广告服务	全球数字业务年营业收入至少为7.5亿欧元、在境内年营业额超过2500万欧元的企业	3	2019年1月1日
意大利	在线广告、提供买卖商品的数字界面并收集用户数据的服务	集团全球总收入至少为7.5亿欧元且在境内提供数字活动的总收入至少为550万欧元的企业	3	2020年1月1日
西班牙	在线广告、在线中介服务、传输用户数据的销售	全球年收入超7.5亿欧元且在境内提供应税服务的年收入额超过300万欧元的企业	3	2021年1月16日
奥地利	在线广告、提供数字接口或软件服务	全球数字业务年销售额超过7.5亿欧元且在境内年收入达到2500万欧元的企业	5	2020年1月1日
匈牙利	在线广告	广告年收入至少为1亿匈牙利福林的企业	7.5	2017年7月1日
土耳其	在线广告、数字内容有关的销售、提供用户可彼此交互的数字平台的服务	全球年收入超7.5亿欧元且在境内提供应税服务的年收入额超过2000万新土耳其里拉的企业	1~15	2020年3月1日
波兰	视听媒体服务、视听商业交流	——	1.5	2020年7月1日

资料来源：荷兰国际财税文献局数据库，https：//research.ibfd.org/#/hdoc？url=/home/content/taxation-digitalized-econom。

五　我国应对数字经济国际税收挑战的对策

当前国际社会对于数字经济带来的国际税收挑战应对方案尚未达成一致，OECD主张的"双支柱"统一方案仍在部分规则定义等方面尚未达成国际共识，方案实施后税收征管的可行性有待进一步评估；各国维护各自市场国立场实施的差异化数字服务税在正当性与合法性方面存在较大争议，使得国际社会应对该问题的解决措施变得纷杂多变。针对此国际税收背景，我国应在积极参与国际税收规则制定的同时，坚持维护自身税收利益，并加快国内税法的配套落实。

（一）积极参与国际税收规则的制定，推动 OECD"双支柱"多边方案的国际共识达成

我国应意识到，在当今国际税收变革的环境下，仅通过对国内税法的修订与补充已无法从根本上应对数字经济带来的挑战，应积极寻求与各国的协商合作，共同完成国际税收规则的更新。同时，在 OECD 牵头的"双支柱"统一方案中，坚持在价值创造地征税的原则，维护我国的税收权益。此外，应密切关注并积极应对各国可能采取的应对数字经济挑战的单边行动，反对仅维护收入来源国税收利益的临时性单边行动，积极谋求国际税收合作，制定国际社会共同认可的应对方案（石媛媛，2020）。

（二）加快跟进国际税收规则变革的步伐，做好我国国内税法的衔接与配套措施

中国应积极推进与各国税收协定中有关常设机构认定标准的更新，引入"显著经济存在"规则适应数字经济下的新型商业模式，保障我国作为收入来源国的征税权。此外，由于我国国内税法有关非居民企业"机构、场所"的规定与国际税收协定中有关常设机构的规定存在差异（王宝顺等，2019），留下了跨国公司利用这一规定差异进行国际避税的空间，不利于国际税收征管的统一，因此应尽快修改我国企业所得税法中"机构、场所"相关概念，使其与国际税收协定保持一致。

面对不同数字经济商业模式，中国应采取灵活的常设机构利润归属方法，结合使用公平交易法与利润公式分配法（王宝顺等，2019），应充分意识到利润公式分配法在实际应用中的困难与可能存在的问题，在对跨国公司在我国境内的常设机构进行功能定位和可比交易分析行得通的情况下，仍应

坚持公平交易法的应用，而对于功能定位模糊的常设机构则可通过利润公式分配法，在综合考量各方因素后对由数字化经营活动产生的利润进行分配，最大限度使经济活动与价值创造相匹配，保证利润分配的公正。

（三）推动税收征管数字化进程，灵活采用新兴技术，加快纳税人税收信息数据库的完善

中国未来应以大数据、云计算、区块链等先进技术不断助力税收征管手段和模式的数字化，面对数字经济下商业模式的多样化与独特性，建立不同企业的税收信息库，完善跨国公司的税务登记，追踪更新跨国公司在我国的交易活动与税收动态（李平，2018），为跨国利润分配中可能使用的公式分配法奠定分析依据。同时应加快对自然纳税人消费记录的追踪与核查，应对数字经济下用户深度参与价值创造的特点，逐步实现将国际税收征管主体由跨国公司转移至个体消费者。

（四）积极参与国际税收征管合作，积极对外进行税收信息交流与情报交换

中国应认识到在数字经济下跨国公司全球性经营的商业模式中，面对跨国利润归属与转让定价问题，仅凭我国自身税收征管系统的完善与纳税人数据追踪是不够的，应主动对外寻求帮助，积极参与对外信息交流与情报交换工作，不断完善我国的税收情报交换制度，在深度参与国际税收征管合作基础上提高我国的税收征管效率。

参考文献

［1］蔡昌、赵艳艳：《数字经济发展带来的税收难题》，《中国财政》2019 年第18 期。

［2］冯俏彬、李承健：《数字税的国际实践及其对我国的影响》，《行政管理改革》2022 年第 3 期。

［3］ 管彤彤：《数字服务税：政策源起、理论争议与实践差异》，《国际税收》2019年第11期。

［4］ 国家税务总局税收科学研究所课题组（谭珩、李本贵、龚辉文、孙红梅、刘和祥、陈雏音、刘同洲）：《数字经济对我国税制和征管的影响及相关政策建议》，《国际税收》2022年第3期。

［5］ 何杨、孟晓雨：《数字化商业模式与所得税解决方案探讨》，《国际税收》2019年第3期。

［6］ 何杨：《经济数字化背景下的国际税收变革：理论框架与影响分析》，《国际税收》2020年第5期。

［7］ 胡连强、杨霆钧、张恒：《基于数字经济的税收征管探讨》，《税务研究》2019年第5期。

［8］ 李平：《数字经济下新商业模式的税收治理探析》，《国际税收》2018年第5期。

［9］ 李蕊、李水军：《数字经济：中国税收制度何以回应》，《税务研究》2020年第3期。

［10］ 励贺林、骆亭宇、姚丽：《联合国协定范本12B条款的突破与局限》，《国际税收》2021年第8期。

［11］ 励贺林：《对数字经济商业模式下收益归属国际税收规则的思考》，《税务研究》2018年第7期。

［12］ 廖益新：《应对数字经济对国际税收法律秩序的挑战》，《国际税收》2015年第3期。

［13］ 刘奇超、曹明星、王笑笑：《数字化、商业模式与价值创造：OECD观点的发展》，《国际税收》2018年第8期。

［14］ 卢艺：《数字服务税：理论、政策与分析》，《税务研究》2019年第6期。

［15］ 罗翔丹、刘奇超、张春燕：《经济数字化时代的BEPS行动：在规范与现实之间》，《国际税收》2018年第7期。

［16］ 缪真：《国际税收中的常设机构原则在数字经济下的挑战及应对》，上海海关学院，2018年。

［17］ 帕斯卡·圣塔曼、梁若莲：《数字化带来的税收挑战：盘点与展望》，《国际税收》2019年第8期。

［18］ 石媛媛：《论我国经济数字化的税收应对——基于企业所得税视角》，《税务研究》2020年第3期。

［19］ 王宝顺、邱柯、张秋璇：《数字经济对国际税收征管的影响与对策——基于常设机构视角》，《税务研究》2019年第2期。

［20］ 延峰、冯炜、崔煜晨：《数字经济对国际税收的影响及典型案例分析》，《国际税收》2015年第3期。

Abstract

The Report on International Fiscal Development Index was written by a research team from the Institute of Finance and Economics of Central University of Finance and Economics and the Beijing Research Base of Finance and Economics. This report goes beyond the traditional framework of revenue, expenditure, balance and management, and constructs the indicator system of fiscal development index with a new analysis paradigm, and compares the fiscal development of 15 major countries including China in the world in order to know current major fiscal challenges of China and propose countermeasures. The main purpose is to do some basic, strategic and trend support work to improve the national fiscal governance system and governance capacity through international comparative research.

According to the operational characteristic and laws of national fiscal activities and on the basis of traditional fiscal research paradigm of revenue, expenditure, balance and management, this report further summarizes and refines fiscal activities into five aspects: fiscal operation, fiscal stability, fiscal equality, fiscal governance and fiscal potential, and also takes these five aspects as the first level indicators of the fiscal development index system. This analysis paradigm is not a new paradigm of fiscal analysis, but also an exploratory attempt. Its theoretical logic is the matching of fiscal objectives and fiscal means. The core objectives of fiscal development include three levels: the first level is to promote growth and maintain stability; the second level is to promote equality and improve government efficiency; the third level is to cultivate fiscal resources and achieve national strategic objectives. Accordingly, the fiscal operation index links promotes the growth goal, the fiscal stability index links maintains the stability goal, the fiscal equality index link promotes the equality goal, the fiscal governance index link improves the government efficiency and governance goal, and the fiscal potential index link cultivates fiscal resources and realizes the national strategic goal. According to the goal oriented framework and classification, the above classification analysis of fiscal activities can not only meet the basic requirements of no repetition and no major omission, but also meet the most logical and easily explained construction goals. At the same time, it is in line with the party's important guiding ideology that "finance is the foundation and important pillar of national governance, and scientific fiscal and taxation system is the institutional guarantee for optimizing resource allocation, maintaining market unity, promoting social equity, and realizing long-term stability of the country".

Taking Chinese fiscal theory as the core guiding ideology and drawing on the classical western fiscal theory, this report constructs a set of indicator systems for international fiscal development indexes and calculates the fiscal development indexes of 15 major countries in the world. The international comparative study of fiscal development comprehensive index shows that the ranking of the total score of China's fiscal development comprehensive index fluctuated from 10th to 11th after 2015. China's fiscal operation index ranked in the middle and its score showed a slight decline in fluctuation. The fiscal stability index ranked lower and its score showed a downward trend. The fiscal equalization index ranked lower and the score showed a rising trend in fluctuations. The fiscal potential index ranked in the middle, and its overall trend was becoming better. The international comparative study of China's fiscal development independence index shows that China's fiscal revenue and expenditure per capita level was lower but their growth rate was higher. The macro tax burden of small caliber continued to decline, but the macro tax burden of medium caliber and large caliber did not decline but rose. The value of fiscal Engel coefficient was lowest. The value of livelihood expenditure density was lower but its growth rate was faster. The values of fiscal deficit indicators were higher and the fiscal self-sufficiency rate was lower. Debt-to-GDP ratio, debt-to-revenue ratio and debt cost were at lower level but the liquidity risk of debt repayment need to be paid attention.

According to the international comparative study of the fiscal development index, this report believes that after completing the framework of the modern fiscal system basically, China's fiscal development meets the reform-crossroads: on the one hand, China has achieved fruitful results since the reform and opening up; on the other hand, the macroeconomic environment, fiscal governance structure, and the external shocks including the Sino US trade frictions and COVID - 19 have challenged China's future development. The main challenges that China's fiscal development faces include fiscal operation challenges caused by the irrational structure of fiscal revenue and expenditure, hidden risks to fiscal stability caused by fiscal imbalances, and vague positioning of fiscal governance caused by the lack of systematic fiscal guidance theory. In response to these challenges, this report suggests that in the short term China needs fiscal structural reform strategies and ease the pressure on fiscal balance, and in the long term China needs to diversify the system of fiscal governance tools and improve the fiscal governance ability to control fiscal risks.

Keywords: Fiscal Development Index; International Comparison; Comprehensive Index; Independent Index

Contents

I   General Report

Abstract: Taking the Chinese fiscal theory as the core guiding ideology and drawing on classic western fiscal theory, this report constructs an indicator system of international fiscal development index based on China, and calculates the fiscal development index of 15 major countries in the world. The international comparative study of the fiscal development index shows that China's fiscal development faces some challenges and problems, such as fiscal operation challenges caused by the irrational structure of fiscal revenue and expenditure, hidden risks to fiscal stability caused by fiscal imbalances, and vague positioning of fiscal governance caused by the lack of systematic fiscal guidance theory. Finally, this report provides a series of reform countermeasures for China's future high-quality fiscal development from the short-term and long-term perspectives. This report suggests that in the short term China needs fiscal structural reform strategies and ease the pressure on fiscal balance, and in the long term China needs to diversify the system of fiscal governance tools and improve the fiscal governance ability to control fiscal risks.

Keywords: Fiscal Development Index; International Comparison; Comprehensive Index; Independent Index

Ⅱ   Index Reports

B . 2   The Construction of International Fiscal Development

Index System

Ning Jing , Lin Guangbin and Sun Chuanhui / 029

Abstract: On the premise of clarifying the definition and objectives of fiscal development, this report takes the Chinese fiscal theory as the core guiding ideology and draws on some ideas of western classical fiscal theories. Besides, according to the operational characteristics of national fiscal activities and on the basis of traditional fiscal research paradigm of revenue, expenditure, balance and management, this report further summarizes and refines fiscal activities into five aspects: fiscal operation, fiscal stability, fiscal equality, fiscal governance and fiscal potential, and builds a set of international fiscal development index system that can be compared internationally and applied domestically. This report also gives a detailed description of the theoretical logic of the indicator system construction, the meaning of indicators at all levels and measuring and calculating method of the index.

Keywords: Fiscal Development Index; Comprehensive Index; Independent Index; Potential Index

B . 3   International Comparison of Comprehensive Fiscal

Development Index

Ning Jing , Lin Guangbin / 054

Abstract: Based on the indicator system of comprehensive fiscal development index, this paper calculates the scores and rankings of indicators of the comprehensive fiscal development index for 15 major countries by using open data from international databases. After comparing the trend and internal structure of indicators of different countries over the years, this paper finds that: the total score of China's comprehensive fiscal development index was in lower middle position (between the 10th and 11th) among the 15 countries being compared from 2015 to 2019. Besides, fluctuation range of the total index score is not large and China's fiscal development in all aspects is relatively balanced. From 2015 to 2019, China's fiscal operation index ranked in the middle and the score showed a slight downward trend in fluctuations; China's fiscal stability index ranked lower and the score showed a downward trend; China's fiscal equality index ranked lower but the index score showed a gradual rise trend in fluctuations; China's fiscal potential index ranked in the middle and its overall development trend continued to improve.

Keywords: Fiscal Development; Comprehensive Index; International Comparison

B.4   International Comparison of Fiscal Development Independence Index

Ning Jing, *Lin Guangbin* / 113

Abstract: Based on the indicator system of fiscal development independence index and in view of the current hot issues in the fiscal field, this paper constructs a number of representative independence indicators and makes a comparative study of 15 major countries in the world. This paper finds that China's small-caliber macro tax burden was at a low level and was decreasing year by year, while China's medium-caliber and large-caliber macro tax burden levels were relatively higher; China's fiscal Engel coefficient and livelihood expenditure density were at a low level; the risk of China's fiscal deficit cannot be underestimated and the level of fiscal self-sufficiency was lower than other countries; China's government debt level and debt cost were lower, but we should be alert to the risks of higher urban investment debt of local governments, less liquid financial assets and rising debt cost.

Keywords: Fiscal Development; Independence Index; International Comparison

III Special Reports

B.5 International Comparative Study of Fiscal System

Ning Jing, Tao Ran and Liu Yaxin / 164

Abstract: This paper describes the fiscal system arrangements of the world's major developed countries and emerging economies, in order to provide international experience for China's future fiscal system improvement. Based on comparative study of different countries' fiscal system, this paper suggests that: in terms of government debt management, China should improve debt management system and improve debt risk indicators and early-warning indicators; in terms of social security system, China should improve three aspects of social security content, coverage of insured group and responsibility of payment subject, and diversify ways of government participation in social security; in terms of treasury centralized payment system, China should improve the treasury management institution, treasury centralized payment scope and treasury account management on the premise of the central bank's treasury management system.

Keywords: Fiscal System; International Comparison; Developed Countries; Developing Countries

B.6 Challenges and Solutions on International Tax Regulations
under the New Business Models of Digital Economy

Chen Yu, Lin Xuan / 211

Abstract: The digital economy has not only brought about changes in business models, but also posed great challenges to international tax regulations.

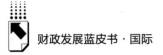

Through a detailed analysis of the tax planning structures in four new business models under the background of digital economy—internet advertising, online retailer, cloud computing and Internet app store, this paper summarizes the features of digital economy, typical tax avoidance means and international tax challenges raised by the digital economy. After ordering the OECD Two-Pillar multilateral solution, the UN bilateral solution and the unilateral digital service tax in various countries, this paper proposes solutions for China.

Keywords: Digital Economy; New Business Models; Two-Pillar Solution

皮书网

（网址：www.pishu.cn）

发布皮书研创资讯，传播皮书精彩内容
引领皮书出版潮流，打造皮书服务平台

栏目设置

◆ **关于皮书**

何谓皮书、皮书分类、皮书大事记、
皮书荣誉、皮书出版第一人、皮书编辑部

◆ **最新资讯**

通知公告、新闻动态、媒体聚焦、
网站专题、视频直播、下载专区

◆ **皮书研创**

皮书规范、皮书选题、皮书出版、
皮书研究、研创团队

◆ **皮书评奖评价**

指标体系、皮书评价、皮书评奖

◆ **皮书研究院理事会**

理事会章程、理事单位、个人理事、高级
研究员、理事会秘书处、入会指南

所获荣誉

◆ 2008 年、2011 年、2014 年，皮书网均
在全国新闻出版业网站荣誉评选中获得
"最具商业价值网站"称号；

◆ 2012 年，获得"出版业网站百强"称号。

网库合一

2014年，皮书网与皮书数据库端口合
一，实现资源共享，搭建智库成果融合创
新平台。

皮书网

"皮书说"
微信公众号

皮书微博

权威报告·连续出版·独家资源

皮书数据库
ANNUAL REPORT(YEARBOOK)
DATABASE

分析解读当下中国发展变迁的高端智库平台

所获荣誉

- 2020年，入选全国新闻出版深度融合发展创新案例
- 2019年，入选国家新闻出版署数字出版精品遴选推荐计划
- 2016年，入选"十三五"国家重点电子出版物出版规划骨干工程
- 2013年，荣获"中国出版政府奖·网络出版物奖"提名奖
- 连续多年荣获中国数字出版博览会"数字出版·优秀品牌"奖

皮书数据库   "社科数托邦"
微信公众号

成为会员

　　登录网址www.pishu.com.cn访问皮书数据库网站或下载皮书数据库APP，通过手机号码验证或邮箱验证即可成为皮书数据库会员。

会员福利

- 已注册用户购书后可免费获赠100元皮书数据库充值卡。刮开充值卡涂层获取充值密码，登录并进入"会员中心"—"在线充值"—"充值卡充值"，充值成功即可购买和查看数据库内容。
- 会员福利最终解释权归社会科学文献出版社所有。

社会科学文献出版社 皮书系列
SOCIAL SCIENCES ACADEMIC PRESS (CHINA)

卡号：598533243119

密码：

数据库服务热线：400-008-6695
数据库服务QQ：2475522410
数据库服务邮箱：database@ssap.cn
图书销售热线：010-59367070/7028
图书服务QQ：1265056568
图书服务邮箱：duzhe@ssap.cn

基本子库

中国社会发展数据库（下设 12 个专题子库）

紧扣人口、政治、外交、法律、教育、医疗卫生、资源环境等 12 个社会发展领域的前沿和热点，全面整合专业著作、智库报告、学术资讯、调研数据等类型资源，帮助用户追踪中国社会发展动态、研究社会发展战略与政策、了解社会热点问题、分析社会发展趋势。

中国经济发展数据库（下设 12 专题子库）

内容涵盖宏观经济、产业经济、工业经济、农业经济、财政金融、房地产经济、城市经济、商业贸易等 12 个重点经济领域，为把握经济运行态势、洞察经济发展规律、研判经济发展趋势、进行经济调控决策提供参考和依据。

中国行业发展数据库（下设 17 个专题子库）

以中国国民经济行业分类为依据，覆盖金融业、旅游业、交通运输业、能源矿产业、制造业等 100 多个行业，跟踪分析国民经济相关行业市场运行状况和政策导向，汇集行业发展前沿资讯，为投资、从业及各种经济决策提供理论支撑和实践指导。

中国区域发展数据库（下设 4 个专题子库）

对中国特定区域内的经济、社会、文化等领域现状与发展情况进行深度分析和预测，涉及省级行政区、城市群、城市、农村等不同维度，研究层级至县及县以下行政区，为学者研究地方经济社会宏观态势、经验模式、发展案例提供支撑，为地方政府决策提供参考。

中国文化传媒数据库（下设 18 个专题子库）

内容覆盖文化产业、新闻传播、电影娱乐、文学艺术、群众文化、图书情报等 18 个重点研究领域，聚焦文化传媒领域发展前沿、热点话题、行业实践，服务用户的教学科研、文化投资、企业规划等需要。

世界经济与国际关系数据库（下设 6 个专题子库）

整合世界经济、国际政治、世界文化与科技、全球性问题、国际组织与国际法、区域研究 6 大领域研究成果，对世界经济形势、国际形势进行连续性深度分析，对年度热点问题进行专题解读，为研判全球发展趋势提供事实和数据支持。

法律声明

"皮书系列"（含蓝皮书、绿皮书、黄皮书）之品牌由社会科学文献出版社最早使用并持续至今，现已被中国图书行业所熟知。"皮书系列"的相关商标已在国家商标管理部门商标局注册，包括但不限于 LOGO（）、皮书、Pishu、经济蓝皮书、社会蓝皮书等。"皮书系列"图书的注册商标专用权及封面设计、版式设计的著作权均为社会科学文献出版社所有。未经社会科学文献出版社书面授权许可，任何使用与"皮书系列"图书注册商标、封面设计、版式设计相同或者近似的文字、图形或其组合的行为均系侵权行为。

经作者授权，本书的专有出版权及信息网络传播权等为社会科学文献出版社享有。未经社会科学文献出版社书面授权许可，任何就本书内容的复制、发行或以数字形式进行网络传播的行为均系侵权行为。

社会科学文献出版社将通过法律途径追究上述侵权行为的法律责任，维护自身合法权益。

欢迎社会各界人士对侵犯社会科学文献出版社上述权利的侵权行为进行举报。电话：010-59367121，电子邮箱：fawubu@ssap.cn。

社会科学文献出版社